心灵成长之旅

——大学生心理健康教程

主　编／倪永宏

副主编／谷传亮　张海霞　姚　丽

编　委／王丽萌　李文超　李娇娇

　　　　李婷婷　陈孝友　姚　康

　　　　徐雪羚　盛丽君　章玲玲

南京大学出版社

图书在版编目(CIP)数据

心灵成长之旅 : 大学生心理健康教程 / 倪永宏主编
. -- 南京 : 南京大学出版社, 2021.7
ISBN 978-7-305-24663-0

Ⅰ. ①心… Ⅱ. ①倪… Ⅲ. ①大学生–心理健康–健
康教育–教材 Ⅳ. ①G444

中国版本图书馆CIP数据核字(2021)第125318号

出版发行　南京大学出版社
社　　址　南京市汉口路22号　　　　　邮　　编　210093
出版人　金鑫荣

书　　名　**心灵成长之旅——大学生心理健康教程**
主　　编　倪永宏
责任编辑　陈　佳　　　　　　　　编辑热线　(025)83305645

照　　排　江苏圣师印刷有限公司
印　　刷　南京人文印务有限公司
开　　本　787×1092　1/16　印张　14.5　字数　309千
版　　次　2021年7月第1版　2021年7月第1次印刷
ISBN　978-7-305-24663-0
定　　价　42.00元

网　　址　http://www.njupco.com
官方微博　http://weibo.com/njupco
官方微信　njupress
销售热线　(025)84461646

前　言

　　大学生是十分宝贵的人才资源,是民族的希望、祖国的未来。在当前社会高速发展的形势下,大学生的观念和心理状态受到了巨大冲击,心理上的动荡进一步加剧,所面临的心理行为适应问题前所未有。诸如环境适应、人际交往、学习成才、情绪调节、人格完善、网络诱惑、恋爱与性等方面的心理压力日益严重,心理问题和困扰日益突出,加强大学生心理健康教育成为高校人才培养中的一个重大课题。为此,教育部颁布了《高等学校学生心理健康教育指导纲要》(以下简称《纲要》)和《普通高等学校学生心理健康教育教学基本要求》(以下简称《要求》),规范了高校心理健康课程教育的基本内容。

　　本书具有以下三个特点。

　　内容全面,体系完善。根据《纲要》和《要求》的规定,本书将大学生心理健康教程分为十个模块:心理健康导读、适应心理与生涯发展、学习心理、自我意识、人际交往、恋爱心理、情绪管理、挫折与压力心理、生命教育以及网络心理。

　　形式多样,生动活泼。每个模块正文前都设置了案例导入与案例互动,使学生能够带着问题进入课堂,进而在课堂中解决问题。正文中穿插了故事分享、心理测试、心理实验、知识拓展等栏目,使学生在理论学习的过程中得到心灵的放松。此外,每个模块末还设置了"课程反馈""延伸阅读""推荐影片"。

　　案例鲜活,贴合实际。本书中大量引用近年来发生在大学生身边的真实案例,更贴合当代大学生的心理现状。在相关理论部分佐以案例,使深奥的理论更加通俗易懂。

　　本书由扬州工业职业技术学院党委副书记倪永宏研究员担任主编,学生工作处谷传亮处长和张海霞副教授负责统筹全局,由学生工作处姚丽老师负责编写目录、统稿和修改。各模块执笔人如下:模块一(张海霞)、模块二(盛丽君)、模块三(徐雪羚)、模块四(王丽萌)、模块五(姚丽)、模块六(陈孝友)、模块七(李婷婷)、模块八(李文超、姚康)、模块九(李娇娇)、模块十(章玲玲)。感谢编写组所有成员的辛勤付出,也要向本书引用的相关理论及参考文献的编著者表示由衷的感谢。

由于时间仓促,编者水平有限,本书内容难免有疏漏和不足之处,敬请各位专家、同行、读者批评指正,以便进一步修订和完善。

编 者

2021年6月

CONTENTS

目 录

模块一 | 幸福从"心"开始
——大学生心理健康导读

引 言

　　每个人都在寻找幸福的人生,而真正的幸福是心灵开出的花,其过程就是一种积极的人生态度。

　　世界上从来不缺少美,缺少的只是一双发现美的眼睛。同样,生活中也从来不缺少幸福,缺少的只是一颗能体味幸福的"心"。人生在世,需要不断地为自己的心灵除尘,让心灵在生活中优雅的驻足,平和的品味,你将会发现:原来我们的生活中蛰伏着惊人的美丽。生命中有精彩,也有无奈,只要我们以乐观、平和、健康的心态泰然处之,我们就能享受生活回馈给我们的快乐。

　　记住:幸福人生,从"心"开始。心圆满,生活就会圆满;懂得幸福,你就会幸福!

学 习 目 标

1. 了解健康与心理健康的含义,理解心理健康"灰色区"理论。
2. 了解大学生的心理特点及心理健康标准。
3. 了解心理咨询的含义、原则及心理咨询常见的误区。

案 例 导 入

　　案例一:前段时间大连一知名网站的论坛上出现了一个"出租自己"的帖子,引起了许多网友的注意。帖子称:"本人欲将自己出租,只要不违背法律的要求都在考虑范畴! 陪聊、陪逛、陪吃……价格再议。"发帖人自称是一名大一学生,"出租自己"只因为"太无聊"。

　　案例二:刘明是艺术专业的学生,个子高高的,长得也很帅,但几年下来他有一个很悲观的想法:搞艺术需要出名,而真正出名的又有几个呢? 而且自己家是外地的,一路走来实在太累了,这种压力压得他喘不过气来。最终,他办理了退学手续。学校的老师、同学无不为他惋惜。

案例三：小芸以较好的成绩考入学校，第一学期期末，本来踌躇满志准备获取奖学金的她未能如愿。从此她的情绪一落千丈，变得郁郁寡欢，无心学习，也无法处理好与同学的人际关系，还整夜失眠。最后不得不去精神专科医院检查，结果诊断她是患了抑郁症。

案例互动

（1）大学生常见的心理健康问题有哪些？

（2）影响大学生心理健康的原因有哪些？

（3）我们遇到心理问题该怎么办？

（4）通过上述案例说明心理健康的意义与价值。

一、健康与心理健康

（一）健康

故事分享

> 一名妇女发现三位蓄着花白胡子的老者坐在家门口。她不认识他们，就说："我不知道你们是什么人，但各位也许饿了，请进来吃些东西吧。"三位老者问道："男主人在家吗？"她回答："不在，他出去了。"老者们答道："那我们不能进去。"
>
> 傍晚时分，妻子在丈夫到家后向他讲述了所发生的事。丈夫说："快去告诉他们，我在家。"妻子出去请三位老者进屋，但他们说："我们不一起进屋。"其中一位老者指着身旁的两位解释："这位的名字是财富，那位叫成功，而我的名字是健康。"接着，他又说："现在回去和你丈夫讨论一下，看你们愿意我们当中的哪一个进去。"
>
> 妻子回去将此话告诉了丈夫。丈夫说："我们让财富进来吧，这样我们就可以黄金满屋啦！"妻子却不同意："亲爱的，我们还是请成功进来更妙！"他们的女儿在一旁倾听，她建议："请健康进来不好吗？这样一来我们一家人健康，就可以幸福地享受生活、享受人生了！"丈夫对妻子说："听女儿的吧，去请健康进屋做客。"
>
> 妻子出去问三位老者："敢问哪位是健康？请进来做客。"健康起身向她家走去，另外两人也站起身来，紧随其后。妻子吃惊地问财富和成功："我只邀请了健康，为什么两位也随同而来？"两位老者道："健康走到什么地方我们就会陪伴他到什么地方，因为我们根本离不开他，如果你没请他进来，我们两个不论是谁进来，很快就会失去活力和生命。所以，他在哪里我们都会和他在一起的！"

这则故事的寓意就是："人生的幸福之基，就是健康。"每个人都渴求健康，但是并非每个人对健康都有一个正确的认识。人类对健康的认识是随着社会发展以及人类对身心认识的深化而不断丰富的。在生产力低下的时期,关注如何适应和征服自然,维护自身的存在;随着生产力水平的提高,人类开始关心身体健康,防病治病的医学学科应运而生。长期以来,人们对健康的认识一直局限在没有疾病就是健康。如今,社会的发展与科技的进步,使人类对健康的认识已经从被动的治疗疾病转变为积极的预防疾病。对健康的评价标准,也已经从单纯的生理标准扩展到了心理社会标准,科学的健康观念应运而生。

1948年,联合国世界卫生组织(WHO)对健康作了这样的定义:健康是一种生理、心理与社会适应都趋于完美的状态,而不仅是没有疾病和虚弱。1989年,WHO进一步深化了健康的概念,认为健康不仅是没有疾病,而且包括身体健康、心理健康、社会适应良好和道德健康。所以,一个人的健康应包括四个方面。①身体健康:没有生理疾病或缺陷,身体发育正常,各部分的机能状况良好。②心理健康:具有并达到同龄人正常的智力,没有心理疾病,具有持续的、积极的心理状态。③社会适应能力良好:掌握基本生活知识技能,有正确的生活目标,遵守社会生活规划,顺利融入社会群体,承担社会角色责任等。④道德健康:主要指能够按照社会道德行为规范、准则约束自己,并支配自己的思想和行为,有辨别真与伪、善与恶、美与丑、荣与辱的是非观念和能力。

亚健康是处于健康(第一状态)和疾病(第二状态)之间的一种过渡状态。世界卫生组织(WHO)称其为第三状态。即使是健康人,也会在一个特定的时间内处于亚健康状态。造成亚健康的因素主要有以下几种:一是由于过度疲劳造成的精力、体力透支;二是由于人体自身老化;三是疾病发作的前期;四是人体生物节律中的低潮时期。

(二)心理健康

1. 心理健康的概念

心理健康与生理健康是健康概念不可分割的两个重要组成部分,重视心理健康已成为当今世界的趋势,那么心理健康究竟指的是怎样的一种心理状况呢?很多专家、学者站在不同的角度为心理健康下了描述性的定义。

精神病学者孟尼格尔(Karl Menninger)认为,心理健康是指人们对于环境及相互间具有高效率及快乐的适应情况,不只是要有效率,也不只是要有满足感,或是能愉快地接受生活的规范,而是需要三者俱备。心理健康的人应能保持平静的情绪、敏锐的智能,适应于社会的行为和愉快的气质。

心理学家英格里斯(H. B. English)认为,心理健康是指一种持续的心理状态,当事者在那种情况下能进行良好的适应,具有生命力,并能充分发展其身心的潜能。这是一种积极的丰富的体验,而不仅仅是免于心理疾病。

心理卫生学者阿可夫(Abe Arkoff)认为心理健康是指具备"有价值心质",即:有幸福感;和谐(指情绪平衡,以及欲望与环境之间协调);自尊感(包括自我了解、自我认同、自我接纳与自我评价);个人成长(潜能充分发展);个人成熟(个人发展达到该年龄应有的行为);个人统整性(能有效发挥其理智判断力及意识控制力,积极主动,有应变力);保持与环境的良好接触;从环境中自我独立(独立自主,自由而自律);有效适应环境。

1946年,第三届国际心理卫生大会曾为心理健康下过定义:"所谓心理健康是指在身体、智能以及情感上与他人的心理不相矛盾的范围内,将个人心境发展成最佳状态。"

综上所述,心理健康是指生活在一定社会环境中的人,智力正常,具有协调关系和适应环境的能力和性格,情绪稳定,行为适度。心理健康不是指对任何事物都能愉快地接受,而是指在对待环境和问题的反应上,能更多地表现出积极的适应倾向。因此,心理健康是一种积极向上的高效而满意的持续的心理状态。心理健康是人的基本心理活动协调一致的过程,即认知、情感、意志、行为和人格完整协调,能顺应社会,与社会保持同步。

心理测验

心理健康水平测试单

填写说明:请根据自己的实际情况,逐一对下面的每个问题做"是"或"否"的回答。选"是"计1分,选"否"计0分。

（1）理想破灭,精神萎靡,没精打采,消极度日。

（2）盲目自卑,缺乏自信。

（3）无竞争意识,满足现状。

（4）缺乏生活热情,失去生活目标。

（5）习惯于依赖、顺从、怯懦、退缩,做事不主动,缺乏积极进取精神。

（6）思想消极,情绪低沉。

（7）忧心忡忡,心绪郁结。

（8）消极厌世,得过且过。

（9）欺骗自己,怀疑自己。

（10）多疑多虑,防范别人。

（11）忐忑不安,焦虑紧张,心烦意乱,坐卧不定。

（12）经常说谎,情绪惶恐。

（13）内分泌紊乱,免疫功能下降。

（14）对品德、才能、容貌比自己强的人心怀怨恨、反感。

（15）在行为上对被嫉妒的人冷漠、讽刺、挖苦、打击,以此来宣泄心中的怨愤与不满。

（16）自己的不幸和别人的幸福,都使你痛苦万分。

（17）郁郁寡欢,遇事常往坏处想,缺乏达观的态度。

（18）忧郁不乐,对他人办事不放心,心事重重。

（19）神经过敏,多愁善感,自作多情。

（20）情绪表现易受暗示,波动较大,反复无常,心理上有适应障碍。

（21）胆小怕事,怯场退缩,怯懦恐惧。

（22）心神不宁,食不知味,睡难成眠。

（23）斤斤计较,心胸狭窄,待人冷漠,苛求于人。

（24）人际关系紧张，处于孤独苦恼之中。

（25）智力发展不正常。

（26）心理特点与年龄特点不符。

（27）言行不一，表里相悖，是二重人格。

（28）狂妄自大，目空一切。

（29）自暴自弃，忧郁颓废。

（30）对强弱不同的刺激不能做出适度的反应，易受挫折。

（31）没有自知之明，只能看到自己的优点，看不到别人的长处，自己的不足就更看不清了。

（32）对各种活动都没有兴趣，只想独处。

（33）情感和意志行为不协调。

结果分析：

分数在10分以下，表明其心理健康。

10—20分是不稳定型，心理健康与不健康参半。

21分以上者为心理不健康。

2. 心理健康"灰色区"理论

人在心理健康上存在着一个广泛的灰色区域。具体地说，如果将人的精神健康比作白色，精神不正常比作黑色，那么，在白色与黑色之间存在着一个巨大的缓冲区域——灰色区，世间大多数人的精神状况都散落在这一灰色区域内。换言之，灰色区可谓是人非器质性精神痛苦的总和，其中包括人的心理不平衡、情绪障碍及变态人格。这些问题不同程度地干扰了人们的正常生活与情绪状态。灰色区又可以进一步划分为浅灰色与深灰色两区域。浅灰色区的人只有心理冲突而无人格变态，其突出表现为因诸如失恋、丧亲、夫妻纠纷、家庭不和、工作不顺心、人际关系不佳等生活矛盾而带来的心理不平衡与精神压抑。深灰色区的人则患有种种异常人格和神经症，如强迫症、恐惧症、癔症等症状。浅灰色区与深灰色区之间也无明确界限，后者往往包含了前者，心理健康灰色区理论如图1-1所示。

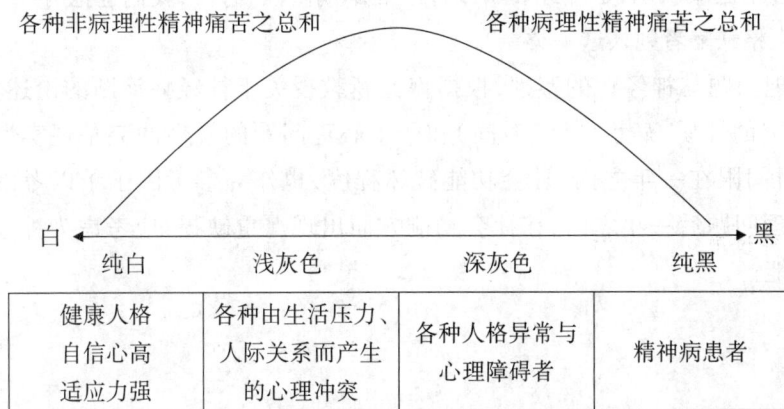

各种非病理性精神痛苦之总和　　　　　　各种病理性精神痛苦之总和

白			黑
纯白	浅灰色	深灰色	纯黑
健康人格 自信心高 适应力强	各种由生活压力、人际关系而产生的心理冲突	各种人格异常与心理障碍者	精神病患者

图1-1　心理健康灰色区理论

心理正常是一个常态范围,在这个范围内允许不同程度的差异存在,包括心理健康灰色区理论的纯白和浅灰色区域。

浅灰色区域即心理不健康主要分为以下三类。

（1）一般心理问题

一般心理问题是由现实因素激发,持续时间短,情绪反应能在理智的控制之下,不严重破坏社会功能,情绪反应尚未泛化的心理不健康状态。例如,大学生由于现实生活、学习压力、人际关系等产生的内心冲突,并因此而体验到的情绪（如后悔、厌烦、自责等）。其判断标准如下。

① 情绪不间断地持续满一个月,或不良情绪间断地满两个月还不能自行化解。

② 不良情绪反应仍在相当程度的理智控制下,始终保持行为不失常态,基本维持正常生活、学习、社会交往,但效率有所下降。

③ 自始至终,不良情绪的激发因素仅限于最初事件,未导致不良情绪的泛化。

（2）严重心理问题

严重心理问题是由相对强烈的现实因素激发,初始情绪反应剧烈、持续时间长、内容充分泛化的心理不健康状态。其必须满足下列条件。

① 原因是较为强烈对个体危害较大的现实刺激。不同的原因引起的严重心理问题,体验不同的痛苦情绪（如冤屈、失落、恼怒、悲哀、悔恨等）。

② 时间上从产生痛苦的情绪开始,痛苦情绪间断或不间断地持续两个月以上半年以下时间。

③ 遭受的刺激越大,反应越强烈。多数情况下,会短暂地失去理智控制,随着时间推移,痛苦可逐渐减轻,但是单纯地依靠"自然发展"或"非专业的干预"难以解脱,对生活、工作、社会交往有一定程度的影响。

④ 有泛化现象。痛苦情绪不但能被最初的刺激引起,也可以被与当初相类似或相关联的刺激引起,即反应对象被泛化。

（3）神经症性的心理问题

这种心理不健康状态,是神经衰弱或神经症早期阶段,有时,我们也把有严重心理问题但没有严重人格缺陷者列入这一类。

严重心理问题与神经症的鉴别,根据许又新教授关于神经症诊断的论述,鉴别的要点是内心冲突的性质、病程（持续时间）和严重心理问题的心理冲突是现实性的或道德性的,持续时间限在一年之内;社会功能破坏程度,也作为参考因子予以考虑。如果在出现严重心理问题后一年之内,在社会功能方面出现严重缺损,应考虑为神经症或其他精神疾病可能。

二、大学生心理健康

走过动荡的青春期,经受"黑暗"的高三炼狱,历经高考的洗礼,我们来到了期望已久的大学校园。大学生的年龄一般在18—25岁,心理正处于发展变化起伏较大的阶段,生理上迅速趋近成熟,但是心理上还不成熟。因此,大学生心理容易出现一定矛盾和冲突,带来一系列的困扰与不适应,给学习和生活带来不同程度的影响。大学生应了解各种心理问题,对各种心理问题有一个客观的认识和判断,一旦出现异常心理也能及时辨别、治疗,以保持健康的心理,从而顺利地完成学业。

(一)大学生的心理特点

从个体发展的角度看,大学生正处于由青春期向成年期转变的阶段,在这一阶段普遍具有以下心理特点。

1. 抽象思维发展迅速但不够深刻

大学阶段的青年,其在抽象逻辑思维方面发展迅速,思考问题时不再是非黑即白或者简单的现象罗列,而是力求自己能够深入探讨事物的本质和规律。大学生思维的独立性、批判性和创造性有所增强,喜欢探讨和发现事物,开始带着批判的眼光看待周围事物,拒绝用固有的思维或者延续他人的思路考虑问题。但是,大学生抽象思维水平并没有达到完全成熟的程度,主要表现在思维品质发展不平衡,思维的广阔性不足,看待事物不全面,容易带有个人感情色彩,对待事情缺乏深思熟虑,容易出现偏激、固执己见的现象。

2. 自我意识增强但发展还不成熟

随着年龄的增长,社会经验的增多,大学生有了更多独立的思想和主见,对自我意识、自我评价及自我调节的能力逐步增强。他们追求独立自由,渴望获得他人的尊重,喜欢独树一帜,希望可以无拘无束地活出自我。但由于自身的经验和能力的不足,会在自我意识形成与发展中面临各种矛盾和问题,如在自我认识方面存在过度自我接受或过度自我拒绝,在自我体验方面存在过强的自尊心或自卑感,在自我调节方面存在行为失控或萎靡不振。

3. 情感丰富但情绪波动较大

大学的校园更加丰富多彩且自由,开放而轻松的大学校园让生活的重心从学业转移到生活的各个方面,大学生开始了多彩的大学生活,同时与家人、师长、室友、同学、朋友等沟通增加,情感更加丰富,同时在多彩的社团活动中体验喜怒哀乐;在竞技比赛中感受团队协作;在国家大事中增强责任与义务感。大学生对情绪控制的能力也在不断由弱变强,但是从青春期情感丰富但情绪易不稳定特点的角度,在受到内在需要和外界环境强烈刺激下,容易产生情绪波动,加上自我控制情绪的能力还不够,同时由于生活经验不足,又容易产生挫折与焦虑感。

4. 意志品质明显提高但存在不平衡

意志是人的能动性的突出表现形式,大学生在完成学习任务和其他实践活动中发展了各种优良的意志品质。大学阶段,大学生开始设定自己的未来目标,制定计划并朝着梦想的生活奋斗,因此他们的意志行为具有比较明显的目的性,学习目的和动机明确,对实现自己的目标、克服困难的毅力不断增强,能以顽强的意志力与持之以恒的态度战胜困难。但是,其果断性和自制性较差,处理关键事情时容易出现犹豫不决、优柔寡断的现象。

(二)大学生心理健康的标准

从心理学的观点来看,大学生正处于青年期,其心理具有青年期的许多特点,但作为一个特殊群体,又不能完全等同于社会上的青年。大学生心理健康的标准应包括以下几个方面。

1. 具有正常的智力,有浓厚的学习兴趣和求知欲

智力正常是大学生正常学习、生活、工作的最基本的心理条件。衡量大学生智力是否正常,关键在于是否有强烈的求知欲望、浓厚的学习兴趣和较强的学习能力,这种能力包括科学的学习方法、较高的学习效率、较强的解决学习中遇到困难问题的相关能力。心理健康的学生能珍惜学习机会,求知欲望强烈,能克服学习中的困难,能保持一定的学习效率,并能从学习中体验满足与快乐。

2. 具有正确的自我意识,可以悦纳自我

自我意识是指一个人对自己的身心状况、能力和特长,以及自己所处的地位及与他人的关系的认识和体验。客观评价自我和能够接纳自我是大学生心理健康的重要条件。心理健康的学生应该立足现实,正确看待自己;了解自己的长处与短处,并对此有适当的自我评价;能够接纳进而悦纳自己,真实地感知自己的需要、兴趣,了解自己的价值追求;能正确地评估自己的能力,建立的生活理想和目标符合实际;并能够根据变化调整目标,理想我与现实我基本一致。

3. 具有完整的人格,有良好的意志品质

人格是一个人的整体精神面貌,人格完整指人格构成要素中的气质、能力、性格和理想、信念、人生观等各方面平衡发展。有明确合理的学习和生活的目标,并能排除各种主客观诱惑和干扰,为完成既定目标进行不懈的努力;对自己行为的社会意义有正确的理解,并能支配自己的行为,使之与法律法规、道德规范、学校的各项规章制度相互协调。个人人格相对稳定,所想、所说、所做都是协调一致的,思维方式、情绪反应、行为方式和谐。

4. 具有良好的情绪调控能力,情绪稳定

情绪会影响人的健康,影响人的工作效率和人际关系。积极情绪指的是愉快、满意、高兴的情绪,积极情绪有利于心理健康;消极情绪指的是忧伤、郁闷、沮丧、愤怒的情绪,消极情绪会对心理健康产生负面影响。心理健康的大学生,在大多数情况下,能保持愉快、开朗、乐观的情绪,对生活和未来充满希望。虽然也有悲痛、忧虑、愤怒、恐惧等消极情绪,但当负性情绪来袭时,能够适当调整并保持情绪稳定,情绪反应与情境相适应。

5. 具有良好的人际交往能力,人际关系和谐

人际关系状况最能体现和反映人的心理健康状况,良好的人际关系是心理健康的重要体现,和谐的人际关系是心理健康的润滑剂。一个心理健康的大学生应该是一个善于人际交往和与人沟通的人,且在人际交往中,能够保持独立而完整的人格,能客观评价自己和别人,善于取长补短。在与个体交往的过程中,可以宽以待人,在与群体交往的过程中可以不卑不亢,既能广泛交友,又拥有知心朋友。

6. 具有良好的社会适应能力,能协调好周围环境

适应环境能力包括对现实环境做出客观评价的能力,以及正确处理个人和环境之间关系的能力。心理健康的大学生能够应对纷繁复杂、变化多端的大千世界,能够正确处理自身和环境之间的关系;能够克服和排解困难与阻力,勇敢地面对和接受现实,并能积极主动地适应现实;能够对周围的环境做出正确判断,并能动地改变自己或者改造环境,保持自己与外界环境的良好的接触和协调的发展。

7. 心理行为符合大学生的年龄特征

人类的心理行为是随着年龄的增长而发展变化的,一个心理健康的人,他的认识、情感、言行、举止应该具有与同年龄多数人相符合的心理行为特征。大学阶段的个体,应该精力充沛、思维敏捷、勇于创新、情感活跃,与之相适应,行为上应该表现为朝气蓬勃、反应敏捷、热情洋溢、勤学好问。如果严重偏离,就是不健康的表现。

(三)大学生常见的心理问题

1. 新生适应问题

大学生步入校园后,面对新的环境、新的生活、新的朋友,往往不能较好的适应。这些新的变化让他们无所适从、被动应付,进而产生苦恼、怀疑、否定自我等情绪,甚至产生很大的心理问题,无法在学校学习。

2. 学习问题

大学生的学习问题主要表现在一些大学生对所学专业不满意,感觉学习负担重,学习压力大,对各种考试存在恐惧和焦虑心理,缺乏学习动力等。有的学生沉迷网络无法自拔,成绩不佳,从而考试挂科无法毕业;有的学生对专业不感兴趣,因此缺乏学习动机;有的学生学习努力刻苦,但是成绩不佳,因此出现苦恼的情绪状态等。

3. 人际交往问题

大学阶段,不仅需要在学习方面努力,而且还需要参加一些文体活动,由于个人性格、兴趣、能力等各方面的不同,在人际交往方面存在一定问题。另外,那些性格内向、自卑、孤僻的学生,往往缺乏人际交往的技巧,而出现沟通不良、人际冲突等交往障碍。

4. 情绪情感问题

当下大学生家庭多是"1+2+4"模式,在家由父母和爷爷奶奶、外公外婆宠爱着,因此养成了自我为中心的性格。在进入大学后,独立面对大学的学习、人际、生活和感情问题,容易出现情绪波动较大、易冲动的情况。另外,伴随着生理发育的成熟,大学生开始进入两性情感生活,感受爱情中的喜爱、痛苦、沮丧等各种情绪情感问题。

5. 求职与择业问题

随着大学毕业生人数的激增,就业压力越来越大,就业的压力使很多大学生看不到现实的出路,找不到理想的方向,对前途深感迷茫。有的学生职业准备与职业技能训练不足,缺乏求职技巧,不敢主动向用人单位进行自我推荐和自我展示;有的学生缺乏正确的就业心理,对择业中出现的消极社会现象不满而有意逃避现实,丧失良好的就业择业机会。

(四) 大学生心理健康的维护

培养与维护大学生健康心理的方法包含以下几种。

1. 掌握心理健康的知识

生活在快节奏的社会大环境中,就要求人必须具备一定的心理健康知识和较高的心理素质来适应时代与社会的要求。所以,大学生应当主动掌握一些体系中的内容,学习掌握这方面的知识,在遇到心理困惑和问题时可以自助且能够助人。学习的方式有课堂学习、查阅相关资料、听心理讲座等,均是较为受益的方法。

2. 培养健康的生活方式

对于大学生而言,健康的生活方式也是心理健康重要的部分,其中包括合理作息、戒除不良嗜好、平衡膳食、科学用脑等。大学生应该自觉地养成良好的生活习惯,日常生活中要戒除不良习惯和嗜好,如吸烟、酗酒、偏食;要做到饮食有节,起居有常,生活有规律;要适度运动,选择文明高雅的休闲娱乐方式,如游泳、跑步、登山、球类运动等;要适当培养自己的业余爱好,使自己兴趣广泛,生活有情趣,如读书、听音乐、练字等,充实的生活是保持健康心态的基础。

3. 参加有益身心的活动

校园活动丰富多彩,如各种文艺活动、体育比赛、辩论会等。通过活动能陶冶情操,开阔眼界,能更好地与人交往,建立和谐的人际关系。校园活动也是大学生提高自身素质的平台,许多高校成立了包括心理健康在内的各种学生社团,形式多样的社团活动,有助于大学生进行积极的认知评价和智力开发,有助于学生学习人际交往的技巧,有助于提高心理承受力,达到锻炼能力、丰富课余生活、提高心理素质的目的。

4. 学会自我的心理调适

大学生自我意识正处于发展、稳定、完善的关键时期。面对情绪情感问题或心理困惑时,适当的心理调适会有助于其心理健康发展,减少和防止各类心理疾病的发生。

5. 积极地寻求心理支持

大学生会经常面临来自人际交往、学习、情感等方面的压力,遇到难以解决或不能自行解除的心理问题或心理障碍时,应当学会主动寻求外在的心理支持。研究表明,当面临心理困惑时,可以从父母、老师、同学、朋友那里获取更多支持的大学生其心理承受能力更强,身心也更健康。来自外界物质的帮助、行为的援助、情感的疏导、积极的社交等均可以帮助大学生勇敢面对成长路上的心理困惑。

三、大学生心理咨询

故事分享

不同的窗

一个小女孩趴在窗台上,看到窗外的人正在埋葬她心爱的小狗,不禁泪流满面,悲痛不已。爷爷见状,连忙引她到另一个窗口,让她欣赏玫瑰花园。小女孩渐渐恢复笑容。老人托起孙女的下巴,语重心长地说:"孩子,你开错了窗户。"

分享:

这个小故事告诉我们,打开不同的窗户,可以看到不同的风景,要远离悲伤和不愉快,就要开对窗户。但是对于同学们来说,我们时不时地会开错窗户,当遇到这样的情况时,有的同学很快能摆脱负面的情绪,但也有些同学会陷入困惑、烦恼中,无法顺利地找到另一扇窗户。这种时候,是否能尝试着去了解并接纳心理咨询呢?

(一) 心理咨询的含义

咨询一词源于拉丁语,英语为counsel,有商讨、劝告、质疑等意思。心理咨询(Psychological Counseling)是在咨询的概念上延伸出来的,特指在心理方面给咨询对象以帮助、劝告、引导的过程。心理咨询的发展至今已经有近百年的历史,但国内外心理学界对于心理咨询的定义仍未统一。

美国著名心理学家罗杰斯(Carl Ransom Rogers)认为:心理咨询是一个过程,其间咨询员与来访者的关系能给予后者一种安全感,使他可以从容地开放自己,甚至可以正视自己过去曾经否定的经验,然后把那些经验融合于已经转变了的自己,做出统合。

帕森特(C. H. Paterson)认为:咨询是一种人际关系。在这种关系中咨询人员提供一定的心理氛围和条件,使咨询对象发生变化,做出选择,解决自己的问题,并且成为一个有责任感的独立的个体、一个更好的人和更好的社会成员。

日本心理学家仓石精一将心理咨询定义为:在心理适应方面存在问题并需要帮助解决的个人,与受过专门训练并具备咨询资质的专家面谈。其中,咨询专家主要通过语言手段对其施以心理影响,这个帮助求询的人解决问题的过程就是心理咨询。

1984年国际心理学会出版的《心理学百科全书》把心理咨询定义为教育和发展两种模式,并提出咨询心理学始终遵循着教育的模式,而不是临床的、治疗的或医学的模式。咨询对象(不是患者)是在应付日常生活中的压力和任务方面需要帮助的正常人。咨询心理学家的任务就是教会他们模仿某些策略和新的行为,从而能够最大限度地发挥其已经存在的能力,或者形成更为适当的应变能力。

中国香港学者林孟平对心理咨询的定义是:心理咨询是一个过程,在这个过程中,一位受过专业训练的心理咨询员,致力于与来访者建立一种具有治疗功能的关系,来协助对方认识自己、接纳自己,进而欣赏自己,以致可以克服成长中的障碍,充分发挥个人的潜能,使人生统合并有丰富的发展,迈向自我实现。

中国北京大学心理系钱铭怡教授认为,心理咨询具有如下特点:其一,体现着对来访者进行帮助的人际关系;其二,心理咨询的过程是涉及一系列心理活动的过程;其三,心理咨询属于一个特殊的服务领域。

上述专家学者对心理咨询的解释,尽管有不同之处,但其内涵有着一些共同的特征:心理咨询是通过人际关系,运用心理学理论和方法,给咨询对象以帮助、启发,以协助其自强自立的过程。通过心理咨询,可以使咨询对象在认识、情感和态度上有所变化,解决其在学习、工作、生活、疾病和康复等方面出现的心理问题,从而更好地适应环境,保持身心健康。

(二) 心理咨询的原则

心理咨询的原则是心理咨询师在工作中必须遵守的基本要求,是有效运用咨询方法和技术与来访者建立良好关系的重要条件,也是取得良好咨询效果的重要保证。心理咨询的原则有很多,其中,高校心理咨询师在心理咨询中必须遵守以下基本原则。

1. 保密原则

保密原则是心理咨询中最为重要的原则。这一原则要求咨询师,如果没有得到来访学生的同意,在正常情况下,不得将在咨询中来访学生的言行泄露给任何人或机构。

对于一些特殊情况,咨询师也必须规范处理方式。

(1) 在进行案例研究、教学、演讲或发表有关文章而需要使用来访学生的个人资料时,要注意文字技巧,使其不至于被他人对号入座。

(2) 在需要与其他咨询师、教师或其父母等交换意见或采取配合措施时,先需要向来访学生说明这样做的理由以及准备如何与第三方交流的方案,争取得到来访学生的理解和信任。

(3) 咨询师在咨询过程中意识到来访学生有自杀或攻击他人的倾向、破坏公共设施的企图以及法庭要求提供个案资料时,均属于保密例外。

2. 自愿原则

"来者不拒,去者不追",强调来访学生必须出于完全自愿是心理咨询工作中所应遵循的原则。学校咨询有其特殊性,特别是从目前高校学生的现状看,有相当一部分学生心理健康意识相对比较淡漠,对心理咨询还存有误区。因此,可以引导学生来咨询,但不能利用教育者的身份强制学生前来咨询。

3. 平等原则

咨询关系是一种没有上下级之分,没有指导者和被指导者之分的平等关系。在学校咨询中,咨询师更要处理好教师与学生之间的关系,以平等的身份接待来访的学生。

4. 时间限定原则

一次咨询时间一般定为50分钟,原则上不能随意延长咨询时间。咨询次数一般为一周一次,特殊情况下可以增加到两次。咨询时间的限定,可以让来访学生能够更加珍惜并有效利用每一次咨询时间。但是,咨询时间的限定也不是绝对的,对于一些特殊的学生,可以根据实际情况,适当缩短时间和间隔。

5. 感情限定原则

感情限定原则是指咨询师不得与来访学生在咨询室以外的地方有亲密接触和交往,也不能将自己的情绪带进咨询过程,不对来访学生在感情上产生爱憎和依恋,且不能在咨询过程中寻求在爱憎、欲求等方面的满足和实现。

6. 中立性原则

每位咨询师,都会有自己的价值取向,对客观事物也有着自己的评价。但在咨询中不能以自己的价值取向作为参照点去评判来访学生,要保持一种中性的态度,与来访学生共同探讨,促进其对原有的观点进行自我审视,从而获得成长。

7. 非指导性原则

授人以鱼,不如授人以渔。咨询师对来访学生的问题不做直接建议和提示,而是启发和鼓励来访学生自我理解,自我改变,促进其心理成熟和成长,达到助人自助的目的。

8. 预防重于治疗的原则

学校心理咨询是为全体学生服务的,高校心理咨询师的工作除了对来访学生心理问题的个别咨询外,更重要的是心理健康知识的普及和宣传,使尽可能多的学生增强心理健康意识,掌握心理调节的方法,提高广大学生的心理健康水平,真正发挥学校心理健康教育的作用。

9. 发展性原则

高校学生的心理问题多数为适应、交往、情感和学习等方面遇到的困惑。因此咨询师要以发展变化的观点来看待来访学生的问题,不宜轻易将来访学生的问题归于某种心理障碍或某种疾病。

10. 坚持性原则

由于来访学生个性特点不同,要解决的问题不同,心理咨询所需要的次数也会存在差异。心理咨询过程有可能不是直线发展的。咨询中,可能会因为来访学生认识的变化、环境的影响而产生反复和周折现象,因而咨询师和来访学生都要能够坚持,这样才有利于咨询效果的巩固和提高。

(三) 心理咨询的形式

心理咨询的形式按照不同的标准可以有多种划分,高校目前的心理咨询形式主要有以下几种。

1. 按咨询的内容划分

(1) 发展咨询

发展咨询主要是帮助来访学生更好地认识自己和社会,充分开发心理潜能,增强适应能力,提高自我生活质量,促进身心全面发展。发展咨询所涉及的内容非常广泛,大学生心理咨询也多数属于发展咨询范畴。

（2）障碍咨询

障碍咨询是针对存在不同程度心理障碍的来访学生进行的心理咨询。对于高校的心理咨询师来说，界定障碍咨询学生的心理障碍程度及类型尤为重要。心理咨询师要明确知道自己的能与不能，对心理障碍较为严重的学生要及时转介。

2. 按来访学生是否本人划分

（1）直接咨询

直接咨询是指由学校的心理咨询师对来访学生本人直接进行心理咨询，它是心理咨询最常见的方式。它的特点是通过咨询师与来访学生的直接交往和相互作用，使来访学生的心理问题得到解决。同学们可以去学校的心理咨询室或者通过书信、电话、网络咨询等形式进行直接咨询。

（2）间接咨询

间接咨询是指学校心理咨询师对来访的教师、辅导员、学生家长及其他人员所反映的当事学生的心理问题进行咨询。间接咨询的特点是在咨询师和当事学生之间增加了一道中转，咨询师靠中转人收集当事学生的各种资料，对当事学生的咨询建议也靠中转人传达实施。因此，在间接咨询中，如果不能处理好咨询师与中转人之间的关系，不能使咨询师的建议被中转人转达，促使当事人接受并合理实施，就会影响到咨询效果。

3. 按来访学生数量多少划分

（1）个体咨询

个体咨询是指咨询师与来访学生一对一的，在特定的心理咨询室所做的心理咨询。个体咨询具有保密、易于交流、触及问题深刻、便于个案积累和因人而异等优点，是心理咨询最常用的形式。个体咨询可以是面询，也可以通过电话、网络、信函等途径进行。

（2）团体咨询

团体咨询又称集体咨询、小组咨询或群体咨询。凡是同时对多个来访学生进行咨询的方式都属于团体咨询。团体咨询具有咨询效率高、咨询效果易于巩固等优点。但团体咨询由于存在着对个体差异难以顾及，来访学生因为有顾虑而难以暴露深层次的问题等，而存在一定的局限性。

4. 按来访的途径划分

（1）门诊咨询

门诊咨询是指有心理困惑的学生到学校开设的心理咨询室进行咨询。门诊咨询由于咨询师掌握信息全面，可利用最直接的信息消除来访者的顾虑，可以利用非语言给予来访学生以支持，使咨询深入下去，从而成为心理咨询中最主要且最有效的方法。

（2）电话咨询

电话咨询是利用电话通话的方式对咨询学生给予劝告、安慰或对知情者进行危机干预及指导的一种咨询形式。这种形式比较适用于对紧急情况的处理。目前许多高校设置了热线电话,对于心理危机的紧急干预和自杀的防范,确实起到了非常好的作用。但一般来说,除了一些紧急状况,我们更主张学生面询,因为在心理咨询中,言语虽然起到了很好的效果,但很多情况下,非语言的作用不可忽视。

（3）通信咨询

通信咨询是指由心理咨询机构以通信方式对咨询学生及相关人员所提出的心理问题给予解答、指导的咨询方式。其优点是可以随时随地通过信件诉说自己的苦恼或愿望。缺陷是咨询效果可能会受到咨询学生的书面表达能力、理解能力及个性特点的影响,也会因为信件往返时间长、咨询双方的非语言交流受限等影响咨询效果。

（4）网络咨询

网络咨询可以采用在线及邮件咨询等形式。网络咨询比较适合于一些不能接受去心理咨询室做咨询的学生,或者假期里有咨询意愿的学生。目前有些高校建有自己的QQ群,通过QQ聊天的形式进行心理咨询。有些高校建有自己的网站可以提供在线咨询,还有些高校公开了心理咨询的邮箱,为学生提供网络咨询服务。

（四）走出心理咨询的误区

随着社会的进步及人们对自身生活质量的追求,已经有越来越多的人开始接受心理咨询这样一种形式。大学生群体中,也有部分学生能够在遇到困惑或情绪压抑的时候,选择去做心理咨询。但还是有相当一部分学生,对心理咨询存有误区。

误区一:部分大学生可以接受躯体上的疾病,但不能接受心理上的"感冒"。因而当面临困惑,心情压抑的时候,选择的是默默承受,而不是积极寻求帮助。

误区二:部分大学生之前从未接受过心理健康教育,对心理咨询的理解,到目前还是停留在"去心理咨询的人都是病人"这样一个层面上,当然就不愿意去做心理咨询。

误区三:部分大学生对心理咨询存有疑虑,担心"我的秘密,是否会传到其他同学的耳朵里"。

以上误区制约了高校心理咨询工作的顺利开展。

对于存有误区一的同学,也许我们一起回顾一下学校心理咨询的历史,再探讨一下心理咨询现状,会对消除误区有所帮助。心理咨询在高校的兴起与发展至今已有七八十年的历史。美国大学生心理咨询起步于20世纪40年代,日本起步于50年代,中国台湾地区起步于60年代,香港地区起步于70年代,中国内地大学生心理咨询起步于20世纪80年代。从目前的情况看,发达国家心理咨询起步较早,也已相对成熟,重要的是已经被众多的人群所接受。据一项调查显示,美国每1000人中就有一个心理咨询师,许多家庭有自己的私人心理医生,心理治疗已被纳入医保体系,费用可以报销。在美国,有30%的人定期看心理医生,80%的人不定期去心理诊所。试想一下,在温饱问题还没有解决的情况下,会有人关注自己的心理是否健康吗? 由此也可以看出,心理健康意识的增强,是社会文明与进步的产物,是人们关注自己生活质量的重要体现。

对于存有误区二的同学,可能是因为对目前学校心理咨询的对象还不是太了解。学校心理咨询的对象主要是在心理适应和心理发展上需要帮助的人,而不是精神病患者或明显人格障碍、智力低下或脑器质性病变的患者。由此我们可以看出,学校咨询针对的群体主要是健康人群,也就是以发展咨询为主的咨询。随着同学们对心理咨询知识的了解,相信大家会逐步地接纳心理咨询这种形式。

对于存有误区三的同学,如果你对心理咨询的原则有所了解的话,就可以完全打消顾虑了。你和你的咨询师谈话的内容除了保密例外的规定外,都会留在心理咨询室,你的同学和老师都不会知道。即便是涉及保密例外的内容,咨询师也会注意方式方法,在最小的人群中有限地公开一些内容,最大限度地保护你的利益不受侵犯。

心理博文

心理健康经典10句

(1) 记住该记住的,忘记该忘记的。改变能改变的,接受不能改变的。

(2) 如果敌人让你生气,那说明你还没有胜他的把握;如果朋友让你生气,那说明你仍然在意他的友情。

(3) 有些事情本身,我们无法控制,只好控制自己。

(4) 人就是孤单的,缓解孤独带来痛苦的唯一方式就是平静地接受它。

(5) 日出东海落西山,愁也一天,喜也一天;遇事不钻牛角尖,人也舒坦,心也舒坦。

(6) 每个人都有潜在的能量,只是很容易被习惯所掩盖,被时间所迷离,被惰性所消磨。

(7) 人生短短几十年,不要给自己留下什么遗憾,想笑就笑,想哭就哭。

(8) 死亡教会人一切,如同考试之后公布的结果——虽然恍然大悟,但为时已晚。

(9) 我们确实活得很难,要承受种种外部的压力,更要面对自己内心的困惑。在苦苦挣扎中,如果有人向我投以理解的目光,我会感到一种生命的暖意,或许仅有短暂的一瞥,就足以使我感奋不已。

(10) 后悔是一种耗费精神的情绪。后悔是比损失更大的损失,比错误更大的错误,所以,不要后悔。

课堂反馈

一、知识评估

请你对自己在了解心理健康与心理咨询的知识方面,课前课后分别做一个评估。0分代表几乎不了解,10分代表了解很多。

课前评分:＿＿＿＿＿＿＿＿＿＿＿＿＿＿＿＿＿＿＿＿＿

课后评分:＿＿＿＿＿＿＿＿＿＿＿＿＿＿＿＿＿＿＿＿＿

二、心理困扰评估

回想一下,进入大学以来出现过哪些心理困扰?请按照困扰程度,依次排序列出3条。

第一条：_____

第二条：_____

第三条：_____

三、课堂感受

今天这堂课让我感受最深的是 _____

今天这堂课让我最感兴趣的是 _____

今天这堂课让我获得的收获是 _____

延伸阅读

1. [美]米奇·阿尔博姆：《相约星期二》，吴洪译，上海译文出版社，2014年版。

2. [奥]阿尔弗雷德·阿德勒：《自卑与超越》，马晓佳译，民主与建设出版社，2017年版。

3. [美]亚历山大·李维：《成年孤儿》，洪明月译，南海出版公司，2017年版。

4. [美]M.斯科特·派克：《少有人走的路》，于海生译，中华工商联出版社，2017年版。

5. 隋岩：《心理学与生活》，中国法制出版社，2014年版。

6. 武志红：《感谢自己的不完美》，中国华侨出版社，2017年版。

推荐影片

《美丽心灵》　　　　《发条橙子》　　　　《黑天鹅》　　　　《心灵捕手》

模块二 | 站在新的起跑线
——大学生适应心理与生涯发展

引言

比尔·盖茨曾经说过:这个世界上充满了不公平的现象,你不要想着去改变它,你要做的就是去适应它。对于每一个人来说,世界是一个公共场所,它不是为了某一个人而专门设定的,也不会因为谁而做出改变。所以,当我们和周围事物发生冲突与矛盾的时候,应当改变的,只能是我们自己。

当然,很多时候,周围环境对于我们来说是非常苛刻的,每一个人在他的一生当中也面临着一次又一次的适应:新的学校、新的工作、新的同事、新的家庭成员等等。可以说,人的一生就是一个不断适应环境的过程。我们生活在这个不可选择的环境当中,就必然会面临很多困难,我们只有一一适应,才能顺利地度过一生。很多时候,正是那些适应能力强的人,在自然法则下分到了更多的资源,也就是说,相比而言,那些善于适应周围环境、不怨天尤人的人,是占据一定优势的。

对于刚刚步入一个新天地——大学的你们,一个在心里设想过多次的地方,一个承载自己梦想的地方。这里的生活、学习有着与以往全然不同的节奏和方式,它并非理想的天地,但它是成就梦想的地方,是人生的另一个起跑线。如何在这个新的起跑线上走好自己人生的重要一步呢?掌握适应的内容、方法及规划生涯的发展将有助于你走好人生梦想的第一步。

学习目标

1. 了解适应与心理适应的含义,了解生涯的含义及特征。
2. 了解大学生的心理不适的特征,理解影响心理适应的主要因素及调试办法。
3. 了解大学生生涯发展的意义、基本要素及影响因素。

案例导入

案例一:赵同学是某高职院校大一新生,赵同学有个习惯,每天晚上11点钟之前必须睡觉,可是同宿舍的同学,总在熄灯之后,不睡觉,煲电话粥的。导致她每天晚上都躺在床上睡不着,第二天上课无精打采。上课也特别焦虑,一堂课下来,老师要讲很多内容,她根本听不懂。入学不足一个月,就送交了退学的申请。

案例二:来自贫困农村家庭的小李,曾对大学生活充满了好奇和期待。然而,进入大学以后,现实与理想之间的落差让他感到前所未有的压力和困扰。在与人接触和交往的过程中,他总是觉得自己的家境比不上周围的同学,又没什么特长,学习的劲头也一直提不上来。所有的这些都使他感到了自卑、痛苦,不敢和别人交流,也不愿意参加各种集体活动,喜欢一个人整天对着电脑发呆。也没有交到什么知心朋友,所有的心事也总喜欢憋在心里,不愿与他人倾诉,最后被诊断为抑郁症。

案例三:王某,软件工程专业,父母离异,跟随爷爷、奶奶生活,毕业后一直在外打工,从事过销售、仓管、保安等工作,为帮助其实现稳定就业,学校介绍并带领其到该市一家招商引资重点企业去应聘,该企业非常重视,行政经理和人力资源部经理亲自面试并给出职业发展路径,王某表示考虑2天给予答复。一月后,该企业人力资源经理反馈王某一直未与其联系,后经过询问,了解王某已经与同学合伙创业,但由于市场竞争激烈,生意举步维艰。

案例互动

(1)大学生常见的心理不适的表现有哪些?

(2)影响大学生职业生涯发展的因素有哪些?

(3)我们遇到心理适应问题该怎么办? 我们遇到生涯发展问题该怎么办?

(4)通过上述案例说明心理适应与生涯规划的意义与价值。

一、适应与生涯发展概述

(一) 适应

故事分享

孔子到吕梁山游览,那里瀑布几十丈高,水花远远溅出数里,包含甲鱼、扬子鳄在内的鱼类都不能在那里游泳,却见一个男人在那里游水。孔子认为他是有痛苦(之事)想投水而死,便让学生沿着水流去救他,但那个男人却在游了几百步之后出来了,披散着头发,唱着歌,在河堤上漫步。

孔子赶上去问他:"刚才我看到你在那里游,以为你是有痛苦要去寻死,便让我的学生沿着水流来救你。你却游出水面,我还以为你是鬼怪呢!请问你可以到那种深水里去是有什么特别的方法吗?"

他说:"没有,我没有方法。我起步于原来本质,成长于习性,成功于命运。水回旋,我跟着回旋进入水中;水涌出,我跟着涌出水面。顺从水的活动,不自作主张。这就是我能到那种深水的缘故。"

孔子说:"什么叫作起步于原来本质,成长于习性,成功于命运?"他回答说:"我出生于陆地,安于陆地,这便是原来本质;从小到大都与水为伴,安于水,这就是习性;不知道为什么却自然能够这样,这是命运。"

适者生存。试图让整个世界适应自己,这便是麻烦所在。试图让一切适应自己,这是很幼稚的举动,而且是不明智的。故事中那个男人让自己适应水流,而不是让水流适应他。就这样,他成功了。他是真正的智者。因为这样做不是一种方法,也不是一个技巧,而是一种智慧。

这则故事寓含了一个非常深刻的人生哲理:一个没有学会在人生长河中游泳的人,即使其他的东西学得再多,也无法在这人生的长河中生存下来。因为他缺乏基本的适应和生存能力。人是自然与社会的统一体。婴儿出生时只是自然的生物人,要转化成社会人,就必须经历社会化的过程,人的社会化即个体与社会不断调整适应的过程。周围的环境是不断变化的,人们必须不断调节自己的行为才能适应这种变化。面对新的学校,新的班级,新的老师,新的同学,新的学习任务需要适应;面临陌生的人、陌生的事以及紧急情况、危险情况需要适应;对于自己的成长变化,挫折与失败也同样需要适应。适应能力是人类战胜自然,改造社会,改造自己的必备素质。

1. 适应的定义

对于适应的概念,一直就存在目的论和进化论两种解释。英国生物学家、进化论的奠基人查尔斯·罗伯特·达尔文(Charles Robert Darwin),第一次用自然选择原理来解释适应的起源,彻底摆脱了"上帝"或任何超自然的力量。在进化论的发展过程中出现过三种不同的"适应"定义。

(1) 用"生存"来定义适应

达尔文在阐述其自然选择原理时曾指出,最适应于环境的个体将存活下来,并将其有利的变异遗传给后代。之后,英国哲学家H. 斯宾塞(Herbert Spencer)用"最适者生存"这个术语来概括达尔文关于适应和自然选择的基本原理。他指出:生存者是最适应的。

(2) 用"繁殖"来定义适应

用能生存下并繁殖后代来定义"适应",同时用繁殖的成功程度来定义"适应度"。把具有某种基因型的个体的适应度定义为"该个体所携带的基因能传递给下一代的相对值",这种适应度被称为"达尔文适应度"。

(3) 生态学的适应定义

生态学上给"适应"下的定义是:"可以利用其他生物不能利用的环境条件的生物是最

适应者。"

著名教育学家、心理学家朱智贤在其主编的《心理学大辞典中》中，将"适应"定义为："适应是来源于生物学的一个名词，用来表示能增加有机体生存机会的那些身体上和行为上的改变。"心理学中用"适应"来表示对环境变化做出的反应，如光的变化的适应和人的社会行为的变化等。

上面的各种解释，让我们了解到，"适应"一词原本是生物学的概念，指通过以生物的遗传组成赋予某种生物的生存潜力、用于表示生物个体或群体为了应对环境，争取生存和发展空间而引起的机体和行为上的相应变化。从本质说，"适应"是生物个体在环境因素的强势作用下，其感觉能力发生变化的结果。

2. 适应的类型

（1）感觉适应

感觉是个体心理产生的前提，人的心理首先是来自感官的刺激，感觉通过声、光、热、气味等各种不同形式的能量去收集外界的信息，如耳朵听声音，皮肤觉察冷热，任何感觉的作用都在于收集信息并提供给大脑进行进一步的加工。当然，感觉器官的灵敏程度都依赖于其感受外界刺激的适当范围，并且不是一成不变的，而是表现为对刺激的适应性变化，即感觉适应。感觉是低层次的心理现象，感觉适应也是最低层次的心理适应，但它也是产生更高层次心理适应的基础。

（2）行为适应

按行为适应的效果可分为消极适应和积极适应，消极行为适应是个体改变自己的行为或态度以适应外部环境的要求，这是一种基本的、比较被动的适应方式，消极的行为成为消极适应个体主要表现，只是暂时获得内心的平衡。例如，某位林同学，进入大学一年三个月以来，经常迟到，有时旷课到网吧打游戏，从不去图书馆自习，林同学表现出了对大学学习的退缩和放弃。积极适应是主体充分发挥自身的主观能动性，个体尽最大可能去改变环境，使之适合自己发展的需要。这种主动适应的方式表现出长期性的积极行为，最终适应环境并获得心理平衡。

当然，影响行为适应的因素很多，如个体的认知、态度甚至个性，但单纯从行为上可以简单判定个体的适应水平和适应程度。

（3）认知适应

如果说行为适应是外显的、可以看见的适应，那么认知适应是个体适应机制在内部心理加工环节上的心理设计。认知适应包括两个方面，一是对外部环境的评估，二是对自身内部系统的评估，通过内外的评估做出适应的决策和行为。以前面提到的林同学为例，进入大学，他首先需要进行外部评估，即对自己大学学习的新特点、新要求做出客观判断。在对大学学习的特点和要求有了了解和判断后，他需要对自己原有的经验和能力开始评估，如果他评估的结果是过去的经验无法对新环境提供帮助，那么，在现有的环境中林同学的自我体验是消极的，自信心表现不足，他的适应行为也将表现为消极。

（4）人格适应

人格适应是指个体具有充分发挥自身人格特征的特色和优势的功能，与社会情境交互作用，解决适应性问题，从而达到与环境的和谐平衡状态。它在心理适应中起到调节和维护的作用。个体对自身人格差异的认知和改变，会影响个体主动发掘社会适应的心理资源。个体差异为不同个体对环境的适应预设了限制性的条件，同时也提供了可选择路径。个体自身的成长经历为个体差异的形成提供了后天的现实条件，这为个体适应环境提供了基于现实的个体差异的实际条件。按照生态理性的观点，每个人在适应面前都已形成自己的心理捷径和完美的工具箱，在需要的时候拿出最适合的工具就是适应的理想状态。

心理适应从感觉、认知、行为到人格适应，这个过程中的每个环节不是孤立的，而是整合在一起的，每个环节适应的成功体验都可以作为下次适应的经验，也可随着时间沉淀为一种能力——适应能力。

（二）心理适应

心理学范畴里所指的适应概念往往包含了三层意思：一是生物学意义上的适应，即生理适应，如感官对声、光、味等刺激物的适应；二是心理上的适应，通常指遭受挫折后借助心理防御机制来使人减轻压力、恢复平衡的自我调节过程；三是社会生活环境的适应，指的是社会适应，包括为了生存而使自己的行为符合社会要求的适应和努力改变环境以使自己能够获得更好发展的适应。

瑞士心理学家、认识与发生论的创始人让·皮亚杰（Jean Piaget）认为：智慧的本质从生物学来说是一种适应，它既可以是一个过程，也可以是一种状态。有机体是在不断运动变化中与环境取得平衡的，它可以概括为同化和顺应两种作用。适应状态则是这两种作用之间取得相对平衡的结果。这种平衡不是绝对静止的，某个水平的平衡会成为另一个水平的平衡运动的开始。如果机体与环境失去平衡，就需要改变行为以重建平衡。这种从平衡到不平衡再到平衡的动态变化过程就是适应。皮亚杰的定义从心理适应是主体对环境变化所做出的一种反应，是一个重建平衡的动态变化过程，心理适应的内部机制是同化与顺应的平衡这3个方面说明了适应这一心理现象的性质与特点。

对于心理适应的解释还有很多综合大家观点，我们比较能够认同的是，心理适应是当外部环境发生变化时，主体通过自我调节系统做出能动反应，使自己的心理活动和行为方式更加符合环境变化和自身发展的要求，使主体与环境达到新的平衡的过程。

🎧 心理测验

心理适应能力测试单

（1）我最怕转学或转班级，每到一个新环境，我总要经过很长一段时间才能适应。（　　）

A. 是　　　　　　B. 无法肯定　　　　　　C. 不是

（2）每到一个新地方我很容易同别人接近。（　　）

A. 是　　　　　　B. 无法肯定　　　　　　C. 不是

（3）与陌生人见面，我总是无话可说，以至感到尴尬。（ ）

A. 是　　　　　　　B. 无法肯定　　　　　　　C. 不是

（4）我最喜欢学习新知识或新学科，这能给我一种新鲜感并能调动我的积极性。（ ）

A. 是　　　　　　　B. 无法肯定　　　　　　　C. 不是

（5）每到一个新地方，我总是睡不好，就是在家里我只要换一张床，有时也会失眠。（ ）

A. 是　　　　　　　B. 无法肯定　　　　　　　C. 不是

（6）不管生活条件有多大的变化，我也能很快习惯。（ ）

A. 是　　　　　　　B. 无法肯定　　　　　　　C. 不是

（7）越是人多的地方我越感到紧张。（ ）

A. 是　　　　　　　B. 无法肯定　　　　　　　C. 不是

（8）我考试的成绩多半不会比平时练习的时候差。（ ）

A. 是　　　　　　　B. 无法肯定　　　　　　　C. 不是

（9）全班的同学都看着我，我的心都快跳出来了。（ ）

A. 是　　　　　　　B. 无法肯定　　　　　　　C. 不是

（10）对他（她）有看法我仍能同他（她）交往。（ ）

A. 是　　　　　　　B. 无法肯定　　　　　　　C. 不是

（11）我做事总有些不自在。（ ）

A. 是　　　　　　　B. 无法肯定　　　　　　　C. 不是

（12）我很少固执己见，常常乐于接受别人的意见。（ ）

A. 是　　　　　　　B. 无法肯定　　　　　　　C. 不是

（13）同别人讨论时我常常感到语塞，事后才想起该怎样反驳对方，可惜已经太迟了。（ ）

A. 是　　　　　　　B. 无法肯定　　　　　　　C. 不是

（14）我对生活要求不高，即使条件很艰苦，我也能过得很愉快。（ ）

A. 是　　　　　　　B. 无法肯定　　　　　　　C. 不是

（15）有时自己明明把课文背得滚瓜烂熟，可在课堂上背的时候，还是会出错。（ ）

A. 是　　　　　　　B. 无法肯定　　　　　　　C. 不是

（16）在决定成败的关键时刻，我虽然很紧张，但总能很快使自己镇定下来。（ ）

A. 是　　　　　　　B. 无法肯定　　　　　　　C. 不是

（17）我不喜欢的东西，不管怎么学也学不会。（ ）

A. 是　　　　　　　B. 无法肯定　　　　　　　C. 不是

（18）在嘈杂混乱的环境里，我仍能集中精力学习，并且效率更高。（ ）

A. 是　　　　　　　B. 无法肯定　　　　　　　C. 不是

（19）我不喜欢陌生人来家里做客，每逢这种情况，我就有意回避。（ ）

A. 是　　　　　　　B. 无法肯定　　　　　　　C. 不是

（20）我很喜欢参加社交活动，我认为这是交朋友的好机会。（ ）

A. 是　　　　　　　B. 无法肯定　　　　　　　C. 不是

评分规则：

凡是奇数号的题，选"是"得0分，选"无法肯定"得2分，选"不是"得4分。凡是偶数号的题，选"是"得4分，选"无法肯定"得2分，选"不是"得0分。

结果分析：

71—80分：心理适应能力很强，能很快地适应新的学习、生活环境，与人交往轻松大方。给人的印象极好，无论进入怎样的环境都能应付，如鱼得水。

51—70分：心理适应能力良好，在新环境中能较快地与人交往。

31—50分：心理适应能力一般，当进入一个新的环境，经过一段时间的努力，基本上能适应。

11—30分：心理适应能力较差，依赖于好的学习生活环境，一旦遇到困难则易怨天尤人，甚至消沉。

0—10分：心理适应能力很差，在各种新环境中，即使经过一段时间的努力，也不一定能够适应，常常困惑，因与周围事物格格不入而十分苦恼。在于他人的交往中，总是显得拘谨，羞涩，手足无措。

（三）生涯发展

1. 生涯的含义

"生涯"（career）一词来自罗马文viacarraria及拉丁文carras，二者的含义均指古代的战车，后来引申为道路，即人生的发展道路。"生涯"一词在我国最早出现在《庄子》中，《庄子·养生主》云："吾生也有涯，而知也无涯，以有涯随无涯，殆已。"在我国古典文籍中也有多处用到这个词，如刘长卿在《过湖南羊处士别业》中说，"杜门成自首，湖上寄生涯"，杜甫在《杜位守宅岁》中说，"谁能更拘束，烂醉是生涯"，元曲《汉宫秋》也有，"正是番家无产业，弓矢是生涯"的句子等。《辞海》将生涯定义为"一个人一生的事"，而一生的事除了吃喝玩乐之外，还包括生存的空间、生活的理想与生命的意志。《牛津辞典》认为生涯原有道路的意思，引申为个人一生所走的旅程。目前，大多数学者所接受的生涯定义大都来自舒伯在1976年提出的观点：生涯是生活中各种事件的演进方向与历程，统合了个人一生中各种职业与生活的角色，由此表现出个人独特的自我发展形态。生涯只存在于人们追求它之时，是以个人为中心的。

2. 生涯的特征

从整体上来看，生涯主要有以下几个特征。

（1）终身性特征

生涯是一个连续不断的发展过程，概括了人一生中所拥有的各种职位、角色。可以说，生涯不是个人在某一阶段所特有的，而是一个终身发展的过程。因此，生涯具有终身性特征。

（2）发展性特征

生涯是一个动态的发展历程，个体在不同的生命或工作阶段中会有不同的追求，而且这些追求会不断地变化与发展,从而促进个体不断地成长,并不断地转换角色。因此,生涯具有发展性特征。

（3）独特性特征

生涯是每个人依据自己的人生理想,为了充实自我、实现自我而逐渐展开的一种独特的生命历程,具有个体差异性,虽然某些人在生涯的形态上有相似的地方,但其实质却可能是完全不同的。因此,生涯具有独特性特征。

（4）综合性特征

生涯是以个体生命演进的发展为主轴,并包含了他一生中所拥有的所有职位、角色的总和,这个总和不只局限于职业角色,也包括学生、子女、父母、公民等涵盖人生整体发展的各个层面的角色。因此,生涯具有综合性特征。

3. 生涯规划

个体在不同的生涯发展阶段,具有不同的任务,这就要求个体要学会对自己的生涯进行规划。所谓生涯规划就是个体根据自己的实际情况,结合机遇和制约发展的因素,为自己确定职业目标,选择职业道路,确定教育、培训和发展计划等,并为此对实施时间、顺序及行动方向等做出合理的安排。

生涯规划应该涉及与个体角色职责相关的各个领域,总体上来看,我们可以把这些领域归纳为八个领域:健康、家庭、工作、人际关系、理财、心智、休闲以及心灵。

其中,健康规划是为身心健康而进行的规划。健康是人生事业的基础,没有健康就没有一切。家庭规划主要是指对即时家庭的规划,所谓即时家庭就是我们离开原生家庭而组建的家庭。家庭规划主要涉及何时组建家庭,如何担当家长角色等。工作事业规划也可以看成是职业生涯规划。它不仅包括正式职业规划,还包括我们正式职业之外的兼职规划。人际关系发展规划主要是指对自己的社会归属进行规划。按照马斯洛的需要层次论,爱与归属的需要是人的基本需要之一,每个人总是要处于一定的组织之中。进行人际关系规划就是建立人生的支持系统,营造将来的工作、生活环境。理财规划就是对我们的财务进行的规划,包括投资基金、股票,兼职做第二份工作等。心智规划主要是指我们的知识、技能、观念的发展规划。判断一个人是否成年的标准不是年龄,而是心智的成熟与否。心智成熟的人更容易走向成功,因此,个体需要对自己的心智进行规划。休闲规划多是指工作之外所从事的非谋生活动,主要源自个人的兴趣爱好。在现代社会中,人们的压力越来越大,良好的休闲规划有利于人们释放自己的压力。心灵规划是指思想和道德发展以及人生思想境界、信仰等方面的规划。心灵规划的最终目标是让自己拥有美好的心灵。

心 理 测 验

职业生涯规划测试题

注意:每题只能选择一个答案,应为你第一印象的答案,把相应答案的分值加在一起即为你的得分。

1. 你更喜欢吃哪种水果?(　　)

A. 草莓　　　B. 苹果　　　C. 西瓜　　　D. 菠萝　　　E. 橘子

2. 你平时休闲经常去的地方?(　　)

A. 郊外　　　B. 电影院　　　C. 公园　　　D. 商场　　　E. 酒吧　　　F. 练歌房

3. 你认为容易吸引你的人是?(　　)

A. 有才气的人　　B. 依赖你的人　　C. 优雅的人　　D. 善良的人　　E. 性情豪放的人

4. 如果你可以成为一种动物,你希望自己是哪种?(　　)

A. 猫　　　B. 马　　　C. 大象　　　D. 猴子　　　E. 狗　　　F. 狮子

5. 天气很热,你更愿意选择什么方式解暑?(　　)

A. 游泳　　　B. 喝冷饮　　　C. 开空调

6. 如果必须与一个你讨厌的动物或昆虫在一起生活,你能容忍哪一个?(　　)

A. 蛇　　　B. 猪　　　C. 老鼠　　　D. 苍蝇

7. 你喜欢看哪类电影、电视剧?(　　)

A. 悬疑推理类　　B. 童话神话类　　C. 自然科学类　　D. 伦理道德类

E. 战争枪战类

8. 以下哪个是你身边必带的物品?(　　)

A. 打火机　　B. 口红　　　C. 记事本　　D. 纸巾　　　E. 手机

9. 你出行时喜欢什么样的出行方式?(　　)

A. 火车　　　B. 自行车　　C. 汽车　　　D. 飞机　　　E. 步行

10. 以下颜色你更喜欢哪种?(　　)

A. 紫　　　B. 黑　　　C. 蓝　　　D. 白　　　E. 黄　　　F. 红

11. 下列运动中挑选一个你最喜欢的(不一定擅长)。(　　)

A. 瑜伽　　B. 自行车　　C. 乒乓球　　D. 拳击　　　E. 足球　　　F. 蹦极

12. 如果你拥有一座别墅,你认为它应当建立在哪里?(　　)

A. 湖边　　B. 草原　　　C. 海边　　　D. 森林　　　E. 城中区

13. 你更喜欢以下哪种天气现象?(　　)

A. 雪　　　B. 风　　　C. 雨　　　D. 雾　　　E. 雷电

14. 你希望自己的窗口在一座30层大楼的第几层?(　　)

A. 七层　　B. 一层　　　C. 二十三层　　D. 十八层　　E. 三十层

15. 你认为自己更喜欢在以下哪一个城市中生活?(　　)

A. 丽江　　B. 拉萨　　　C. 昆明　　　D. 西安　　　E. 杭州　　　F. 北京

答案与计分

1. 你更喜欢吃那种水果?

A. 草莓 2 分　　B. 苹果 3 分　　C. 西瓜 5 分　　D. 菠萝 10 分　　E. 橘子 15 分

2. 你平时休闲经常去的地方?

A. 郊外 2 分　　B. 电影院 3 分　　C. 公园 5 分　　　D. 商场 10 分　　E. 酒吧 15 分

F. 练歌房 20 分

3. 你认为容易吸引你的人是?

A. 有才气的人 2 分　　　B. 依赖你的人 3 分　　　　C. 优雅的人 5 分　　　D. 善良的人 10 分

E. 性情豪放的人 15 分

4. 如果你可以成为一种动物,你希望自己是哪种?

A. 猫 2 分　　B. 马 3 分　　　C. 大象 5 分　　　D. 猴子 10 分　　　E. 狗 15 分　　F. 狮子 20 分

5. 天气很热,你更愿意选择什么方式解暑?

A. 游泳 5 分　　　　B. 喝冷饮 10 分　　　　C. 开空调 15 分

6. 如果必须与一个你讨厌的动物或昆虫在一起生活,你能容忍哪一个?

A. 蛇 2 分　　B. 猪 5 分　　　C. 老鼠 10 分　　　D. 苍蝇 15 分

7. 你喜欢看哪类电影、电视剧?

A. 悬疑推理类 2 分　　　B. 童话神话类 3 分　　　C. 自然科学类 5 分　　　D. 伦理道德类

10 分　　　E. 战争枪战类 15 分

8. 以下哪个是你身边必带的物品?

A. 打火机 2 分　　　　B. 口红 2 分　　　　C. 记事本 3 分　　　D. 纸巾 5 分

E. 手机 10 分

9. 你出行时喜欢坐什么交通工具?

A. 火车 2 分　　　　B. 自行车 3 分　　　C. 汽车 5 分　　　D. 飞机 10 分

E. 步行 15 分

10. 以下?色你更喜欢哪种?

A. 紫 2 分　　　　B. 黑 3 分　　　　C. 蓝 5 分　　　　D. 白 8 分

E. 黄 12 分　　　　F. 红 15 分

11. 下列运动中挑选一个你最喜欢的(不一定擅长)。

A. 瑜伽 2 分　　　　B. 自行车 3 分　　　C. 乒乓球 5 分　　　D. 拳击 8 分

E. 足球 10 分　　　　F. 蹦极 15 分

12. 如果你拥有一座别墅,你认为它应当建立在哪里?

A. 湖边 2 分　　　　B. 草原 3 分　　　C. 海边 5 分　　　D. 森林 10 分

E. 城中区 15 分

13. 你更喜欢以下哪种天气现象?

A. 雪 2 分　　B. 风 3 分　　C. 雨 5 分　　D. 雾 10 分　　　E. 雷电 15 分

14. 你希望自己的窗口在一座 30 层大楼的第几层?

A. 七层 2 分　　　　B. 一层 3 分　　　C. 二十三层 5 分　　D. 十八层 10 分

E. 三十层 15 分

15. 你认为自己更喜欢在以下哪一个城市中生活?

A. 丽江 1 分　　　　B. 拉萨 3 分　　　　C. 昆明 5 分　　　　D. 西安 8 分

E. 杭州 10 分　　　　F. 北京 15 分

测试结果

1. 180 分以上：意志力强、头脑冷静、有较强的领导欲、事业心强、不达目的不罢休；外表和善、内心自傲、对有利于自己的人际关系比较看重。有时显得性格急噪、咄咄逼人、得理不饶人、不利于自己时顽强抗争、不轻易认输。思维理性、对爱情和婚姻的看法很现实、对金钱的欲望一般。

2. 140—179 分：聪明、性格活泼、人缘好、善于交朋友；事业心强、渴望成功；思维较理性，崇尚爱情，但当爱情与婚姻发生冲突时会选择有利于自己的婚姻。金钱欲望较强。

3. 100—139 分：爱幻想、思维较感性，以是否与自己投缘标准来选择朋友。性格显得较孤傲，有时较急躁，有时优柔寡断。事业心较强，喜欢有创造性的工作，不喜欢按常规办事。性格倔强、言语犀利、不善于妥协。崇尚浪漫的爱情，但想法往往不切合实际。金钱欲望一般。

4. 70—99 分：好奇心强、喜欢冒险、人缘较好。事业心一般、对待工作随遇而安、善于妥协。善于发现有趣的事情，但耐心较差；敢于冒险，但有时较胆小。渴望浪漫的爱情，但对婚姻的要求比较现实。不善理财。

5. 40—69 分：性情温良，重友谊，性格踏实稳重，但有时也比较狡黠。事业心一般，对本职工作能认真对待，但对自己专业以外事物没有太大兴趣，喜欢有规律的工作和生活，不喜欢冒险，家庭观念强，比较善于理财。

6. 40 分以下：散漫、爱玩、富于幻想。聪明机灵、待人热情、爱交朋友，但对朋友没有严格的选择标准。事业心较差，更善于享受生活，意志力和耐心都较差，我行我素。有较好的异性缘，但对爱情不够坚持认真，容易妥协。没有理财观念。

二、大学生的适应心理

从高中升到大学，许多同学都会有不适应的感觉，产生这种情况的原因是多方面的，有共性的，也有个性的。从个体身心发展的角度看，这一时期的同学处于青少年向成年的转变时期，是人生中变化最大、心理发展最为曲折、充满了矛盾冲突的时期。从外部环境看，高职院校的学生来自全省乃至全国的各个地方，生活习性等大不相同。中学里形成的人际交往模式，在高职院校里已经不能生搬硬套。高职院校的教学模式也和中学有了较大的不同，以自主学习为主的学习方式，使相当一部分同学无所适从，这一切都会对学生的心理适应产生较大的影响。尽早克服新环境带来的心理问题，适应校园新生活，是众多大学生面临的新课题。

（一）心理适应不良的主要特征

1. 对环境变化缺乏敏感性

很多适应不良的同学不能发现新旧环境之间的差异，不仅缺乏对环境变化的正确认识，而且不能悦纳现实环境，单方面地希望维持原来的生活方式或习惯，对新环境有较重的抵触情绪，严重影响了对新环境的适应。

2. 思维定式

很多适应不良的同学都是消极的顺应外部环境，在适应过程中以被动、消极的姿态出现，一两次适应尝试失败后，他们便会认为自己无法适应、无能为力并接受现有状态，这一方面与他们长期形成的个性有关；另一方面，与其创新能力及解决实际问题的能力有很大关系，这再一次提醒我们，心理健康教育的同时，学生的行为能力训练也非常重要。

3. 情绪管理能力弱

很多适应不良的同学自我管理能力较弱，尤其是在情绪管理方面，多数同学未意识到情绪的可调适性，主观地认为情绪无法自如控制，因而常常被负面情绪牵着鼻子走，不能发挥个人在环境适应中的主动性，容易受到同辈群体的负面影响，缺乏积极引导。

4. 缺乏人际交往能力

主要表现在人际交往的技巧掌握上。大学生能够意识到良好人际关系对个人发展的重要性，但对于各种复杂的人际关系问题，缺乏应对的技巧和能力，他们常常用同一种方式对待所有的问题，不善于建立并不断改进自己的社会支持系统，造成对人际多样性的适应不良，因而产生各种人际困扰。

5. 独立性差

包括独立生活、独立工作等方面。很多适应不良的同学存在较多的生活自理问题，并由此引发更多方面的不适应。相对而言，一个生活适应能力强的人，对于变化的环境能更有效地应对。

6. 自我设限

缺乏适应环境的信心。很多适应不良的同学并非不能真正适应环境，而是对自我缺乏正确的认识，或自我设限，或自我信心不足，或在个性上存在着其他问题，适应能力未能得到科学的开发。

（二）影响大学生适应心理的因素

1. 人际关系

大学中人际关系最显著的特点是师生关系的明显淡化，而同学互动相对频繁。同学关系重要性的增加，锻炼了学生人际交往的能力，但同时也带来冲突机会的上升，如果不及时处理或处理不善，会导致学生人际适应不良，进而影响学生心境，阻碍学习和发展。咨询问题涉及：因人际适应不良导致的自我封闭、自我中心、人际恐怖及缺乏人际交往技巧，在心理上表现为焦虑、偏执、恐惧、忧郁。由于大学生在个人生活习惯、性格、经历、教育背景等方面存在很大差异，同时，他们同为面临艰巨适应任务而又缺乏经验的个体，因此，相互的人际适应困难也更为突出。从个人发展角度看,大学生一方面要适应师生关系的改变,另一方面,要掌握人际交往的技巧,如怎样在频繁互动、冲突机会提高的情况下,发展与同学的良好关系,以建立起自己的社会支持系统,适应周围的人际环境。

2. 自我意识

这个问题主要是指大学生的自我认知失调,由大学生内心构想(或梦想)的我与现实的我,即自己眼中的我与他人眼中的我有一定的甚至较大的差异时引起的自我认知失衡,进而产生内心冲突。如果这种冲突发展到不可调和的程度,就可能出现自我意识的模糊,对自己及生活无所适从,从而产生心理危机。咨询个案涉及理想与现实的冲突,自我中心,过度自卑,丧失自信心及由自我认知失衡引发的各种情绪问题等。这一类问题可通过合理情绪疗法,自我认知团体辅导,个人成长探索等发展性的咨询辅导方式及时解决。

3. 学业要求

高等教育不同于基础教育,外语、计算机等基础课程学习直接与学位挂钩,专业基础课、专业课的学习广而深,学生对于所读科系的看法,直接关系到他们的学习动力、学习态度等,进而影响到他们的职业期待与职业选择。然而对于这些问题学校却较少提供有针对性的学习适应指导,尤其是专业入门教育,大学生在相当大的程度上必须由自己实现从成人监控、指导性的学习方式向自主发展的学习方式转变。咨询问题一般集中在学习动力缺乏,考试焦虑,学习目标缺失,学习兴趣下降,学习成绩滑坡,并进而引发焦虑、忧郁、分神等一般心理问题。此外,考试焦虑也是很多学生易遇到的,从个案看以考前焦虑、考后焦虑为主。

4. 生活环境

进入大学,生活环境彻底改变,由于成长背景、教育环境的不同,在脱离父母监控与服务的情况下自己安排与照顾日常生活的能力存在一定差距并表现出有限性。很多学生在较长时间内甚至到了中高年级仍不能适应和习惯宿舍生活及学校生活环境,以致影响了学习和发展。生活自理能力差,睡眠质量不高,不能悦纳新学生生活环境。同时由于进入大学是可预期的事件,大学生带着自己各自不同、或高或低的期望进入新环境,而期望与现实往往存在很大差异,加上心理上的不成熟,所以极易形成对新环境的消极看法,进而消极适应,影响学习生活质量,来访中突出表现为迷茫、苦闷、消极、厌学甚至厌世,严重影响了今后的学习、发展。

(三)调适方法

不适应的现象还有很多,这都是很正常的现象。在新生活的适应期,每个同学或多或少、或轻或重都会出现一些适应性问题,同学们不必太担心。但是,我们也不能被动地等待,应以积极的心态主动地适应新生活,主动适应新生活的策略如下。

1. 主动进行心理调整,积极适应新生活

(1)做好心理准备

认识到适应是生活应有的第一堂课,适应是自我成长的机会。遇到一些问题适应困难的时候,应拿出顽强的意志力,勇敢地去面对。这样当遇到一些适应性问题时就比较容易坦然面对:不因心理上的不适应而产生恐惧感;不因生活环境的不适应而产生失望感;不因学习上的优势消失而产生失落感;不因经济上的一时困难而产生自卑感;不因人际关系处理不得当而产生压抑感。还可以借助积极的心理暗示,比如,"适应能力是在实践中提高的,我一定能够很快地适应新生活",来增强自己适应新生活的信心。这样,有助于缩短适应期。

（2）调整角色定位

适应就需要改变自我。人的社会角色变化了,相应的角色心理就应该跟着转变,学会正确评价自我。上高职院校后,每个人都会面临重新评价自己的问题。一面是破除优越感,以平常心态面对新的生活;另一面是破除自卑感,正确对待与同学的差距。差距有两类,一类是必须补救的,比如在学习或人际交往上的问题,一定要想办法缩短差距,但要允许自己有一个逐渐改变的过程;一类是可以接受的,贝多芬不会因为打拳打不过阿里而自卑,阿里也不会因为创造不出第九交响曲而自卑,人必须面对这样的现实,一生中我们能做的事情非常少,能做好的事情就更少了,所以不要期望自己所有方面都比别人强,不要忘了,"我有不如别人的权力"。

（3）优化学习动机

不少同学一旦进入高职院校,便有了"混日子""来耍的"的心理,出现"理想间歇期",不经意间导致学习成绩大幅度下降,出现学习适应困难。所以要优化学习动机,树立新的理想,把上高职院校作为人生新的起点。这样才能获得经久不衰的学习动力,避免出现"理想间歇期",更好地适应高职院校的学习。

（4）调节失落心理

面对适应期的失落,应采取乐观豁达的态度,积极进行调适和补偿。如学习成绩不尽如人意,注意调整学习动机,改进学习方法,便会有所进步;有想不通的不快之事,主动找老师同学谈谈,可以得到放松和调适;必要的话,还可以求助专业的心理辅导老师。

2. 主动进行行为调整,积极适应新生活

（1）调整生活方式

对绝大多数新生来说,进入高职院校才是独立生活的第一步。要学会独立生活,就要学习和掌握一些必要的生活自理能力,逐渐从依赖别人的生活方式转变为独立的生活方式。入学之初,首先要学会起居、饮食、穿戴、洗晒等自己料理。还要了解学校各项规章制度,明确什么是该做的,什么是不允许做的。在熟悉新的生活、老师和同学的同时,还要迅速熟悉学校的教学设施。为了适应新的校园环境,多向高年级的同学或同乡请教,加强与老师、同学的接触,掌握各方面的信息,这样才能尽快适应新生活。

（2）调整学习方式

调整学习方式,是适应高职院校生活的重要一步。高中与高职院校在学习上的不同,最突出的一点是,高职院校的学习比高中的学习需要更大的自主性。所以,新生要逐步学会主动学习,自己确定学习目标,自己制订学习计划,自己检查学习效果,主动找教师征询意见,主动请教老师问题,把"要我学"变为"我要学",变被动为主动,最大程度地发挥学习的主动性,以适应高职院校的学习生活。随着作业增多,还一定要学会主动地、合理地安排时间,提高学习效率。

（3）调整人际交往方式

入学之初,同学间的互相关心和帮助,相互信赖和理解,有助于减轻心理压力,减少孤独和寂寞,减少对父母的依赖感,有助于较快地熟悉新的学习和生活环境。同学之间应多加了解,熟悉互相的生活习惯和性格,为以后的相处打下基础。在交往过程中应该做到:注意倾听他人的讲话,适当表达自己的见解,态度诚恳地对待他人,处处替他人着想,切忌以自我为中心,克服傲慢和嫉妒心理,还要积极参加集体组织的各项活动。从而让自己尽快融入新的集体,形成融洽的人际关系。

三、大学生的生涯发展

故事分享

传说唐贞观年间,有一头马和一头驴子,它们是好朋友。贞观三年,马被玄奘选中,前往印度取经。17年后,马驮着佛经回到长安,它到磨坊见它的朋友驴子。马谈起这次旅途的经历:浩瀚无边的沙漠、高耸入云的山峰、炽热的火山、奇幻的波澜……神话般的情景,让驴子听了大为惊异。驴子感叹道:"你有多么丰富的见闻呀！那么遥远的路途,我连想都不敢想。"马说:"其实,我们跨过的距离大体是相同的,当我向印度前进的时候,你也一刻没有停步。不同的是,我同玄奘大师有一个遥远的目标,始终坚持,所以我们走进了一个广阔的世界。而你被蒙住了眼睛,一直围着磨盘打转,所以永远也走不出这片狭隘的天地。"

马和驴子最大的差别就在于对人生的规划不同,导致了不同的结果。这则寓言启示我们:芸芸众生中,有的人功盖天下,有的人碌碌无为,为何他们的作为有天壤之别呢？卡耐基的一份调查或许能够说明问题,卡耐基曾对世界上一万个不同种族、年龄与性别的人进行过一次关于人生目标的调查,他发现只有3%的人能够明确目标,并知道怎样把目标落实,而另外97%的人,要么根本没有目标、要么不知道怎样去实现目标。十年之后,他对上述对象再一次进行调查,结果令他吃惊,调查样本总量的5%找不到了,95%的人还在。属于原来97%范围的人除年龄增长10岁以外,在生活,工作,个人成就上几乎没有太大的起色,而原来与众不同的3%却在各自的领域里都取得了成功,他们10年前提出的目标,都以不同程度得以实现,并正在按原定的人生目标走下去。卡耐基的结论同样令我们震惊,原来,杰出人士与平庸之辈最根本的差别,并不在于天赋,而在于有无人生目标!就像那匹马与驴子,当马始终如一地向西天前进时,驴子只是围着磨盘打转,尽管驴子一生所跨出的步子与马相差无几,可因为缺乏目标,它的一生始终走不出那片狭隘的天地。生活的道理也同样如此,对于没有目标规划的人来说,岁月的流逝意味着年龄的增长,平庸的他们只能日复一日地重复自己。也许,我们曾不满于自己的平庸,也许,我们曾抱怨过生活的无聊,然而,当我们在心中为自己设下目标并持之以恒地往前迈进时,我们的生活也许就掀开了新的一页。

(一) 大学生生涯发展的意义

生涯规划,对大学生而言,就是在自我认知的基础上,根据自己的专业特长知识结构,结合社会环境与市场环境,对将来要从事的职业以及要达到的职业目标所做的方向性的方案。

通过对自己生涯的规划,大学生可以解决好生涯中的"四定"——定向、定点、定位、定心。尽早确定自己的职业目标,选择自己职业发展的地域范围,把握自己的职业定位,保持平稳和正常的心态,按照自己的目标和理想有条不紊、循序渐进地努力。

生涯规划的训练有助于全面提高大学生的综合素质,避免学习的盲目性和被动性。规划个人的生涯,可以使目标和实施策略能了然于心中,并便于从宏观上予以调整和掌控,能让大学生在探索和发展中少走弯路,节省时间和精力。

同时,生涯规划还能对大学生起到内在的激励作用,使大学生产生学习、实践的动力,激发自己不断为实现各阶段目标和终极目标而进取。大学生首先要认识到生涯规划的重要意义,生涯活动将伴随我们的大半生,拥有成功的生涯才能实现完美人生。因此,生涯规划具有特别重要的意义。

1. 生涯规划可以发掘自我潜能,增强个人实力

一份行之有效的生涯发展规划有以下几个方面的益处。

(1) 引导你正确认识自身的个性特质、现有与潜在的资源优势,帮助你重新对自己的价值进行定位并使其持续增值。

(2) 引导你对自己的综合优势与劣势进行对比分析。

(3) 使你树立明确的职业发展目标与职业理想。

(4) 引导你评估个人目标与现实之间的差距。

(5) 引导你前瞻与实际相结合的职业定位,搜索或发现新的或有潜力的职业机会。

(6) 使你学会如何运用科学的方法采取可行的步骤与措施,不断增强你的职业竞争力,实现自己的目标与理想。

2. 生涯规划可以增强发展的目的性与计划性,提升成功的机会

生涯发展要有计划、有目的,不可盲目地"撞大运",很多时候我们的职业生涯受挫就是由于生涯规划没有做好。好的计划是成功的开始,古语讲,凡事"预则立,不预则废"就是这个道理。

3. 生涯规划可以提升应对竞争的能力

当今社会处在变革的时代,到处充满着激烈的竞争。物竞天择,适者生存。职业活动

的竞争非常突出,尤其是我国加入WTO后。要想在这场激烈的竞争中脱颖而出并保持立于不败之地,必须设计好自己的生涯规划。这样才能做到心中有数,不打无准备之仗。而不少应届大学毕业生不是首先坐下来做好自己的生涯规划,而是拿着简历与求职书到处乱跑,总想会撞到好运气找到好工作。结果是浪费了大量的时间、精力与资金,到头来感叹招聘单位是有眼无珠,不能"慧眼识英雄",叹息自己英雄无用武之地。

这部分大学毕业生没有充分认识到生涯规划的意义与重要性,认为找到理想的工作的是学识、业绩、耐心、关系、口才等条件,认为生涯规划纯属纸上谈兵,简直是耽误时间,有那时间还不如多跑两家招聘单位。这是一种错误的理念,实际上未雨绸缪,先做好生涯规划,磨刀不误砍柴工,有了清晰的认识与明确的目标之后再把求职活动付诸实践,这样的效果要好得多,也更经济、更科学。

(二)大学生生涯发展的基本要素

1. 学业生涯规划

由于大学生的主要生涯角色是学生,因此,需要在进行生涯规划时需要重点做好学业生涯规划。所谓学业生涯主要是指大学生在大学期间进行学习的过程。具体来讲,大学生学业生涯的内容主要包括以下两个方面:学业生涯的内部资源和学业生涯的外部资源。前者主要包括激发学习动机、培养学习兴趣、确认学习风格、探索学习方法等。后者主要包括学校的校园环境(教室、图书馆、体育馆、网络等)和人文环境(教师、同学、各种学生组织等)。所谓学业生涯规划主要是指大学生对与其职业(事业)目标相关的学业所进行的筹划和安排。好的学业生涯规划有助于大学生在正确认识自身的个性特质,在现有和潜在的资源优势的基础上,重新认识自身的价值并促使其持续增值,提高自己的核心竞争力,为未来的事业生涯发展打下良好的基础。

对于大学生来说,学业生涯规划是十分重要的。要想制定出符合自己实际情况的学业生涯规划,需要从以下几方面着手。

(1)明确学业生涯规划总目标

现实生活当中,任何个体都会有长期目标和短期目标,大学生也不例外。对于大学生来讲,最重要的是在大学期间完成学业目标,以便于毕业后能更好地适应社会。大学生在其学业生涯规划中,可以将学业目标分为短期目标和长期目标,确定自己打算成为哪方面的人才,确定自己未来想要在哪个领域有所发展等。需要注意的是,所指定的目标并不是固定不变的,大学生在一定时期内可以对其进行一定的调整,但是在调整的过程中,一定要与现实相联系,并要结合自己的优劣势。

(2)正确分析自我和专业

正确分析自我是指通过科学认知的方法和手段,对自己的学业兴趣、气质、性格、能力等进行全面认识,清楚自己的优势与特长、劣势与不足。大学生在进行自我分析时应做到客观、冷静,不能以点带面,既要看到自己的优点,又正视自己的缺点,避免盲目设计学业生涯规划。大学生在进行学业生涯规划时,要对自己所学的专业有所了解,要了解自己专业所在的行业的人才供给情况、平均工资状况、职业发展前景等,明确该行业中的职业岗位对求职者的自身素质和能力要求,以便于有针对性的设计学业生涯规划,认清在大学期间应该努力的方向和应该实现的具体目标。

（3）培养职业需要的能力

大学生在进行学业生涯规划时应充分考虑到用人单位对人才能力的要求,然后有选择性地重点培养将来从事的行业所需要的职业能力。一般的来说,用人单位比较看重人才的决策能力、社交能力、操作能力（即执行能力）、组织能力、管理能力、创造能力以及自我发展的终身学习能力、心理调节能力、随机应变能力等。大学生可结合自身情况,将上述能力纳入学业生涯规划的培养目标中去。

2. 职业生涯规划

对于大学生们来说,他们正处于职业发展的探索阶段,通过学校专业的学习、社团的活动、以及实习工作的机会,进行初步的自我考察,完成初步的择业。

这个阶段对于人的一生的职业发展有着至关重要的影响,越早做好职业规划,越有动力朝着自己的职业目标发展,大学生职业生涯规划的基本要素包括:自我评估、外部环境分析、目标确立、策略实施、反馈修正等5个方面。

（1）自我评估

对于大学生来说,主要是了解兴趣、学识、技能、情商等与大学生本人相关的所有因素。自我评估的结果可以通过自我剖析、职业测试以及角色建议等方法获得。

（2）外部环境分析

对大学生而言,外部环境主要是市场与用人单位等因素,尤其是近年来经济高速发展,科技日新月异,市场竞争加剧,用人单位的要求越来越高,这些因素对个人的发展产生了很大的影响。因此,在制定个人的职业生涯规划时,大学生要分析环境条件的特点、环境的发展变化情况、自己与环境的关系、自己在这个环境的地位、环境对自己提出的要求以及环境对自己的有利条件和不利条件等。

（3）目标确立

这是职业生涯规划的核心内容。在自我评估、外部环境分析的基础上,选择自己的职业方向,确立职业生涯发展目标。例如一个一年级的大学生,如果准备成为一个出色的相关专业领域专家,他可以为自己确立职业早期、中期、晚期的各阶段目标和总体目标。大学生在做近期规划时,主要是确立初次择业的职业方向和阶段目标。

（4）策略实施

行动计划由长期和短期两部分组成,长期计划的实现有众多不确定因素,因此大学生要根据自身实际情况和社会发展趋势,不断地设定新的可操作的短期目标。比如大学一年级的时候应该怎么做,力求实现怎样的短期目标;二年级又该执行什么方案,本年级结束时需要达到预期效果;毕业当年有什么具体举措,如何向自己的初次择业的方向和目标靠拢等等。

（5）反馈修正

为使职业生涯规划行之有效,需要结合实际情况不断对职业生涯规划的内容进行评估与修正。对大学生来说,反馈修正的主要内容包括:职业方向的重新选择;各阶段目标的修正;实施措施与计划的变更等等。

（三）影响大学生生涯发展选择的因素

1. 主观类因素

（1）个人理想

理想是人生的坐标,一个人具有什么样的思想,就会有什么样的奋斗目标和现实表现。这一问题必然会对每个人择业指导思想的确立产生重要的影响。

（2）价值取向

一个人的人生观和价值观,对实现人生价值的方法和途径的看法,以及对困难、磨炼的态度、对职业层次高低的观点都会直接表现在职业和工作岗位的实际选择中。

（3）气质性格

气质是人典型的稳定的心理特征,包括心理的速度、强度、倾向性等方面特征。性格是人个性的重要方面,主要表现在个人对现实的态度和行为方式中。气质和性格体现了人的个体差异,对个人事业的成功有着相当大的影响,不同的社会职业对从业者的气质和性格有不同的要求。

（4）兴趣爱好

兴趣爱好是工作最好的动力,在求职择业之前,必须认真考虑自己的兴趣爱好和现实的可能,分析自己的兴趣爱好是否与热衷的职业合拍,并有利于自己今后的发展。

（5）能力特长

能力包括思维能力和工作能力两方面,特长是高于他人的能力。两者是求职择业和事业成功的重要条件,要客观地分析自己在各方面的能力和特长,才能扬长避短,取得成功。

2. 客观类因素

（1）政策因素

政策因素即因为国家关于大学毕业生就业政策及劳动人事制度将会给毕业生择业以导向或制约,自然就成为影响毕业生就业中的客观因素。

（2）学历因素

学历层次不同,择业的自由度就不同。虽然现在许多单位在招聘中很重视对研究生的人才储备,但对绝大多数用人单位来说,他们需要的是适应中级复杂程度职业需要的、能从事技术性、一般行政管理的本科毕业生。

（3）专业因素

一方面实现自我价值,要考虑到专业对口,学以致用。但这并不是绝对的,也有不少有重大成就的人顺应社会的需要,在非所学专业中实现了自我价值。另一方面就业面广的专业比就业面窄的专业的毕业生选择单位的自由度大,但各有利弊,不可盲目攀比。

（4）成绩因素

各单位都愿意选能人。因此很注意学生在学校德智体各方面的表现和学校的推荐。所以,成绩好的学生总是比学习成绩差的学生容易选择理想的单位。

（5）住房因素

限于我国国情,"住房难"在许多大中城市还依然存在,这在客观上限制了外地生源的毕业生的异地就业。

（6）考研因素

现在"考研热",许多同学一面考研,一面找工作,三心二意,自己没有个准主意。到头来竹篮打水,无谓的付出很多而所得无几。建议大学生在决定人生大计时要有一个总体的规划,决定后就要全力以赴去争取。

（7）区域因素

由于我国幅员辽阔,各地地理环境、风俗民情、语言、气候差别较大,对毕业选择工作单位也带来一定的影响。

（四）大学生职业生涯选择的常见心理误区及调适方法

1. 心理误区

（1）盲目自信心理

有的同学认为自己在就业中具备种种优势:学习成绩优秀,政治条件好,学校牌子亮,专业需求旺,求职门路广,因而盲目自信,择业胃口吊得很高,到头来往往会由于对自己估计过高,对自己的不足和困难估计不足而在就业中受挫。

（2）同伴攀比心理

有些大学生在择业时不是从自身实际出发,而是与同学攀比,觉得在校园期间我成绩比你好,荣誉比你多,"官职"比你大,理所当然工作也应比你好,却不知用人单位评判人才标准已多样化了。将自己择业的目标设计过高,其结果是高不成、低不就,易陷入苦恼之中。也有一些毕业生择业时容易受社会上一些舆论的左右,盲目从众,追逐热门,而不考虑自身条件、职业特点和社会整体需求,结果造成堆积现象,多人争过独木桥,这样既影响择业又浪费了自己的优势。

择业时,要正确对待自己,遵守"择己所爱,择己所长,择己所需,择己所和"的原则。

（3）急功近利心理

一些大学毕业生一心只想留在大城市挣钱多、待遇好的单位,或者到合资企业、外企或沿海发达地区,为了功利不惜抛弃自己的专业和兴趣,但心理上难免会感到困惑。比如,担心自己的理想能否实现,能否找到一个适合自己的专业特长、工作环境优越的单位,用人单位能否选中自己,屡屡被用人单位拒之门外怎么办等等。

有些大学生缺乏独立的见解,不从自己的实际情况出发来作出切合实际的选择,人云亦云,患得患失,忧心忡忡,只盲目追求高工资、高待遇的理想工作和热门职业,对基础职位不屑一顾,在人才市场就出现了"热门难进,冷门更冷"的怪现象,这也是导致许多毕业生陷入择业误区的一种心理障碍。

（4）患得患失的心理

职业的选择往往也是对机遇的一种把握,错过机遇,你将会与成功失之交臂。当断不断、患得患失,这山望着那山高,这也导致许多毕业生陷入就业误区。

（5）过分依赖的心理

依赖心理在求职就业中又具体表现为两种倾向:一种是依赖大多数的从众心理。自己缺乏独立的见解,不是从自己的实际情况作出切合实际的选择,而是人云亦云,见别人都往大城市、大机关挤,自己也跟着凑热闹。另一种是依赖政策、依赖他人的倾向,不主动选择,与激烈竞争的社会现实格格不入。

2. 调适方法

（1）客观评价自己,走出心理误区

大学生就业难的问题除了外部的社会因素外,不可忽视大学生自身问题。如何客观评价自己,极为重要。常言道"知人为聪,知己为明","知人不易,知己更难",每个人都有自己的优点和长处,也有自己的缺点和短处,大学生应学会客观地评价自己,对自己的所学专业、工作能力、爱好特长、优势劣势应有较为全面的把握,有一个适当的自我定位,避免狂妄轻浮、盲目自负、眼高手低,这样才能在就业中克服缺点,发扬优点,找到自己较为满意的职业。

（2）调整期望,树立正确的择业观

大学毕业生择业时期望值过高,人才市场就会出现"人找人"的错位现象,即用人单位找求职者,而求职者又在找用人单位。要认识到做职业决定的必要,并且理解自己的职业倾向。然后根据自己的实际情况和当前严峻的就业形势,改变过去那种一次择业终生就业的陈腐观念,善于确立动态发展的择业观,也就是说,在自己职业发展之路上,要建立短期和长期两个目标。开始时,短期目标期望值不要太高,先选择某一职业,借以提升能力并积累经验为以后的发展铺平道路。在此基础上,通过正当的职业竞争来达成自己的长期目标,实现自己的价值。

（3）正视现实,适应市场

现实是客观的,既有有利于自己的一面,也有不利于自己的一面。大学生应该面对现实,一切从实际出发,处理好理想与现实的关系。在求职择业时应恰当定位、看重发展,切忌"这山看着那山高";对于单位的好坏要辩证地看,今天好的单位并不意味着将来也好,今天看起来不那么吸引人的单位,也不会是永远没有发展机会。要善于结合行业发展趋势、地理条件等因素综合判断,认清当前的就业形势,调整好就业期望值,个人的发展及前途应是关注的重点,报酬应放在次要地位,找准坐标,不要急功近利,使自己的职业意向与社会的需求相吻合,这样才能抓住机会顺利择业。

（4）敢于竞争,正确对待挫折

双向选择的就业制度为大学生和用人单位提供了双向选择的机会,成功与失败并存,难免会遇到挫折。大学生在遇到失败挫折后要保持冷静和坦然的心态,保持健康稳定的心理,积极进取的态度,认真分析失败的原因,是主观努力不够,还是客观要求太高,是主观条件不具备,还是客观条件太苛刻,经过认真分析,才能做到心中有数,更好地调节好心态。大学生应珍惜机遇,主动参与竞争,通过适当的途径和渠道充分展示自己,推销自己,做到敢于竞争、善于竞争,从实际出发,扬长避短,发挥特长,不失时机地作出恰如其分的职业岗位选择,相信"只要是金子,总有发光的机会"。

(5) 调整心态,完善人格

健全人格的培养不仅要依靠学校教育的力量,还应充分发挥大学生自我教育的力量。通过参加各种社会实践活动,了解自我人格的不足和缺陷,使自己的人格更加成熟。大学生要培养自己独立生活和独立处理学习、生活,应付工作的能力,发展各种基本生活技能的能力,学会自立,要学会顺应环境,改变环境。在择业中要有自己独立的见解,寻求自己的奋斗目标,要相信自己的能力,做到自尊、自爱、自信、自强,保持乐观进取,积极健康的心态。比如,正视自己的长处和短处、优点和不足,从自身实际出发,充分考虑自己的专业特点性格爱好,以积极的态度向用人单位介绍和推销自己,积极进取。

心理博文

霍兰德职业兴趣测试(Holland Code)

这套理论是由美国约翰·霍普金斯大学心理学教授,美国著名的职业指导专家于1959年提出的。他认为人的人格类型、兴趣与职业密切相关,兴趣是人们活动的巨大动力,凡是具有职业兴趣的职业,都可以提高人们的积极性,促使人们积极地、愉快地从事该职业,且职业兴趣与人格之间存在很高的相关性。

他认为人格可分为现实型(R)、研究型(I)、艺术型(A)、社会型(S)、企业型(E)和常规型(C)六种类型。个人通过霍兰德职业兴趣测试,可以得出自己在这个六个方面的数值,根据数值的高低排序,取前三位或者前两位可以作为被测试人的霍兰德职业兴趣代码。劳动力市场上的每个岗位也有其对应的霍兰德职业代码,当个人和岗位的职业代码匹配度越高时,个人就更适合该职位。

霍兰德的职业兴趣理论反映了他长期专注于职业指导的实践经历,他把对职业环境的研究与对职业兴趣个体差异的研究有机地结合起来,而在霍兰德的职业兴趣类型理论提出之前,二者的研究是相对独立进行的。霍兰德以职业兴趣理论为基础,先后编制了职业偏好量表和自我导向搜寻表两种职业兴趣量表,作为职业兴趣的测查工具,霍兰德力求为每种职业兴趣找出两种相匹配的职业能力。兴趣测试和能力测试结合在职业指导和职业咨询的实际操作中起到了促进作用。

课堂反馈

一、知识评估

请你对自己在了解心理适应与生涯发展的知识方面,课前课后分别做一个评估。0分代表几乎不了解,10分代表了解很多。

课前评分:_____

课后评分:_____

二、心理适应评估

如果说心理适应是一次经历,请回顾自己一件成功的适应事例,写出哪些因素是你这一成功适应事例的关键?为什么?

_____

_____

_____

三、课堂感受

今天这堂课让我感受最深的是_____

今天这堂课让我最感兴趣的是_____

今天这堂课让我获得的收获是_____

延伸阅读

1. [美]丹尼尔·卡尼曼:《思考,快与慢》,胡晓姣等译,中信出版社,2012年版。

2. [法]克里斯托弗·安德烈,[法]弗朗索瓦·勒洛尔:《恰如其分的自尊》,周行译,生活书店出版有限公司,2015年版。

3. [美]露易丝·海:《生命的重建》,徐克茹译,中国宇航出版社,2008年版。

4. 朱建军:《滋养和安顿我们的心灵》,希望出版社,2006年版。

5. 张德芬:《我们终将遇见爱与孤独》,北京联合出版公司,2018年版。

推荐影片

《华尔街之狼》

《致命"ID"》

《超脱》

《沉默的羔羊》

模块三

做学习的主人
——大学生学习心理

引言

　　学习,是学生的重要职责,也是每个学生要完成的必修课。与中学时期不同,大学的学习具有很强的自主性和选择性,不再是为了学习而学习,而是从兴趣出发、未来出发去学习。

　　有不少人说:"上了大学就不用辛苦学习了,上了大学就轻松了。"正是这种观念,再加上进入大学以后,自由支配的时间多了,造成有些同学进入大学以后就丧失了目标方向,不知道为什么学习、怎么样学习;有些同学没有了老师和家长的督促,就茫然不知除了上课以外还应该做什么;还有些同学不适应大学的教学内容和方法,学习看不到成效,甚至产生厌学情绪……

　　众多的事情告诉我们,大学生的学习心理状态直接影响着他们能否快乐学习、健康成长。对大学生来说,学习心理状态影响着他们对知识的理解和获取,影响着他们的职业规划和就业选择,影响着他们的心理健康,更影响着他们的成人成才。因此,掌握学习心理规律,运用学习心理知识和技巧帮助自己,让学习变得更加快乐、简单。

学习目标

1. 了解学习的内涵、类别,理解学习的理论。
2. 了解大学生学习的特点,认识学习与心理健康的关系。
3. 了解常见学习心理困扰发生原因及其调适的方法。

案例导入

　　案例一:王某,男,大学一年级学生。刚进入大学时,他满怀激情,希望三年后能够进入他理想的单位。几个月后,他发现大学生活并不像他想象的那样美好。他变得伤感、消沉。

原来,他对于大学时期的学习模式和方法不适应,对所学专业也缺乏兴趣,再加上了解到该专业的前景黯淡,这些使得他产生了一种强烈而持久的挫败感。于是他对学习根本提不起兴趣,看到专业书籍就头疼,上课也听不进去。临近考试,他越发焦虑,压得喘不过气,感到苦闷、害怕和过分担忧。

案例二:周某是一名大二的学生,她一向对自己的要求很高,这源于她父母对她的言传身教和较高期望。一进入大学,她就制定了认真细致的生涯计划,成绩要拔尖,二年级要通过国家四级,与此同时锻炼自己各方面的能力。于是,她像一只陀螺飞速运转起来,她相信:付出总有回报。但是,她却发现离自己的目标越来越远,她忽然怀疑起自己的学习能力来,感觉自己多年积累的自信也受到了挑战。对未来,她忽然担心了起来:"我该怎么办呢?"

案例三:近期,小明发现自己的注意力似乎变差了许多。上课时经常注意力没有办法集中起来,上课或者学习时经常溜号,而且很长时间都回不过神来,回过神来也不能很好地投入学习中,没一会儿,就又走神了。他也尝试强迫自己集中注意力在课堂和学习上,但是还是避免不了走神。小明感觉非常痛苦,但是又不知道如何是好。

大学生作为国家和民族未来发展的中坚力量,学习能够增长他们的学识,提升他们的能力,为自己个人的成长、发展奠定重要基础。培养健康的学习心理,掌握学习的方法,知晓应对学习心理困扰的技巧,将直接决定着大学生的学习效果和未来发展。

案例互动

(1) 大学生常见的学习心理困扰有哪些?

(2) 造成大学生学习心理困扰的因素有哪些?

(3) 当我们遇到学习困扰的时候该怎么办?

一、学习心理概述

故事分享

苏步青,1901年生,我国著名数学家、学者,曾任复旦大学名誉校长。他出生于贫苦的农民家庭,从小就在地里劳动:放牛、割草、犁田,什么都干。那时他想,这辈子肯定没有读书的机会了。

恰好,村里一户有钱人请了家庭教师,教他的公子读书。苏步青有空,就在窗外听听,随手写写画画。想不到,那位公子没学好,苏步青却因此学到不少知识。他的叔叔见他这么想学习,便拿出钱,说服苏步青的爸爸,把他送到百里之外的一所小学去读书。

在小学的第一个学期,苏步青考了个倒数第一名,老师把他叫到办公室,鼓励他。这使苏步青大受感动,决心发愤图强。真下了决心,情况就不一样了,从第二学期起一直到大学毕业,他每学期都考第一。

　　苏步青是抓紧时间、勤奋学习的典范。他从小学起,就抓紧时间读了好多好书。进初中后,他的第一篇作文交上去,教师一看,那写作方法,很像是《左传》的写法,便怀疑这是不是苏步青自己写的。上课时,老师要考考他,随便点了《左传》上的一篇文章,要他说说写的是什么。不料,他立即一字不错地把那篇文章背给老师听。这使老师和同学们大吃一惊:原来,他读《左传》读得能够背出来了!

　　俗话说:"知识改变命运。"从这则故事中我们可以看出,学习对一个人的影响和改变,足以影响他们的一生。身为一名学生,学习是第一要务。为什么学习、如何学习、怎样学习,是所有同学都必须了解和知晓的。

(一)学习的内涵

　　一般,人们都会认为学习就是学生在学校学习知识、技能,但从心理学的角度上来看,学习的概念更加广泛,它不仅包括人在学校的学习,还包括人在日常生活中的学习,且具有广义和狭义之分。

　　1. 广义的学习

　　广义的学习是指人和动物在生活中通过实践获得经验,并由经验引起行为产生相对持久变化的过程。广义的学习包含三个方面:第一,学习是动物和人类共有的心理现象;第二,学习是个体条件反射的建立,是后天习得的过程;第三,学习将会引起持久的行为变化。由此可见,在日常活动中,任何可以习得文化、知识、技能等内容的行为都是学习。

　　2. 狭义的学习

　　狭义的学习是指学生的学习,即在教师的指导下,有目的、有计划、有组织、系统地开展活动的过程。其特点是:第一,学习的目的性、计划性和组织性非常明确;第二,学习的内容以知识、经验、技能为主;第三,学习的目的在于在较短的时间内系统地掌握知识和技能,开发思维能力,培养个性品质,形成科学的世界观和良好的价值观,全面发展。

(二)学习的类别

　　R. M. 加涅的学习分类和D. P. 奥萨贝尔的学习分类在当代美国教育心理学中均有一定的代表性。

　　加涅根据产生学习的情境把学习分为8类。

　　① 信号学习:即经典性条件作用,学习对某种信号作出某种反应。其过程是:刺激—强化—反应。如巴甫洛夫的实验中,狗听铃声分泌唾液。

　　② 刺激—反应学习:即操作性条件作用,与经典性条件作用不同,其过程是:情景—反应—强化,即先有情景,作出反应动作,然后得到强化。如斯金纳的实验中,小白鼠学会按压按钮获取食物,强化在该类学习中起关键作用。又例如小孩由于正确回答问题受到表

扬,多次以后增加了喜欢回答问题的行为。

③连锁学习:是一系列刺激—反应的联合。例如学习打篮球,学会了一系列的接球躲闪动作。

④语言的联合:也是一系列刺激—反应的联合,但它是由言语单位所联结的连锁化。如将单词组合为合乎语法规则的句子。

⑤多样辨别学习:即学会识别多种刺激的异同并对之作出不同的反应。如简单的辨别:不同形状、颜色的物体。再如复杂的多重辨别:对相似的、易混淆的单词分别作出正确的反应。

⑥概念学习:对刺激进行分类时,学会对一类刺激作出同样的反应,也就是对事物的抽象特征的反应。如具体概念:通过具体对象来表示,直接观察、归纳得到。如水果、树、桌子等。再如定义性概念:通过定义来学习,一般是抽象的。比如:温度、质量、负强化等。

⑦规则的学习:亦称原理学习。规则指两个或两个以上概念的联合。规则学习即了解两个或两个以上概念之间的关系。例如学习了圆的直径是半径的2倍这一规则。

⑧解决问题:亦称高级规则的学习。指在各种条件下应用规则或者规则组合去解决问题。

奥萨贝尔从学校教育的条件出发,根据学生进行学习的方式,把学习分为接受和发现两类;根据学习材料与学生原有知识的关系,把学习分为机械的和有意义的两类。两种划分互不依赖。接受学习可以是有意义的,也可以是机械的;发现学习可以是机械的,也可以是有意义的。有意义的接受学习与有意义的发现学习应是学生学习的主要方式。

苏联A.B.彼得罗夫斯基主编的《年龄与教育心理学》(1972),把学习分为两大类:反射学习和认知学习。前者是人类和动物共有的,后者为人类所特有。他根据学习内容和水平的不同,把认知学习分为感性学习和理性学习两类,又把理性学习分为概念学习、思维学习和技能学习。

潘菽主编的《教育心理学》(1980)一书主要是根据内容与结果把学习分为4类:①知识的学习,包括对知识的感知与理解;②技能与熟练的学习,主要指运动的、动作的技能与熟练;③心智的、以思维为主的能力的学习;④道德品质与行为习惯的学习。这种划分在日常教育工作中常被采用。

(三)学习的理论

对学习的研究众多,心理学家们也已经形成了各种学说和理论,在此对其中三种最有代表性的理论进行介绍。

1.行为主义学习理论

行为主义是20世纪20年代由美国心理学家华生创始的一个心理学派。其基本观点是:教育就是按照一定目标塑造人的行为;学习是经过强化建立刺激与反应之间的联结。其公式为S→R(刺激→反应)。在刺激→反应之间不靠中介,直接联结。

研究行为主义最有影响的是20世纪40~50年代美国新行为主义心理学家斯金纳。其主要观点有:

（1）教育是"塑造人的行为"。

（2）操作性条件反射论。通过实验，他发现了一种不与已知刺激直接联系、由可操作性动作即可引发的自发性反射（而不是那种由已知刺激直接引发的应答性条件反射），从而为人类学习找到了一种可操作、可控制的机制。

（3）反应概率强化论。学习是由刺激引起的反应概率（准确—牢固—速度）上的一种变化，强化是增强这个反应概率的一种手段。

（4）程序教学法。他应用操作性条件反射理论，创造了"教学机器"，倡导"小步呈现、积极反应、及时反馈、自定步调、提高效果"的程序教学，导致了60年代的程序教学运动。

2. 认知主义学习理论

认知主义学习理论认为，学习并非S→R直接地、机械地联结，而是以学习者的主观能动作用为中介来实现的。在坚持这一基本观点的基础上，认知主义学习理论又分为格式塔、联结—认知主义、建构主义等不同学派。其中，产生于70年代、以美国心理学家加涅为代表的联结—认知主义学派，由于兼取行为主义"联结"学习理论和认知主义学习理论二者之长，得到更多学者的认同，成为70～90年代认知主义学习理论的代表性学派。其主要观点有：

（1）学习是改变行为。

学习是否发生可以通过行为表现的改变来推断，学习目标可以用精确的行为术语来描述。

（2）学习离不开内、外部条件。

人的学习固然与外界刺激分不开，但人是有认知机能的，在学习时，他总是利用这一机能，为实现一定的目标、主动地去寻求外部刺激，进入内部认知过程。因此，学习既要重视外部事物的刺激作用，又要重视学习者内部机制的中介作用。学习公式不是S→R而是S—O—R（"O"代表有机体的内部状态）。

（3）认知因素是有结构的。

人的各种认知因素，如知识、策略、感知、记忆、反应等，相互之间不是孤立的，而是一个相互作用、有机联系在一起的完整结构，即认知结构。学习就是在原有认知结构的基础上，经内部认知活动而扩大原有认知结构或形成新的认知结构的过程。这种不断形成、日益发展的认知结构，对学习者的行为和当前正在进行的认知活动具有决定作用。

（4）人脑犹如电脑，学习，即认知过程，是人脑对信息处理、加工的过程。

加涅认为，认知过程是人脑按照一定目的、策略，从外界环境中输入、加工、存储、提取、使用、创造信息的内部过程。这一过程及其结构，是不能直接被人观察的，但可以通过计算机模拟研究认知表征（信息在人的头脑中的呈现方式）的方法，去了解学习者进行学习时的认知心理过程。

3. 建构主义学习理论

建构主义是由结构主义发展来的一种哲学方法论，主要研究事物是否有结构，结构是从哪里来的，结构怎样建构等问题。20世纪90年代以后，结构主义被应用于教育领域，导致了一场教育心理学的革命,使认知主义学派中的建构主义学习理论得到迅速发展。这一理论认为,"学习是建构内在的心理表征的过程,学习并不是把知识从外界搬到记忆中,而是以已有的经验为基础,通过与外界相互作用来建构新的理解。"当前,建构主义学习观更强调具体情景对意义建构的作用。其主要观点有:

(1)学习是以学习者为中心、主动进行意义建构的过程。

学习不是外界客观事物对学习者的强化刺激,不是教师对学习者传授和灌输知识,而是学习者在与外界环境相互作用中进行意义建构的过程。在学习过程中,学习者是一个处于中心地位的主动者,主动与所处情景(社会文化背景)发生交互作用,主动取得教师与协作伙伴的指导和帮助,主动选取学习资源、学习方法,主动根据自己先前的认知结构,注意和有选择地知觉外在信息,建构当前事物的意义。

(2)学习者进行意义建构的过程是双向的。

在当前事物的结构与学习者原有认知结构一致时,原有认知结构中的有关经验与当前事物就会发生同化过程,建构当前事物的意义,使原有认知结构得以扩充;在二者不一致、不能同化时,则会发生顺应过程,重新建构(改造或重组)原有认知结构。

(3)学习者对事物意义的建构是多元化的。

人总是按照自己的理解建构事物的意义,而事物具有复杂性、多样性和时空运动性,学习者对事物的感知方式、个人情感和认知结构又具有特殊性,因此,即使对同一事物,每个学习者对其意义的建构都可能是不同的。

(4)学习应处于真实情境中。

学习的目的在于能够真正运用所学的知识去解决现实世界中的实际问题。学习者所处情境越真实,需要解决的问题越现实,学习者的学习积极性越高,主动性越强,自由性越大,学习过程就越生动、有效。

二、大学生学习的特点及动机

大学是学校教育的最高层次,是学生从学校走向社会的过渡阶段。因此,大学生要在这个阶段中完成学习方式和心态的转变。

(一)大学生学习的特点

1. 学习的自主性

不同于中小学时期的学习以教师讲授教学为主,大学生的学习是以教师为主导、学生为主体进行的,这就决定了学生要在大学的学习中充分发挥自己的主观能动性,创造性地开展学习活动,积极获取知识和技能,并在学习过程中不断调整学习目标,选择学习方法,钻研学习内容。

除了专业课的学习以外,大学生还有拓展学习的需要,比如选择选修课程、参加社团活动、阅读各种书籍等,都是大学生学习自主性的体现。同时,大学生具有更多的自我支配时间,他们可以根据自己的兴趣、需要自行安排学习计划、制定学习目标。没有了老师的检查和监督,更需要学生们主动适应大学的学习生活,自主规划学习、自觉开展行动,合理利用好大学的时光。

2. 学习的专业性

大学的学习其目的在于掌握知识和技能,是围绕大学生如何成为高级专门人才而进行的。大学的专业学习具有明显的职业定向性,即为了未来更好地适应岗位需要,走上社会。因此,学好本专业知识是安身立命之本。如果连本专业的知识都没学好,就很难在这个专业领域获得比较不错的职业发展,对未来可能不会从事本专业工作的同学也是一样。因为大学的专业学习,其本质是获得系统掌握某类学科知识结构的能力,这是一种可转化能力。也就是说,通过这种能力也能够有效地学习其他专业的知识,这也是为什么不少专业精英在不同的专业领域都能获得成功的重要原因。因此,无论将来是否从事本专业的工作,学好专业课知识都非常有必要。

3. 学习方式的多样化

信息时代,教师不再是知识的中心,学习获取知识的多元化带动了学习方式的变迁,越来越发达的网络开辟了更多学习的新途径。虽然大学生依然以课堂学习为主,但他们可以依靠其他渠道来获得知识。除了课堂教学以外,大学生可以通过课外实践、课程设计、实操训练、专家讲座、学术报告、各类比赛等方式展开拓展学习。同时,相比中小学时期,大学生实践性学习占有很大的比重,需要他们走出课堂,走进人群,在图书馆中培养自主学习的能力,在学生组织中锻炼各种能力,在社会实践中加强对社会的认识,在学术讲座中开阔自己的视野。总之,大学生通过多渠道、多途径的学习形式,增长自己的知识和才干,实现个人的学习计划和目的。

4. 大学生学习的研究探索与创新性

和中学相比,大学生的学习具有了一定的探索性,即对课程和书本之外的新观点、新理论展开进一步的钻研和探索。大学生在日常生活和学习中寻找研究方向,探究知识的形成过程与问题的研究方法,了解研究现状,找到解决思路。大学时期,学生是课堂和学习的主体,他们不仅要理解和巩固课堂的知识,也要进行独立思考,探索创新。在不断转变个人思维方式的同时,培养发现精神,用创造性的方法解决问题,锻炼创造性思维。

(二)大学生学习的动机和影响

学习是个人自我发展、环境适应的必要条件,但其不仅对学生的全面发展有积极作用,也在学习不当时对学生产生消极影响。同时,心理健康状态的不同也会直接影响学习的效果,促进或阻碍学习的进展。

1. 学习对心理健康的积极影响

（1）培养各方面能力

能力是人顺利完成某种活动所必须具备的心理特征,它总是在一定的活动中表现出来,并在其中得到延伸和提高。随着社会的不断进步和发展,其对于大学生的各方面能力素质要求也越来越高,比如学习能力、协调能力、表达能力、创新能力等,都通过学习得到了提高。因此,大学生要培养自己的各方面能力,就要学会学习,并通过各种形式的学习,不断提升自己的能力。

（2）开发智力和潜能

通过学习活动可以发展智力,开发潜能。每个人都有与生俱来的智力和潜能,而这些智力和潜能只有通过学习才能得到进一步的开发和利用。同时,自身的记忆力、注意力、逻辑能力、想象力等也要通过学习活动来得到开发、利用和提高。如果不进行学习,即使先天素质再好,智力和潜能也不能得到开发。

故事分享

狼孩的故事讲的就是1920年一位印度传教士辛格在印度加尔各答的丛林中发现狼群里有两个狼哺育的女孩。她们被送去孤儿院,大的八岁,取名为卡玛拉,小的两岁取名阿玛拉。

刚到孤儿院时,这两个孩子生活习性与狼一样,用四肢行走,白天睡觉,晚上出来活动,不会讲话,每到午夜后像狼引颈长嚎。阿玛拉在来孤儿院第二年去世,而卡马拉活到了十七岁,经过几年的教育,能勉强讲一些简单的话,开始朝人的生活习性迈进。虽然她死时已有十七岁,但其智力只相当三四岁的孩子。

通过了解"狼孩",我们可以知道人类的知识和才能并不是天生的,所有的这些都是后天实践和学习得到的。如果儿童从小脱离人类社会环境,就不能形成人的心理,更不能产生与语言相联系的抽象思维。

（3）促进积极情绪的产生

正所谓"知识就是力量",一个善于学习、并把学习当作自己热爱事情的人,一定能从中找到幸福和快乐。大学生通过努力学习,完成学习任务或取得成绩后,不仅可以感到成功的喜悦和快乐,还可以实现自己的价值和自尊。当遇到不开心的事情时,通过专注学习也能冲淡并逐步忘记烦恼。将学习作为自己的乐趣,可以调节大学生的情绪,促进积极情绪的产生,提高心理健康水平。

（4）促进自我意识的发展

只有在不断的学习中,大学生才能更好地发现自身存在的不足,才能正确认识自己和评价他人,提高自身的认知水平,增进认识问题、分析问题的能力,掌握科学的认知方法,从而不断地进行自我调节,更好地适应社会。

2. 学习对心理健康的消极影响

大学生的学习是一项艰苦的脑力活动,需要消耗大量的心理能量和生理能量,必然会带来一些消极、不良的影响。

（1）过大的学习强度会增加心理压力

如果大学生面临的学习强度过大，就会带来心理压力，造成精神高度紧张，产生心理焦虑。如果学生不能及时采用合适的方法调节，就会对身心健康造成严重影响，危害学生的未来发展。

（2）过难的学习内容会削弱自信

大学生在大学的学习中，除了有专业课的学习，还有课外学习。所以，如果大学生的学习内容难度过大，就容易使他们产生畏难情绪，甚至失去学习信心。

（3）不恰当的学习方法影响心理健康

很多大学生非常努力地学习，但是发现自己的成绩提高的非常缓慢，这往往源于他们的学习方法不恰当。时间一长，这部分努力而成效慢的大学生就易产生自卑心理，自暴自弃，影响心理健康。

三、大学生常见学习心理困扰及其调适

在大学生涯中，学生学习总会遇到各种各样的心理问题，比如学习动机强度不当、注意力不集中、记忆力减退、学习方法不科学和学习疲劳等，都可能在不同程度上影响着学生的自我发展和心理健康。因此，发现学习中存在的心理问题，分析心理问题产生的原因，探索自我心理调适的途径和方法，从而提高学生的心理健康水平和学习效率。

（一）学习动机问题

动机是由某种需要所引起的有意识的行动倾向，它是推动人们以实际行动达到目标的内在动因。大学生学习动机是直接推动个体学习活动的内在动力。据研究，学习动机在适宜的强度下才能得到最大的利用和转化，动机太强或太弱，都会影响学习效果。

🧑 心 理 测 验

你的学习动力和目标如何

请根据自己的实际情况，逐一对下面测试的每个问题做"是"或"否"的回答。为了保证测验的准确性，请你认真作答。选"是"计1分，选"否"计0分。

（1）如果别人不督促你，你极少主动地学习。 （　）

（2）你一读书就疲劳与厌烦，直想睡觉。 （　）

（3）当你读书时，需要很长的时间才能提起精神。 （　）

（4）除了老师指定的作业外，你不想再多看书。 （　）

（5）在学习中遇到不懂的知识，你根本不想设法弄懂它。 （　）

（6）你常想：自己不用花太多的时间，成绩也会超过别人。 （　）

（7）你迫切希望自己在短时间内就能大幅度提高自己的学习成绩。 （　）

（8）你常为短时间内成绩没能提高而烦恼不已。　　　　　　　　　　　（　　）

（9）为了及时完成某项作业，你宁愿废寝忘食、通宵达旦。　　　　　　（　　）

（10）为了把功课学好，你放弃了许多你感兴趣的活动，如体育锻炼、看电影与郊游等。

（　　）

（11）你觉得读书没意思，想去找个工作做。　　　　　　　　　　　　　（　　）

（12）你常认为课本上的基础知识没啥好学的，只有看高深的理论，读大部头作品才带劲。

（　　）

（13）你平时只在喜欢的科目上狠下功夫，对不喜欢的科目则放任自流。（　　）

（14）你花在课外读物上的时间比花在教科书上的时间要多得多。　　　（　　）

（15）你把自己的时间平均分配在各科上。　　　　　　　　　　　　　　（　　）

（16）你给自己定下的学习目标，多数因做不到而不得不放弃。　　　　（　　）

（17）你几乎毫不费力就实现了你的学习目标。　　　　　　　　　　　　（　　）

（18）你总是同时为实现好几个学习目标而忙得焦头烂额。　　　　　　（　　）

（19）为了应付每天的学习任务，你已经感到力不从心。　　　　　　　（　　）

（20）为了实现一个大目标，你不再给自己制定循序渐进的小目标。　　（　　）

结果分析：

上述20道题目可分成4组：1—5题测查你的学习动机是不是太弱；6—10题测查你的学习动机是不是太强；11—15题测查你的学习兴趣是否存在困扰；16—20题测查你在学习目标上是否存在困扰。如果你对某组中大多数题目持认同的态度，则一般说明你在相应的方面存在一些不够正确的认识，或存在一定程度的困扰。总分在14—20分，说明学习动力和学习目标有严重的问题和困扰，必须要及时进行调整。总分在7—13分，说明学习动力和学习目标有一定的问题和困扰，要进行适当的调整了。总分在0—6分，说明学习动力和学习目标没有什么问题或有少许问题，稍加注意就是了。

1. 学习动机缺乏

学习动机缺乏是指学习上没有明确的目标和方向，学习上没有压力和动力，从而导致对学习不感兴趣的现象。

（1）学习动机缺乏的表现

①懒惰，尽力逃避学习。表现为不愿上课、不愿动脑筋、不完成作业、贪玩；学习上拖拉、散漫、怕苦怕累，并经常为自己的懒惰行为找借口。

②注意力下降，容易分心。动机不足的学生注意力差，不能专心听讲，不能集中思考，兴趣容易转移。学习肤浅，满足于一知半解。行动忽冷忽热，情绪忽高忽低。

③产生厌倦情绪，甚至厌学。动机缺乏的学生对学习冷漠、畏惧，常感厌倦，对学校与班级生活感到无聊。学习中无精打采，很少享受学习成功带来的快乐。

④缺乏正确的学习方法。动机不足的学生把学习看成是奉命的、被迫的苦差事，因此

不愿积极寻求一些适合自己的学习方法,满足于死记硬背,应付考试。由于缺乏正确的灵活的学习策略和方法,所以往往不能适应新的学习情景。

⑤学习独立性差。动机缺乏的学生,在学习上没有明确的学习目标,学习行为往往表现出从众与依附性,随大流,极少有独立性和创造性。

(2)学习动机缺乏的原因

在主观方面,大学生的个体特征,如情绪、意志、态度、经历、兴趣、健康状况都会对其学习动机产生影响。首先,学习动机缺乏是由于在以往的学习过程遭受到挫折与失败造成的。其次,由于专业不理想而导致学习动机缺乏。最后,由于缺乏明确的学习目的和奋斗目标导致学习动机缺乏,这是导致动机缺乏的主要原因。

在客观方面,首先,有来自学校方面的因素。学校群体行为对大学生的影响值得重视,教师的教学对大学生的学习也有一定的影响。其次,家庭环境对学生学习动机有直接影响。家庭的经济条件、家长的文化程度、家长的教育方式以及家庭成员的和睦程度对学生的学习动机影响较大。最后,社会生活也影响大学生的学习动机,其中社会价值观对大学生学习动机有巨大的影响。

(3)学习动机缺乏的调适方法

①提高认识。了解学习的意义所在,是激发大学生学习动机最直接有效的途径。只有认识到学习的重要性,才可能增强学习动机,才能提高学习效率和成绩。

②培养兴趣。兴趣有助于大学生在认识事物过程中产生良好情绪,能让我们有选择、积极愉快地去探究某种事物或进行某项活动。

③制订适合自己的学习标准。心理学研究及教学实践证明,学习标准定得过高或过低都不利于提高人们学习的积极性。一般来说,学习标准以一个学生在其原有学习成就的基础上增加20%为佳,实现该标准的时间一般以一学期为宜。

2. 学习动机过强

(1)学习动机过强的表现和原因

学习动机对学习活动起着维护、促进作用,但并不意味着学习动机的强度越大,学习效果就越好。学习动机过强是指追求成就性动机水平过强或追求奖励性动机水平过强。动机过强,不论是内部的抱负和期望过高,还是外部的奖惩诱因过强,都会使大学生专注于自己的抱负和外部的奖励,而不会专注于学习,实际上是阻碍了学习。

与缺乏学习动机的学生相比,学习动机过强的学生特别勤奋,几乎把所有的心思和时间都放在学习上,不参与其他的活动,将学习成绩视为衡量成功的唯一标准,这就给自己带来巨大的心理压力。

在大学里,学习虽然是主题,却不是大学生活的唯一选择。学校为同学们提供了很多活动的空间和机会,希望同学们能够利用各种活动丰富课余生活,增加各方面的素质和能力。学习不仅是书本上的学习,还有专业技能的练习。学习成功不仅要靠努力,还要有良好的方法,成功不仅是用成绩来衡量,还要看个人的专业视角和专业技能。

（2）学习动机过强的调适方法

① 进行恰当的自我评价。大学生应该对自己的能力有正确认识，使自己的期望切合自己的能力发展水平。

② 建立正确的认知模式。淡化学习成败得失，克服虚荣心理，清楚地认识学习不是成功的唯一途径。

③ 培养广泛的兴趣爱好。积极参与各类文化娱乐活动，重视综合素质的提升，培养多种特长。

（二）学习与考试焦虑

故事分享

小王平时学习认真努力，做作业的正确率也非常高，是老师心目中的好学生。但是，每次考试前，他总会感觉身体不适，要不频繁上厕所，要不感觉头晕眼花，影响自己考试时的状态。

学习焦虑是指学生感觉到由于不能达到预期学习目标或不能克服学习上的各种困难，导致自信心受挫，而形成的一种带有恐惧情绪和紧张不安的精神状态。考试焦虑是指在考试情境下（通常是考试前与考试中），以担忧为基本特征，以防御或逃避为行为方式，认知评价能力受到一定侵扰，通过不同程度的情绪性反应所表现出来的一种心理状态。

心理测验

考试焦虑情况测验

下面各题有"很符合""比较符合""较不符合""很不符合"四种答案。请根据自己的实际情况进行选择。

（1）在重要考试的前几天，我就感到忐忑不安了。　　　　　　　　　　（　　）

（2）考试前我总担心这次会考得很差。　　　　　　　　　　　　　　　（　　）

（3）考试前我都睡不好，还总做梦。　　　　　　　　　　　　　　　　（　　）

（4）越临近考试，我的注意力越不容易集中。　　　　　　　　　　　　（　　）

（5）考试前我感到烦躁，爱乱发脾气。　　　　　　　　　　　　　　　（　　）

（6）一听到考试铃声我的心跳马上就加快。　　　　　　　　　　　　　（　　）

（7）考试中我的手脚变得冰凉，还出冷汗。　　　　　　　　　　　　　（　　）

（8）考试时我一紧张就记不起平时已经复习很多遍的内容。　　　　　　（　　）

（9）考试时我总想上厕所。　　　　　　　　　　　　　　　　　　　　（　　）

（10）考试当中我常常感到头痛。　　　　　　　　　　　　　　　　　（　　）

（11）如果考得不好，家长会严厉责备我。　　　　　　　　　　　　　（　　）

（12）考完后我常常自责,觉得自己应该考得更好。（　　）

（13）好几次考完后我就拉肚子。（　　）

（14）只要考试不计成绩我就会发挥得更好。（　　）

（15）我对考试十分厌烦。（　　）

评分标准：

每题选A计3分、B计2分、C计1分、D计0分。

结果分析：

0—15分:你比较镇定,在考试中能发挥出正常水平。16—30分:你有轻度考试焦虑,平时注意调节可以克服。31—45分:你有重度考试焦虑,已经影响了你的考试成绩,需要进行治疗。

1. 学习与考试焦虑的表现

学习焦虑突出表现在考试焦虑。考试是大学生面临的主要应激源之一。每个学生都希望在考场上发挥出最佳水平,以取得优异成绩。可是,总有些学生不得不接受一个残酷的事实:考试成绩并非与自己的努力成正比,考试结果总与愿望有差距。便出现了一系列心理问题,如丧失信心、自尊受挫、精神苦闷、厌倦学习、自暴自弃等。

大学生的过度考试焦虑,就是由于过分担心考试失败而出现的一种高度焦虑的情绪反应。考试焦虑以担心为基本特征,以防御或逃避为行为方式,并受个体认知评价、人格因素及其他身心因素所制约。其主要表现如下。

（1）学习压力大,精神高度紧张,心情压抑,情绪躁动、不稳定。

（2）担忧过度,怀疑自己的学习能力,感觉自己怎么也学不好,对可能取得的考试成绩忧心忡忡。

（3）夸大学习中的困难,紧张不安,心神不宁。

（4）注意力易涣散,思维迟钝,记忆力下降。

（5）反复出现失眠、心悸、尿频尿急等生理症状。

2. 学习与考试焦虑的原因

（1）知识掌握欠缺

大学生知识经验储备不足,记忆提取困难,面临考试和正在考试时必然就会焦躁万分。那些平时不注意努力学习或基础知识较差的大学生较容易产生考试焦虑。

（2）错误的认知观念

大学生对考试性质的认知程度、对考试利害关系的预测程度及对自身应付能力的估计程度会直接影响其焦虑水平。如果一个大学生把某次考试与自己将来的前途联系在一起,其焦虑水平必然会高。如果一个大学生对考试过程感到无把握,怀疑自己的能力,也会增加其焦虑水平。

（3）心理期待值过高

一般而言,学业期望越高的学生,对学习投入的精力越多,越看重学业成绩,因而对考试失败的恐惧越高,越容易产生考试焦虑;那些学业期望较低的学生,满足于六十分,一般不会产生考试焦虑。但是当学业期望较低的学生面临学业失败时,也可能会激发起考试焦虑。

（4）外在环境因素的压力

大学生产生考试焦虑,除了他们自身因素外,还有家庭、学校和社会等外在环境因素造成的压力。如家长对大学生要求过严,期待水平过高;学校过分强调大学生的考试成绩,将其作为评奖评优的主要依据;社会有关机构过分注重大学生的考试成绩,并几乎以此作为录用他们的唯一标准等。这些都会对大学生造成巨大的心理压力,使他们产生考试焦虑。

3. 学习与考试焦虑的调适方法

（1）对考试应有正确的认识

考试只是衡量学习效果的手段之一,通过考试可以检验自己近期的学习态度、学习能力和知识水平,调整对自我的认识并不断进行自我完善。考试只是一种检验和激励的手段,它不能决定一个人的前途和命运。因此,应该将考试看成检验自己的大好机会,而不要把它当成负担。

（2）考试期望值要符合个人实际

考试前应对自己已掌握的知识和已具备的能力有正确的评价,在正确评价的基础上制定出考试要达到的目标,这样的目标才会符合个人实际,以避免考试焦虑的出现。

（3）把工夫用在平时努力学习上

考试成绩的高低决定于平日学习的努力程度,而不是决定于考试本身。如果平日努力不够,而企图在考试时侥幸地获得高分数,这是不切实际的想法。因此,平时就要加倍努力,注重知识的积累和巩固,有备无患,才能信心十足,沉着应试。

（4）学会自我暗示和放松

考试怯场现象出现时,考生往往由于过度焦虑而大脑一片空白。这时可以尝试全身放松,均匀而有节奏地做几次深呼吸,有目的地进行自我暗示,以达到稳定情绪、自我放松的目的。

小训练

深度呼吸训练

这种训练方式简单易行,不受场所、时间等条件的限制,行、站、坐、卧都可以进行。其目的是通过深度呼吸,使身体的各组织器官与呼吸节律发生共振,从而达到身心放松的效果。

现在请你放下手中正在做的事情。如果你身边有椅子,请你全身放松坐在椅子上,调整你的坐姿,直到感觉最好、最舒服为止;如果你在寝室,请你全身放松仰卧在床上;如果你身边什么也没有,就请你全身放松站在你认为最方便的地方,准备好了,我们就开始做放松训练。

请用鼻子深吸一口气,再慢慢地、均匀地呼出,呼气时平和而舒畅。继续呼吸,慢慢地、均匀地、深长地、平和而舒畅地呼吸。

现在让我们数一下呼吸的次数,一、二、三……十,再重新开始,从一数到十……你可以重复数10遍、20遍。注意一下你身体各部位的感觉,各部位感觉在渐渐地与呼吸节律趋向一致。全身的毛孔在随着肺部的一张一合有规律地开合、开合……

现在你不仅仅是用肺呼吸,而且还在用身体来呼吸。吸气的时候,似乎空气从身体的毛孔中吸入;呼气的时候,气体又从毛孔中呼出。吸进新鲜的空气,呼出污浊的气体,一次、二次、三次……渐渐地你会感觉到身体各个部位很放松,很通畅,仿佛整个身体融入了大自然之中。

好了,我们的放松训练要结束了,请慢慢闭上你的眼睛,静静地,不去想任何事情。过两分钟就可以做你该做的事情了。

(三)学习疲劳问题

故事分享

大一新生小高的妈妈望子成龙心切,要求他在学校学习之余,空闲时间也要完成较多的学习任务。坚持一个月后,他感到精神疲乏,心里烦躁,无法集中注意力,学习效率降低,学习进度减慢甚至停滞。他实在忍受不下去了,可妈妈还是逼着他去学习,他说自己要疯了。诉说他看到老师讲课,如同像是在看演皮影戏,进进出出,而自己眼前是一片茫茫景象,一点也不知道老师讲的是啥东西,感觉头要炸裂了。

过分紧张的学习使他失去了"双休"的机会,过分繁重的补习已经导致严重的学习疲劳状态。学习疲劳是指学习者由于学习过度或学习方法不当而产生学习效率降低,并伴有渴望停止学习活动的生理和心理现象。学习疲劳可分为生理的和心理的两种。学习心理学研究表明,凡是需要紧张注意、积极思维和加强记忆的学习活动,都容易产生疲劳。

1. 学习疲劳的表现

生理疲劳主要表现为麻木、眼球发疼、腰酸背疼、打瞌睡,心理疲劳表现为大脑得不到休息,最终会引起错误增多、效率下降、动机行为改变、注意力涣散、思维迟钝、情绪躁动、忧郁、厌烦、易怒、效率下降、生理失去平衡。

2. 学习疲劳的原因

(1) 生理原因

大学生学习疲劳的生理原因与学生体质的强弱、同一动作持续的长短和这一动作是否有累积的经验基础有关。如不习惯做笔记的大学生,在老师要求下做了大段的笔记之后,会感到手指酸痛,有时眼睛也有不适的感觉;教室通风情况、照明情况、温度情况,甚至座位的方向等,也是引起学生身体疲劳的重要因素;很多人长时间挤在封闭的空间里,会使空气中的含氧量减少,抑制大脑活动;晚上缺乏很好的睡眠,对第二天的学习也会有影响;外界刺激的单调,如教师讲课时没有节奏感、语言平铺直叙,也都易于引起学生的疲劳。

（2）心理原因

大学生中多数是独生子女，他们已有的生活经历并没有使其形成独立自主的坚强人格，而相对简单的社会阅历却给心理的全面发展造成了障碍。同时，在实用主义为核心的现代社会浪潮中，学生无法设想学业和现实社会的复杂关系，求知欲大大减弱。

3. 学习疲劳的调适方法

（1）善于科学用脑

大脑有左右两半球，分管不同的思维活动。大脑左半球主要同抽象的智力活动（如数学计算、语言分析等逻辑思维活动）有关；大脑右半球则主要同音乐、色彩、图形、空间想象等形象化的思维活动有关。为了克服疲劳，就要使大脑左右两半球交替使用，把数学、哲学等需要高度抽象思维的活动同音乐、绘画、文娱体育活动交替进行，以利于克服疲劳，提高学习效率。

（2）注意劳逸结合

学习一定时间后，就应该休息片刻，放松一下。在学习之余，可以参加一些文体活动，注意劳逸结合，使身心得到放松和调节，有利于消除疲劳。另外，每天保证充分的睡眠时间，养成良好的作息习惯。

（3）遵循人体的生物钟

按照人体生物活动的规律，上午7～10时，机体的生物机能处于上升的状态，10时左右精力最充沛，是学习和工作的最佳状态，此后逐渐下降，至下午5时后又再度上升，再到晚上9时达到最佳的状态。因此，学习时间的安排应顺应人体生物钟的节律变化，但这一变化规律会因地、因人而有所不同，所以大学生要能发现自己的"黄金时间"，以合理安排作息时间。

（4）创设良好的学习情境

良好的学习环境可以使大学生在学习活动中身心舒畅，提高学习效率；而在嘈杂、脏乱的学习环境中，可能引起心烦意乱、焦躁不安。在过暗或过亮的地方学习，可能会出现头晕目眩、视觉疲劳等，从而影响学习效果。

（四）记忆力减退问题

记忆是人脑对过去经历过的事情的反映，它是认知活动的主要组成部分。记忆力减退是指大学生在学习过程中利用记忆学习时，在识记、保持、回忆等方面产生的困难或异常。大学生正处于记忆力的黄金时代，正式学习的好时光，但仍有部分大学生表现出记忆力方面的问题。

1. 记忆力减退的表现

（1）识记速度慢

有的同学常常抱怨自己的脑子不好用，记忆力差，怎么也记不住，同样的记忆材料，要比别人花费更多的时间。

（2）保持时间短

表现为对已经识记的材料忘记得特别快。

（3）回忆的效果差

有的同学说，经过识记的东西，往往只有一个大概，信息模糊，等到使用信息时，不能够准确地反映出来。

2. 记忆力减退的原因

造成记忆力减退的原因很多，其中尤其要注意生理因素、脑神经损伤、神经衰弱等生理器质功能性失调以及年龄增大等都是引起记忆力减退的原因。但这方面的因素对大学生而言，是极为少见的。大学生记忆力减退常见原因如下：

（1）不良的学习和生活方式，如饮酒、熬夜、大量吸烟等容易导致记忆力下降。

（2）学习动机过强，严重的学习焦虑、紧张、烦恼等也会影响记忆力。

（3）学习方法不当、记忆不当、不了解记忆规律、死记硬背等，都会影响记忆效率。

（4）学习兴趣不高、注意力不集中、精力过于分散也不利于记忆效率。

（5）不科学用脑、过度紧张、情绪紧张等，也是大学生记忆障碍的主要原因。

3. 记忆力减退的调适方法

（1）明确目的法

请先回答这个问题：你家住的宿舍楼或学校的教学楼，每层有多少台阶？尽管你从它上面走过无数遍，怕也是十有八九不记得了。为什么？就因为你从未有过想记住它的目的。好了，现在明确目的：记住楼梯有多少台阶。只需一次，你就可以记住，是不是？心理学的实验也证明了这一点。比如，先向学生口授10个单字，三四天后询问他们，学生只能勉强回答出几个单字。后来，又一次向学生口授10个单字，但事先提出三四天后要检查，结果学生差不多都能记住。这就说明，明确了记忆目的，记忆效果就好。就是这样，对于一个事物，往往是只有我们打算要记住它，才能真正记住它。要求记忆的时间长短也影响到记忆效果。有这样一个实验，老师讲解一段课文后，对甲组学生提出"次日考"的要求，对乙组学生提出"一周后考"的要求，事实上对两组学生都是两周后考。结果乙组的记忆效果高于甲组。因此，我们在学习某一部分知识之前，态度上给予重视，提出较长时间的要求，再提出具体的问题，然后试图寻找答案。这样目的明确，就容易记住。

（2）充分理解法

试试看，你能很快记住"816449362516941"这组数字吗？如果死记硬背，是不容易的。但是，当你仔细琢磨，发现这组数字的内在联系是自9到1这些自然数的平方依次排列时，保你一下子记住，一辈子不忘。这就是在充分理解的基础上去记的好处。心理学的多次实验也证明了理解的东西记得好。比如，让人阅读文件，要求对文件的基本精神、主要思想、内容事实、文句词语，都作认真的学习和记忆，经过一定时期，测验学习者的记忆成绩。结果表明，绝大多数人对文件的基本精神和主要思想都记得很好，而且保持了相当长的时间；而对文件中的具体事实则逐渐忘掉了，对于词句忘得更快。这是因为，对文件的基本精神和主要思想，人们可以通过意义识记去记，而文件的事实和词句的意义识记成分少，所以前者遗忘得慢，后者忘得快。这就告诉我们，平时学习一些定理、定义等知识，尽量不要死记硬背,要加强对所记材料的理解,在理解透彻之后去记忆。

（3）感官并用法

心理学有一个实验:以10张画片的材料,单凭眼看,记的效果为70%;单凭耳听,效果为60%;而眼看耳听再加上口说,效果则为86.3%。你看,是不是眼、耳、口并用效果好? 这是因为多个感官并用,可以在大脑皮层建立多通道神经联系。所以,平时记知识,应该既用眼看,又用耳听,当然还包括用口读出声,用手写一写,等等。

（4）利用形象法

有人说,一切记忆都始于形象。虽然这样说不免绝对,但在记忆时使材料形象化,确实能够提高记忆效率。形象化为什么能增强人们的记忆力呢? 一种比较普遍的看法是:记忆的保存是一种双轨归纳系统。就是说,在人们的记忆存储中,包含有两种存储系统,即表象存储和语言存储系统。表象存储系统主要存储的是客观事物的形象通过视觉、触觉等通道反映到大脑中的信息,称为形象信息,在心理学中称为表象;语言存储系统存储的主要是通过听觉通道传导到大脑中的语言信息,属于抽象信息。表象存储有形象清晰、结构鲜明的特点,易于保存和回忆;而语言存储则是以事物的符号形式储存,比较抽象概括,不如形象的东西容易记忆。所以,能够使记忆材料形象化,可以提高记忆效率。

（5）附加意义法

你也许说,对有些缺少意义联系或没有意义联系的知识,上面的方法就不管用了,只好"死记"了。别愁,下面的窍门可帮你变"死记"为"巧记"。

窍门之一是歌诀法。一句"一三五七八十腊,三十一天整不差",不是曾帮你记住了哪个月是31天吗? 你还可以把书本上一些知识自编成歌诀,让它顺口好记。

窍门之二是谐音法。比如,把"钾钙钠镁铝锌铁锡铅氢铜汞银铂金"这一金属活动顺序表,谐音为"加个那美丽新的锡铅氢,统共一百斤",也可以帮你牢记不忘。

故事分享

从前有个先生,在山下私塾教书,山顶住着个和尚,两人都爱喝酒。有一回,先生把圆周率3.141592653589793238462 6写在黑板上,让学生背,自己上山同和尚饮酒去了。背这么长一串数字该有多难! 有个学生灵机一动,把这些数字谐音成了几句话:"山巅一寺一壶酒,尔乐苦煞吾,把酒吃,酒杀尔,杀不死,乐尔乐。"同学们都跟着哇啦哇啦这样背,等先生回来时,个个都背诵如流。

窍门之三是形象法。比如,马克思诞生于1818年5月5日,怎么记效果好? 你可以形象化地记成:从马克思诞生,一巴掌一巴掌(1818年)打得资产阶级呜呜(5月5日)直哭。这样既形象又谐音,一下子就记住了。

窍门之四是推导法。比如,辛亥革命发生在哪一年? 可以这样推导:它比中国共产党建立(1921年)恰好早10年,是1911年;还可以由中国共产党诞生于1921年往前推导,前两年(1919年)爆发"五四运动"再前两年(1917年)爆发"十月革命"。这样一推导,不是一下可以记住几个重要历史年代了?

窍门之五是附会法。该记的东西本没这个意思,我们硬给它附会上这个意思。比如,富士山海拔12365英尺,我们硬把富士山说成是"两岁"的山——前两位数看成12个月为一岁,后三位数看成365天为一岁。好,一下子记住了。

这五个窍门的共同点,是人为地找一些"意义"给它附加上去,所以统称为"附加意义法"。既然是附加意义,就别管它在不在理,只要好记就行了。

最后需要提醒一点:窍门总是爱和勤奋的人交朋友。越是爱动脑筋的人,越是容易找到记忆的窍门。

小训练

体验一下,意义识记的重要性。

(1)请用一分钟的时间尝试记住以下数字(按顺序):

3 7 1 0 1 1 2 3 5 8 1 3 4 7 1 1 2

(2)请努力找找,这些数字在编排上有什么规律,然后按规律再记住这串数字。

(3)请思考,两种记忆方式有什么不同?对大学的学习有什么启发?

心理博文

大学里最重要的七项学习(节选)

大学是人生的关键阶段。在这个阶段里,所有大学生都应当认真把握每一个"第一次",让它们成为未来人生道路的基石;在这个阶段里,所有大学生也要珍惜每一个"最后一次",不要让自己在不远的将来追悔莫及;在这个阶段里,为了在学习中享受到最大的快乐,为了在毕业时找到自己最喜爱的工作,每一个进入大学校园的人都应当掌握七项学习,包括自修之道、基础知识、实践贯通、培养兴趣、积极主动、掌控时间、为人处世。

第一项学习:自修之道

自学的能力,也就是举一反三或无师自通的能力。在大学期间,学习专业知识固然重要,但更重要的还是要学习思考的方法,培养举一反三的能力,只有这样,大学毕业生才能适应瞬息万变的未来世界。自学能力必须在大学期间开始培养。中学生在学习知识时更多的是追求"记住"知识,而大学生就应当要求自己"理解"知识并善于提出问题。大学生应当充分利用学校里的人才资源,从各种渠道吸收知识和方法。除了资深的教授以外,大学中的青年教师、博士生、硕士生乃至自己的同班同学都是最好的知识来源和学习伙伴。每个人对问题的理解和认识都不尽相同,只有互帮互学,大家才能共同进步。应该充分利用图书馆和互联网,培养独立学习和研究的本领。

第二项学习:基础知识

在大学期间,一定要学好基础知识(数学、英语、计算机和互联网的使用,以及本专业要求的基础课程,如电子技术等课程)。应用领域里很多看似高深的技术在几年后就会被新的技术或工具取代,只有对基础知识的学习才可以受用终身。虽然鼓励大家追寻自己的兴趣,但仍需强调,生活中有些事情即便不感兴趣也是必须要做的。打好基础,学好数学、英语和计算机就是这一类必须做的事情。

第三项学习:实践贯通

有一句关于实践的谚语是这样说的:"我听到的会忘掉,我看到的能记住,我做过的才真正明白。"应该懂得每一个学科的知识、理论、方法与具体的实践、应用如何结合起来,尤其是工科的学生更是如此。无论学习何种专业、何种课程,如果能在学习中努力实践,做到融会贯通,就可以更深入地理解知识体系,可以牢牢地记住学过的知识。因此,建议同学们多选些与实践相关的专业课。实践时,最好是几个同学合作,这样,既可以经过实践理解专业知识,也可以学会如何与人合作,培养团队精神。

第四项学习:培养兴趣

最好的寻找兴趣点的方法是开阔自己的视野,接触众多的领域。而大学正是这样一个可以让你接触并尝试众多领域的独一无二的场所。因此,大学生应当更好地把握在校时间,充分利用学校的资源,通过使用图书馆资源、旁听课程、搜索网络、听讲座、打工、参加社团活动、与朋友交流、使用电子邮件和电子论坛等不同方式接触更多的领域、更多的工作类型和更多的专家学者。

除了"选你所爱",大家也不妨试试"爱你所选"。在大学中,转系可能并不容易,所以,大家首先应尽力试着把本专业读好,并在学习过程中逐渐培养自己对专业的兴趣。一个专业可能有很多不同的领域,也许你对专业里的某一个领域会有兴趣。此外,有很多专业发展了交叉学科,两个专业的结合往往是新的增长点。就算你毕业后要从事其他行业,你依然可以把自己的专业读好,这同样能成为你在新行业中的优势。

第五项学习:积极主动

积极主动的第一步是有积极的态度。积极主动的第二步是对自己的一切负责,勇敢面对人生。不要把不确定的或困难的事情一味搁置起来。但是,我们必须认识到,不去解决也是一种解决,不做决定也是一个决定,这样的解决和决定将使你面前的机会丧失殆尽。对于这种消极、胆怯的作风,你终有一天会付出代价的。积极主动的第三步是要做好充分的准备:事事用心,事事尽力,不要等机遇上门;要创造机遇,把握机遇。要做好充分的准备,当机遇来临时,你才能抓住它。积极主动的第四步是"以终为始",积极地规划大学四年。任何规划都将成为你某个阶段的终点,也将成为你下一个阶段的起点,而你的志向和兴趣将为你提供方向和动力。只要认真制定、管理、评估和调整自己的人生规划,就会离你自己的目标越来越近。

第六项学习：掌控时间

大学四年是最容易迷失方向的时期。大学生必须有自控的能力,让自己交些好朋友,学些好习惯,不要沉迷于对自己无益的习惯(如网络游戏)里。安排时间并不意味着非要做出一个时间表来。《高效能人士的七个习惯》一书提出,"重要事"和"紧急事"的差别是人们浪费时间的最大理由之一。因为人的惯性是先做最紧急的事,但这么做会导致一些重要的事被荒废掉。因此,每天管理时间的一种好方法是早上确定今天要做的紧急事和重要事,睡前回顾一下,这一天有没有做到两者的平衡。

第七项学习：为人处世

未来,人们在社会里、在工作中与人相处的能力会变得越来越重要,甚至超过了工作本身。所以,大学生要好好把握机会,培养自己的交流意识和团队精神。第一,以诚待人,以责人之心责己、以恕己之心恕人。第二,培养真正的友情。第三,学习团队精神和沟通能力。第四,从周围的人身上学习。第五,提高自身修养和人格魅力。

课堂反馈

一、知识评估

通过本章节的学习与训练,对自己学习的知识和能力再做一次客观的评估,如果以0分代表无知或能力很差,10分代表知识渊博或能力很好,那么现在的你会给自己打几分呢?

对自己学习方面的知识储备评估:_____

对自己学习能力的评估:_____

二、学习困扰评估

通过本章节的学习与训练,你在学习方面困扰问题哪些得到了解决?哪些还未解决?还有哪些新的问题出现?

得到解决的:_____

未解决的:_____

新的问题:_____

三、课堂感受

今天这堂课让我感受最深的是_____

_____

今天这堂课让我最感兴趣的是_____

_____

今天这堂课让我获得的收获是_____

_____

延伸阅读

1. ［美］亚当·罗宾逊：《如何学习：用更短的时间达到更佳效果和更好成绩》，林悦译，中国青年出版社，2017年版。

2. ［美］乔希·维茨金：《学习之道：美国公认经典学习书》，苏鸿雁、谢京秀译，中国青年出版社，2017年版。

3. ［加］斯科特·扬：《如何高效学习》，程冕译，机械工业出版社，2021年版。

4. ［美］尼尔·布朗、［美］斯图尔特·基利：《学会提问》，吴礼敬译，机械工业出版社，2019年版。

5. ［美］莫提默·J. 艾德勒、［美］查尔斯·范多伦：《如何阅读一本书》，郝明义、朱衣译，商务印书馆有限公司，2014年版。

推荐影片

《阿甘正传》

《当幸福来敲门》

《放牛班的春天》

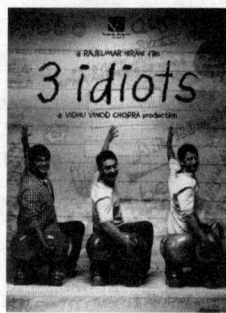

《三傻大闹宝莱坞》

模块四 做更好的自己
——大学生自我意识

引言

"人生之路要自己走,要过怎样的人生,完全是自己的选择,只有自己才能赋予生命最佳的诠释。"

人生就像一个大的舞台,每个人都是自己舞台的主角,只有自己才能决定舞台上的自己是惊艳全场或是黯淡退场,没有人可以代劳。不管是选择平庸,还是选择伟大,都是个人的选择,他人无从干涉,但与众人站在人生同一起跑线上,我们何不选择做更好的自己?人生没有狭义的终点,因此我们可能达不到最好的境界,但是我们可以慎重地规划自己的人生,选择做更好的自己。

学习目标

1. 了解自我意识的基本内涵、特点及自我意识的形成与发展。
2. 了解大学生自我意识发展的特点与基本过程,以及发展中存在的偏差与成因。
3. 了解大学生自我意识健全的标准,掌握完善大学生自我意识的途径和方法。

案例导入

案例一:小兰是一名来自农村的大一学生,她从小认真学习,从不逃课,但成绩一直平平。妈妈常说她"脑子笨,不聪明!"小兰对自己的评价也是"我很努力,但我学习能力就是差!"小兰平时不太与人交往,只和同宿舍的几个姐妹在一起,同班同学里她能叫上名字的人也不太多。小兰总是感到自己学习成绩不好、人缘也不好,没有朋友,整天闷闷不乐。

案例二:小磊是机械专业毕业班学生,学习成绩和专业技能在班里并不算出众。在同学们积极找工作时,他表示要参加专转本考试,但他并未花费很多心思复习,考试中,他觉得学得不错的英语和高数接连失利。转本失败后,小磊闷闷不乐了一段时间,在老师的帮助下找到了一份本地的工作,但不到半个月他就决定离职,小磊表示车间工作环境太差,不适合自己,想要找一份坐在办公室里的工作。

案例互动

（1）大学生常见的自我意识偏差有哪些?

（2）影响大学生自我意识的原因有哪些?

（3）我们遇到自我意识偏差该怎么办?

（4）通过上述案例说明树立正确自我意识的意义与价值。

一、自我意识的概念和发展

（一）自我意识的内涵和特点

故事分享

斯芬克斯之谜

斯芬克斯是一个长着狮子躯干、女人头面的有翼怪兽。她坐在忒拜城附近的悬崖上,向过路人提出:"什么东西早晨用四条腿走路,中午用两条腿走路,晚上用三条腿走路? 若有谁能将谜语解开,斯芬克斯就死在谁的脚下;否则,斯芬克斯就会将路过的人杀死!"路过的人没有回答出的,都被杀死,最终,俄狄浦斯来到忒拜城。

俄狄浦斯与斯芬克斯

俄狄浦斯走到斯芬克斯面前,毫不犹豫地回答:"谜底是人。在生命的早晨,他是个婴儿,用两条腿和两只手爬行;到了生命的中午,他正当壮年,只用两条腿走路;到了生命的傍晚,他年老体衰,必须借助拐杖,所以被称为三条腿走路。"俄狄浦斯答对了。斯芬克斯羞愧坠崖而死。

千百年来，人们早已认定，这个谜题已被俄狄浦斯解答。但我们对斯芬克斯之谜的深度阐释表明：俄狄浦斯对早、中、晚"人"的叙述是表象的，人的本质是"认识你自己"。

对于今天的我们来说，德尔菲神庙前石碑上镌刻着的"认识你自己"几个大字依然是一个"谜"。迄今，它仍是横亘在当代人类面前的一个严峻课题。古希腊哲学家苏格拉底的名言"认识自己，方能认识人生"提出了这个问题的重要性；现代的学者们则希望通过"自我意识"一词来解释人类自身的本质。

1. 自我意识的内涵

自我意识是人对自身存在的觉察。即觉察自己的一切，包括自己的生理状况、心理特征以及自己与他人及周围环境关系的认识。自我意识是人的个性结构的重要组成部分，是个性结构中的自我调节系统。自我意识的发展过程是个体不断社会化的过程，良好的自我意识对人的良好个性的形成起着至关重要的作用。

（1）自我意识的内容

从内容上看，自我意识可以分为生理自我、心理自我和社会自我。

生理自我是指对自己的身高、体重、性别、外貌的认识以及对生理病痛、饥饱等的感受等。如果一个人对生理自我不能接纳，觉得自己个子矮、不漂亮、身材差等，就会讨厌自己，表现出自卑和缺乏信心。这是自我意识的最原始形态。

心理自我是指对自己心理属性的意识，包括个人对自己的人格特征、心理状态、心理过程及其行为表现等方面的意识。

社会自我是指对自己的社会属性的意识，包括对自己在社会关系、人际关系中的角色、地位的意识，对自己所承担的社会义务和权利的意识等；也是指对自己在群体中的地位、作用以及自己和他人相互关系的认识、评价和体验。如果一个人认为自己不善于交流或沟通，或者认为周围的人不喜欢自己、不接纳自己，自己没有知心朋友等，就会感到很孤独、很寂寞。

（2）自我意识的形式

从形式上看，自我意识表现为认知的、情感的、意志的三种形式，分别称为自我认识、自我体验和自我调控。

自我认识是个体对自己各种身心状况的认识，是自我意识的认知成分，包括自我感觉、自我观察、自我概念、自我分析和自我评价。自我概念和自我评价是自我认识中最主要的方面，集中反映了个体自我认识乃至自我意识的发展水平，也是自我体验和自我调控的前提。自我认识主要解决"我是一个什么样的人"的问题，主要包括对生理自我、社会自我和心理自我的认知，从而构成一个统一的整体的自我认知，并在此基础上，进行自我评价。如我是一个相貌平平的人，我是一个善于交际的人，我是一个心理素质很好的人，我是一个幽默的人等等。

自我体验是自我意识的情感成分，伴随自我认识而产生的内心体验、情感表现，反映了个体对自己所持的态度。在积极肯定的自我满足时会产生自爱、自尊、自信、自豪感、成就感、自我效能感；在消极否定的自我责备时会产生自卑、内疚、失败感。其中，自尊是自我体验中最主要的方面。

自我控制是自我意识的意志成分,是个体对自己行为和心理活动的调节与控制、对待他人和自己态度的调节和控制,包括自我理想、自我监督、自我塑造、自我克制、自我教育等层次。其中自我控制和自我教育是自我调控中最主要的方面,自我教育则是自我调节的最高级形式,因为教育的最高境界就是自我教育能力的形成。自我控制是个体意志品质的集中体现,我们常说的自制力,就是自我控制能力。从某种意义上来说,自制力的优劣决定着学习、工作、生活的成败。自制力强的人,在控制方面就会表现出自觉、自立、自主、自制、自强、自信、自律,在任何阶段都有明确的追求目标,能够很好地克制自己的情绪,行为主动而有节制,有责任感,遇事沉着冷静,果断而坚毅,决不半途而废。自制力差的人,往往目标不清,易受暗示,缺乏主见,优柔寡断,对自己的情感和行为都缺乏控制能力,凡事都难以坚持到底。

总之,自我认识、自我体验和自我调控之间相互联系、相互制约,统一于个体的自我意识之中。自我认识是其中最基础的部分,决定着自我体验的主导心境以及自我控制的主要内容;自我体验又强化着自我认识,决定了自我控制的行动力度;自我控制则是完善自我的实际途径,对自我认识、自我体验都有着调节作用。三个方面整合一致,便形成了完整的自我意识。

（3）自我观念

从自我观念上看,自我意识可以分为现实自我、投射自我和理想自我。现实自我是指个体对自己在与环境相互作用中表现出的综合现实状况和实际行为的意识,即现在是什么样的人,其特点是注重实际的情况,比较满足当下,从现实中找突破口。投射自我亦称"镜中自我",是指"我"意识到"我"在他人面前的形象及他人对该形象的评判,并由此产生骄傲或屈辱感,其特点是容易在意别人的评价,并对这个评价产生一些不好的想法。理想自我是个体对希望自己是一个什么样的人的自我看法,包括人们渴望拥有的那些品质,它们通常是积极的。

由于人们总是按照理想自我来塑造自己的,所以理想自我是现实自我努力的方向。但是一般人,特别是青年人,他们往往以为理想中的自己就是现实的自己。因此,现实自我总是带有不可摆脱的理想自我的痕迹。在正常情况下,当理想自我的形成建立在理智认识或他人和社会规范的自觉内化之上时,理想自我可以在现实自我和社会环境之间起积极的调节作用,指导现实自我积极地适应和作用于社会环境。这时,理想自我、现实自我和社会环境的要求可以在新的水平和方向上达到协调一致,自我得到健康发展。当现实自我与理想自我的重合度越高时,我们的自我满意度也越好;反之,自我满意度也就越差。我们需要通过学习不断提高自己的认知,完善自己的个性,使自己朝着自己理想中的样子呈现。

2. 自我意识的特点

自我意识是具有意识性、社会性、能动性、同一性等特点。

（1）自我意识具有意识性

意识性是指个体对自己以及自己与周围世界的关系有着清晰、明确的理解和自觉的态度,而不是无意识或潜意识。从马克思主义哲学的角度来看,这种自我意识是主体我对客体我的一切主观能动的反映。

(2)自我意识具有社会性

自我意识是个体长期社会化的产物。它不仅是在社会实践中产生的,而且其主要内容是个体社会属性的反映。对自我本质的意识,不是意识到个体的生理特性,而是意识到个体的社会特性,意识到个体的社会角色,意识到个体在一定的社会关系和人际关系中的地位和作用,这是自我意识发展到成熟的重要标志。

(3)自我意识具有能动性

能动性不仅表现在个体能根据社会或他人的评价、态度和自己实践所反馈的信息来形成自我意识,而且还能根据自我意识调控自己的心理和行为。

(4)自我意识具有同一性

心理学研究表明,自我意识一般需要经过20多年的发展,直到青年中后期才能形成比较稳定、成熟的自我意识。虽然这种自我意识有可能因个体实践的成败和他人的评价的改变而发生变化,但到青年期以后,个体会对自己的基本认识和态度保持同一性。正因为自我意识的同一性,才会使个体表现出前后一致的心理面貌,从而使自己与其他人的个性区别开来。

心理测验

艾森克人格测试

各位同学,大家好!请仔细阅读每一句,然后对照自己的实际情况,勾选出你的答案。答案无对错之分,不要在各题上做过多思考。符合你的情况请在( )内答"是",不符时答"否"。如果不选择,默认为选择"否"。

(1)你是否有广泛的爱好? ( )

(2)在做任何事情之前,你是否都要考虑一番? ( )

(3)你的情绪时常波动吗? ( )

(4)当别人做了好事,而周围的人认为是你做的时候,你是否感到洋洋得意? ( )

(5)你是一个健谈的人吗? ( )

(6)你曾经无缘无故地觉得自己"可怜"吗? ( )

(7)你曾经有过贪心使自己多得分外的物质利益吗? ( )

(8)晚上你是否小心地把门锁好? ( )

(9)你认为自己活泼吗? ( )

(10)当你看到小孩(或动物)受折磨时是否感到难受? ( )

(11)你是否常担心你会说出(或做出)不应该说或做的事? ( )

(12)若你说过要做某件事,是否不管遇到什么困难都要把它做成? ( )

(13)在愉快的聚会中你是否通常尽情享受? ( )

（14）你是一位易激怒的人吗？ （　　）

（15）你是否有过自己做错了事反倒责备别人的时候？ （　　）

（16）你喜欢会见陌生人吗？ （　　）

（17）你是否相信参加储蓄是一种好办法？ （　　）

（18）你的感情是否容易受到伤害？ （　　）

（19）你是否服用有奇特效果或是有危险性的药物？ （　　）

（20）你是否时常感到"极其厌烦"？ （　　）

（21）你曾多占多得别人的东西（甚至一针一线）吗？ （　　）

（22）如果条件允许，你喜欢经常外出（旅行）吗？ （　　）

（23）对你所喜欢的人，你是否为取乐开过过头的玩笑？ （　　）

（24）你是否常因"自罪感"而烦恼？ （　　）

（25）你是否有时候谈论一些你毫无所知的事情？ （　　）

（26）你是否宁愿看些书，而不想去会见别人？ （　　）

（27）有坏人想要害你吗？ （　　）

（28）你认为自己"神经过敏"吗？ （　　）

（29）你的朋友多吗？ （　　）

（30）你是个忧虑重重的人吗？ （　　）

（31）你在儿童时代是否立即听从大人的吩咐而毫无怨言？ （　　）

（32）你是一个无忧无虑逍遥自在的人吗？ （　　）

（33）有礼貌爱整洁对你很重要吗？ （　　）

（34）你是否担心将会发生可怕的事情？ （　　）

（35）在结识新朋友时，你通常是主动的吗？ （　　）

（36）你觉得自己是个非常敏感的人吗？ （　　）

（37）和别人在一起的时候，你是否不常说话？ （　　）

（38）你是否认为结婚是个框框，应该废除？ （　　）

（39）你有时有点自吹自擂吗？ （　　）

（40）在一个沉闷的场合，你能给大家增添生气吗？ （　　）

（41）慢腾腾开车的司机是否使你讨厌？ （　　）

（42）你担心自己的健康吗？ （　　）

（43）你是否喜欢说笑话和谈论有趣的事情？ （　　）

（44）你是否觉得大多数事情对你都是无所谓的？ （　　）

（45）你小时候有过对父母鲁莽无礼的行为吗？ （　　）

（46）你喜欢和别人打成一片，整天相处在一起吗？ （　　）

（47）你失眠吗？ （　　）

（48）你饭前必定先洗手吗？ （　　）

(49) 当别人问你话时,你是否对答如流? （ ）

(50) 你是否愿意在富裕时间的情况下喜欢早点动身去赴约会? （ ）

(51) 你经常无缘无故感到疲倦和无精打采吗? （ ）

(52) 在游戏或打牌时你曾经作弊吗? （ ）

(53) 你喜欢紧张的工作吗? （ ）

(54) 你时常觉得自己的生活很单调吗? （ ）

(55) 你曾经为了自己而利用过别人吗? （ ）

(56) 你是否参加的活动太多,已超过自己可能分配的时间? （ ）

(57) 是否有那么几个人时常躲着你? （ ）

(58) 你是否认为人们为保障自己的将来而精打细算、勤俭节约所费的时间太多了? （ ）

(59) 你是否曾想过去死? （ ）

(60) 若你确知不会被发现时,你会少付给人家钱吗? （ ）

(61) 你能使一个联欢会开得成功吗? （ ）

(62) 你是否尽力使自己不粗鲁? （ ）

(63) 一件使你为难的事情过去之后,是否使你烦恼好久? （ ）

(64) 你是否坚持要照你的想法去办事? （ ）

(65) 当你去乘火车时,你是否最后一分钟到达? （ ）

(66) 你是否容易紧张? （ ）

(67) 你常感到寂寞吗? （ ）

(68) 你的言行总是一致吗? （ ）

(69) 你有时喜欢玩弄动物吗? （ ）

(70) 有人对你或你的工作吹毛求疵时,是否容易伤害你的积极性? （ ）

(71) 你去赴约会或上班时,曾否迟到? （ ）

(72) 你是否喜欢在你的周围有许多热闹和高兴的事? （ ）

(73) 你愿意让别人怕你吗? （ ）

(74) 你是否有时兴致勃勃,有时却很懒散不想动弹? （ ）

(75) 你有时会把今天应该做的事拖到明天吗? （ ）

(76) 别人是否认为你是生气勃勃的? （ ）

(77) 别人是否对你说过许多谎话? （ ）

(78) 你是否对有些事情易性急生气? （ ）

(79) 若你犯有错误你是否愿意承认? （ ）

(80) 你是一个整洁严谨、有条不紊的人吗? （ ）

(81) 在公园里或马路上,你是否总是把果皮或废纸扔到垃圾箱里? （ ）

(82) 遇到为难的事情你是否拿不定主意? （ ）

（83）你是否有过随口骂人的时候? （　）

（84）若你乘车或坐飞机外出时,你是否担心会碰撞或出意外? （　）

（85）你是一个爱交往的人吗? （　）

评分规则:

E量表:外向—内向。第1,5,9,13,16,22,29,32,35,40,43,46,49,53,56,61,72,76,85题答"是"和第26、37题答"否"的每题各得1分。

N量表:神经质(又称情绪性)。第3,6,11,14,18,20,24,28,30,34,36,42,47,51,54,59,63,66,67,70,74,78,82,84题答"是"每题各得1分。

P量表:精神质(又称倔强)。第19,23,27,38,41,44,57,58,65,69,73,77题答"是"和第2,8,10,17,33,50,62,80题答"否"的每题各得1分。

L量表:测定被试的掩饰、假托或自身隐蔽,或者测定其朴实、幼稚水平。第12,31,48,68,79,81题答"是"和第4,7,15,21,25,39,45,52,55,60,64,71,75,83题答"否"的每题各得1分。

结果分析:

根据分数的高低判断自己的个性类型,分数越高,该类型特征越明显。

E量表:外向—内向。高分特征:分数高表示人格外向,可能是渴望刺激和冒险;情感易于外露、冲动;喜欢参加人多热闹的聚会,好交际、开朗、活泼。低分特征:表示人格内向;好静,离群,富于内省;除了亲密朋友之外,对一般人缄默冷淡;不喜欢刺激,喜欢有秩序的生活方式;情绪比较稳定。

N量表:神经质或情绪性。反映的是正常行为,于病症无关。高分特征:可能常常焦虑、紧张担忧、郁闷不乐、忧心忡忡;情绪起伏较大,遇到刺激,易有强烈的反应,甚至可能出现不够理智的行为。低分特征:倾向于情绪反应缓慢且较轻微,即使激起了情绪也很容易平静下来,通常表现得比较稳重,性情温和善于自我控制。

P量表:倔强性。高分特征:可能孤独,不关心他人,难以适应外部环境,不近人情,感觉迟钝,与他人不能友好相处,固执、倔强,喜欢寻衅搅扰,干奇特的事情且不顾危险。低分特征:能与人相处,能较好地适应环境,态度温和,不粗暴,善从人意。

L量表:测定被试的掩饰、假托或自身隐蔽,或测定其社会性朴实幼稚的水平。该量表并没有划分有无掩饰的确切标准,要根据首测者年龄而定。一般来说,成人的L分会因年龄而升高,儿童则因年龄而降低。L量表与其他量表的功能有联系,但它本身代表一种稳定的人格功能。

(二) 自我意识的形成与发展

1. 自我意识的形成与发展

自我意识不是生来就有的,它经历了一个从无到有,最后形成的漫长的发展过程。它是在个体与他人交往过程中,伴随着语言和思维的发展而发展起来的。

自我意识的形成大体经历了以下三个阶段。

（1）自我意识的萌芽（0—3周岁）

个体从出生到满3周岁以前的这一段时期是生理自我时期，又叫自我中心期。这一阶段是婴儿出生后生长发育最迅速的时期，也是人一生中生长发育最旺盛的阶段。当代对婴儿自我发展的研究大多运用镜像技术观察婴儿的行为反应，即通过观察婴儿能否察觉镜子中的人就是自己，由此来确定个体最早出现自我意识的时间。大量心理学实验表明，两周岁前后，婴儿就实现了人类个体自我意识发展的第一次飞跃，主要表现在两个方面：一方面，婴儿已经能够意识到自己的独特特征，能从照片、录像中认出自己；另一方面，婴儿能开始运用人称代词"你、我、他"称呼自己和他人，如用"我"表示自己。

（2）自我意识的发展（3周岁到少年期）

在这一阶段里，个体通过幼儿园的学前教育和学校教育，逐渐接收到社会道德、法律等方面的影响，增强了社会意识，认识到自己是社会的一员，尽量使自己的行为符合社会的标准。进入少年期后，个体的生理将迅速发育直至达到成熟，在该阶段，个体的生理、心理和社会性发展方面都出现显著的变化，其主要特点是身心发展迅速而又不平衡，是经历复杂发展，又充满矛盾的时期，因此也被称为困难期或危机期，也称之为青春发育期。发展心理学家认为，由于个体的发展历程，使他们从面向母亲到面向家庭、幼儿园和学校，不断地向外界环境展开，因此青春期"急风暴雨"式的变化，让个体产生惶惑的感受，他们会自觉不自觉地将自己的思想从外向的客观世界抽回一部分来指向主观世界，使思想意识进入再次自我，从而导致个体在青春发育期阶段进入自我意识发展的第二个飞跃期。

（3）自我意识的再发展（青年期）

埃里克森提出，自我同一性的确立和防止社会角色的混乱是青年期的发展任务。自我同一性是关于个体是谁、个体的价值和个体的理想是什么的一种稳定的意识。每个人在青年时期都在探索并尝试去建立稳定的自我同一感，即自我认同感。艾里克森认为青年期自我同一感的确立是自我分化和整合统一的过程。

青年期的发展是自我发现、自我意识形成和人格再构成的时期，是从不承担社会责任到以社会角色出现并承担社会责任的时期。在这个时期，他们要经历复杂而艰难的同一性确立和对社会生活的选择。这种确立和选择需要一个过程，因此他们有一种避免同一性过程提前完结的内在需要，而社会也给予青年暂缓履行成人的责任和义务的机会，如大学学习期间。这个时期可以称为青年对社会的"延缓偿付期"。这是一种社会的延缓，也是一种心理上的延缓，所以也称"心理的延缓偿付期"。有了这种社会和心理的延缓偿付期，青年便可以利用这一机会通过实践、检验、树立、再检验的往复循环过程，决定自己的人生观、价值观及未来的职业，并最终确立自我同一性。

2. 自我意识发展的模式

自我意识发展的模式不是直线式的前进，而是螺旋式的上升。即自我意识的发展呈现出：自我分化、自我矛盾、自我统一再到新一轮的自我发展的过程。

（1）自我分化

个体进入青春期后，开始清楚地意识到自己内心世界的存在。因此，笼统的自我分化为主体我和客体我。主体我是处于观察地位的"我"，是理想我，客体我是处于被观察地位的"我"，是现实我。正是这种分化，促进了个体成为思维和行为的主体，从而为客观评价他人和自己、合理调节自己的心理活动和行为奠定了基础，这一时期，可以观察到个体有较多自我观察和自我沉思行为，如写日记和与朋友倾心交谈等。

（2）自我矛盾

随着自我分化，个体会发现理想我与现实我之间有较大差距，于是产生内心冲突，引发不安甚至痛苦。这一时期，可以观察到个体对自己的评价具有矛盾性、对自我态度具有波动性。比如，有时候会过高地评价自己，认为自己很好、很成熟，并因此极为自豪或自信；有时又会过低地评价自己，认为自己很差、很幼稚，并因此极为自卑。自我体验的情绪变化幅度非常大、频率非常高。但这种现象是自我意识发展过程中不可避免的，是很正常的。

（3）自我统一

一般情况下，个体在经过一段时间的自我矛盾冲突后，自我意识会在新的水平和方向上协调一致，达到自我统一。自我统一意味着主体我和客体我的统一；自我认识、自我体验和自我调控的统一；自我与外部世界的统一。要到达这种自我统一，需要个体从现实我出发，修正理想我；努力改善现实我，有效地控制自我。因此，自我统一既不是放弃理想我，迁就现实我，也不是扭曲现实我，只顾理想我；而应该是积极的、健康的统一。

当然，由于个体差异，也有可能出现消极的、不健康的统一，如个体放弃了理想与现实我而达到的虚假统一，这种虚假统一意味着个体还处于自我矛盾中。

知识拓展

埃里克森八阶段理论

埃里克森认为，人要经历八个阶段的心理社会演变，这种演变成为心理社会发展（psy - cho-social development）。这些阶段包括童年阶段、一个青春期阶段和三个成年阶段。每一个阶段有这些阶段应完成的任务，并且每个阶段都建立在前一阶段之上，这八个阶段紧密相连。

童年阶段

1. 婴儿期（0—1.5岁）：基本信任和不信任的心理冲突

此时不要认为婴儿是一个不懂事的小动物，只要吃饱不哭就行，这就大错特错了。此时是基本信任和不信任的心理冲突期，因为这期间孩子开始认识人了，当孩子哭或饿时，父母是否出现则是建立信任感的重要问题。

信任在人格中形成了"希望"这一品质，它起着增强自我的力量。具有信任感的儿童敢于希望，富于理想，具有强烈的未来定向。反之则不敢希望，时时担忧自己的需要得不到满足。埃里克森把希望定义为："对自己愿望的可实现性的持久信念，反抗黑暗势力、标志生命诞生的怒吼。"

2. 儿童期（1.5—3岁）：自主与害羞（或怀疑）的冲突

这一时期，儿童掌握了大量的技能，如，爬、走、说话等。更重要的是他们学会了怎样坚持或放弃，也就是说儿童开始"有意志"地决定做什么或不做什么。这时候父母与子女的冲突很激烈，出现了第一个反抗期，一方面父母必须承担起控制儿童行为使之符合社会规范的任务，即养成良好的习惯，如训练儿童大小便，使他们对随地大小便感到羞耻，训练他们按时吃饭，节约粮食等；另一方面儿童开始了自主感，他们坚持自己的进食、排泄方式，所以养成良好习惯并不容易。

这时孩子会反复应用"我""我们""不"来反抗外界控制，而父母决不能听之任之、放任自流，这将不利于儿童的社会化。反之，若过分严厉，又会伤害儿童自主感和自我控制能力。如果父母对儿童的保护或惩罚不当，儿童就会产生怀疑，并感到害羞。因此，把握住"度"的问题，才有利于在儿童人格内部形成意志品质。埃里克森把意志定义为："不顾不可避免的害羞和怀疑心理而坚定地自由选择或自我抑制的决心。"

3. 学龄初期（3—6岁）：主动对内疚的冲突

在这一时期如果幼儿表现出的主动探究行为受到鼓励，幼儿就会形成主动性，这为他将来成为一个有责任感、有创造力的人奠定了基础。如果成人讥笑幼儿的独创行为和想象力，那么幼儿就会逐渐失去自信心，这使他们更倾向于生活在别人为他们安排好的狭窄圈子里，缺乏自己开创幸福生活的主动性。

当儿童的主动感超过内疚感时，他们就有了"目的"的品质。埃里克森把目的定义为："一种正视和追求有价值目标的勇气，这种勇气不为幼儿想象的失利、罪疚感和惩罚的恐惧所限制。"

4. 学龄期（6—12岁）：勤奋对自卑的冲突

这一阶段儿童在学校接受教育。学校是训练儿童适应社会、掌握今后生活所必需的知识和技能的地方。如果他们能顺利地完成学习课程，他们就会获得勤奋感，这使他们在今后的独立生活和工作任务中充满信心。反之，就会产生自卑。

另外，如果儿童养成了过分看重自己的工作的态度，而对其他方面木然处之，这种人的生活是可悲的。埃里克森说："如果他把工作当成他唯一的任务，把做什么工作看成是唯一的价值标准，那他就可能成为自己工作技能和老板们最驯服和最无思想的奴隶。"当儿童的勤奋感大于自卑感时，他们就会获得有"能力"的品质。埃里克森说："能力是不受儿童自卑感削弱的，完成任务所需要的是自由操作的熟练技能和智慧。"

青春期阶段

5. 青春期（12—18岁）：自我同一性和角色混乱的冲突

一方面青少年本能冲动的高涨会带来问题，另一方面，更重要的是青少年面临新的社会要求和社会的冲突而感到困扰和混乱。所以，青少年期的主要任务是建立一个新的同一感或自己在别人眼中的形象,以及他在社会集体中所占的情感位置。这一阶段的危机是角色混乱。埃里克森说:"这种统一性的感觉也是一种不断增强的自信心,一种在过去的经历中形成的内在持续性和同一感(一个人心理上的自我)。如果这种自我感觉与一个人在他人心目中的感觉相称,很明显这将为一个人的生涯增添绚丽的色彩。"

埃里克森把同一性危机理论用于解释青少年对社会不满和犯罪等社会问题上,他说:"如果一个儿童感到他所处的环境剥夺了他在未来发展中获得自我同一性的种种可能性,他就将以令人吃惊的力量抵抗社会环境。在人类社会的丛林中,没有同一性的感觉,就没有自身的存在,所以,他宁做一个坏人,或干脆死人般活着,也不愿做不伦不类的人,他自由地选择这一切。"

随着自我同一性形成了"忠诚"的品质。埃里克森把忠诚定义为:"不顾价值系统的必然矛盾,而坚持自己确认的同一性的能力。"

成年阶段

6. 成年早期(18—40岁):亲密对孤独的冲突

只有具有牢固的自我同一性的青年人,才敢于冒与他人发生亲密关系的风险。因为与他人发生爱的关系,就是把自己的同一性与他人的同一性融合一体。这里有自我牺牲或损失,只有这样才能在恋爱中建立真正亲密无间的关系,从而获得亲密感,否则将产生孤独感。埃里克森把爱定义为"压制异性间遗传的对立性而永远相互奉献。"

7. 成年期(40—65岁):生育对自我专注的冲突

当一个人顺利地度过了自我同一性时期,以后的岁月中将过上幸福充实的生活,他将生儿育女,关心后代的繁殖和养育。他认为,生育感有生和育两层含义,一个人即使没生孩子,只要能关心孩子、教育指导孩子也可以具有生育感。反之没有生育感的人,其人格贫乏和停滞,是一个自我关注的人,他们只考虑自己的需要和利益,不关心他人(包括儿童)的需要和利益。

在这一时期,人们不仅要生育孩子,同时要承担社会工作,这是一个人对下一代的关心和创造力最旺盛的时期,人们将获得关心和创造力的品质。

8. 成熟期(65岁以上):自我调整与绝望期的冲突

由于衰老过程,老人的体力、心力和健康每况愈下,对此他们必须做出相应的调整和适应,所以被称为自我调整对绝望感的心理冲突。当老人们回顾过去时,可能怀着充实的感情与世告别,也可能怀着绝望走向死亡。自我调整是一种接受自我、承认现实的感受;一种超脱的智慧之感。如果一个人的自我调整大于绝望,他将获得智慧的品质,埃里克森把它定义为:"以超然的态度对待生活和死亡。"

老年人对死亡的态度直接影响下一代儿童时期信任感的形成。因此,第8阶段和第1阶段首尾相连,构成一个循环或生命的周期。

埃里克森认为,在每一个心理社会发展阶段中,解决了核心问题之后所产生的人格特质,都包括了积极与消极两方面的品质,如果各个阶段都保持向积极品质发展,就算完成了这阶段的任务,逐渐实现了健全的人格,否则就会产生心理社会危机,出现情绪障碍,形成不健全的人格。

表4-1　埃里克森(1902—1994)人生发展八大危机阶段

	阶段	年龄	成功品质	不成功品质
1	基本信任 VS 基本不信任	0—1岁	希望	恐惧
2	自主性 VS 羞怯与怀疑	1—3岁	自我控制力与意志力	自我怀疑
3	主动性 VS 内疚感	3—6岁	方向和具有目的	无价值感
4	勤奋 VS 自卑	6—12岁	能力	无能感
5	同一性 VS 角色混淆	12—18岁	忠诚	不确定感
6	亲密 VS 孤独	18—24岁	爱	孤僻和疏离
7	繁殖 VS 停滞	24—65岁	关心	自私
8	自我整合 VS 失望	65岁及以上	明智和完美无憾	绝望和悲观沮丧

二、大学生自我意识发展的特点

课堂活动

我心目中的自己和他人眼中的我

表4-2　个人特性描述汇总表

朴实的	单纯的	成熟的	有才华的
内向的	发脾气的	助人的	温和的
固执的	律己的	随便的	有信用的
冒险的	乐观的	勇敢的	独立的
刻苦的	慷慨的	热情的	腼腆的
顺从的	不服输的	有同情心的	外向的
自私的	快乐的	有进取心的	幽默的
认真的	爱表现的	懒惰的	有毅力的
果断的	谨慎的	可靠的	合群的

　　1. 请同学们依据表4-2,将符合条件的词汇填入下表中,如果这些词不能完全表达你的个人特性的话,也可写下其他你所具有的特性。

父母眼中的我	
亲戚长辈眼中的我	
老师眼中的我	
同学朋友眼中的我	
自己理想中的我	
现实生活中的我	

2. 在你心目中和不同重要他人的心目中,你的个人特性是否存在偏差,你认为这种偏差的产生是源自什么因素? 你希望或有办法调整这些偏差吗?

(一)大学生自我意识发展的特点

从个体发展角度看,大学生正处于青春期向成年期转变的阶段。进入大学以后,随着学习、生活方式的改变和心理意识的发展,大学生的自我意识有了明显的变化,生理上向成年过渡,生活上相对独立,更多地关注自我。

因此,在这一阶段自我意识普遍具有以下特点。

1. 自我认识的主动性增强

大学生开始主动关注自己的外表、内心、自己在他人心目中的形象,并对有关自我的问题产生浓厚的兴趣。

2. 自我评价能力有所提高

大学生开始学会借助又不完全依赖社会评价来认识自己,注重反思和自我分析,更加客观全面和理智。

3. 自我控制能力有所增强

大学生开始意识到自我控制能力在成长中的作用,能够进行较为深刻的自我反省,并开始有意识地培养自我控制能力,因此,大学生在主动性、自觉性、果断性、坚持性等方面有了明显提高。

4. 自我意识表现出矛盾性

大学生的自我意识矛盾性具体表现在理想我与现实我的矛盾、独立性与依附性的矛盾、交往需要与自我封闭的矛盾、自尊心和自卑感的矛盾,以及强烈的自我改变意愿与意志薄弱的矛盾。

总体上看,大学生自我意识发展并未达到十分成熟的水平,他们的自我评价有时仍有盲目性、片面性,自我体验有时表现为自负、有时表现为自卑,自我控制还不十分稳定,表现为常立志但缺乏持之以恒。

(二)大学生自我意识发展过程中存在的偏差与调适

随着年龄的增长,社会经验的增多,大学生有了更多独立的思想和主见,对自我意识、自我评价及自我调节的能力逐步增强。他们追求独立自由,渴望获得他人的尊重,喜欢个性张扬,希望可以无拘无束地活出自我。但由于自身的经验和能力的不足,会在自我意识形成与发展中面临各种矛盾和问题,如在自我认识方面存在过度自我接受或过度自我拒绝,在自我体验方面存在过强的自尊心或自卑感,在自我调节方面存在行为失控或萎靡不振。

1. 影响大学生自我意识的主要因素

(1) 自身体验的影响

自我意识的形成在很大程度上是受其所生活的环境及养育者的影响。如果生活环境及养育者对其关注并充满爱意,会使个体感受到爱与被关注,那这个人多数情况下对自己的认知和体验是积极的,反之是消极的。

(2) 他人的评价

自我意识更多地来源于他人的评价。如果家长及养育者、学校中的同学、老师以及走向工作岗位以后的同事领导能够对个体给予积极、肯定的评价,那这个人对自己的认知和评价就是积极正向的,反之则会对自己形成消极认知和评价。

(3) 与他人作比较

人们会在与他人的比较中形成对自我意识,但这种比较往往不合理,因为我们会拿自己某方面的劣势与他人优势去做比较,这无疑不利于自我意识的形成。

2. 大学生自我意识发展过程中的常见问题与调试

(1) 过于以自我为中心

过于以自我为中心的人喜欢凡事从自我出发,不能设身处地客观思考,只关心自己,习惯先替自己打算,不顾及他人的感受和需要。人际交往中,他们往往颐指气使、盛气凌人,把自己的意志强加于他人。因此,他们很难赢得他人的好感和信任,人际关系多不和谐,形式很难得到他人的帮助,容易遭受挫折。

首先,要学会摆正自己的位置,既重视自己也不贬低他人,自觉把自己与他人、与集体结合起来,走出自己的小天地;其次,要学会实事求是、恰如其分地评估自己,既不自高自大,也不妄自菲薄;最后,要学会共情,即设身处地从他人的角度思考问题,尊重他人的感受,关注他人的需求。

知识拓展

空椅子技术

空椅子技术的目的是帮助当事人全面觉察发生在自己周围的事情,分析体验自己和他人的情感,帮助他们朝着统整、坦诚以及更富生命力的存在迈进。

空椅子技术可用于自己与他人之间的对话。操作时放两张椅子在来访者面前,坐到一张椅子上面时,就扮演自己;坐在另一张椅子上时,就扮演别人。两者展开对话,从而可以站在他人角度考虑问题,然后去理解他人。

例如,回忆自己与他人发生矛盾冲突最严重的一件事,并思考如下两个问题。

1. 你认为他人应该怎样对你才是对的？

2. 你认为自己应该怎样对他人才是对的？

请仔细体会这两者的不同。

（2）过度自卑心理

过度自卑的人表现为言语和行为迟滞、对批评敏感、对奉承反应过度、逃避集体、多有防御行为、轻视他人、矫饰优越等。其产生的主要原因包括过强的自尊心、自我期望水平偏高、适应能力差、认知偏差以及环境与生活境遇等因素。首先，要对过度自卑的表现有所觉察，下决心改变自己；其次，要学会客观、正确地认识自己，无条件地接受自己，欣赏自己所长，接纳自己所短，做到扬长避短；再次，要学会正确地表现自己，适度地调整对自己的期望，确立合适的抱负水平，区分潜能和现实表现；最后，学会对外界影响保持相对独立，正确对待得失，勇于坚持正确的观点，改正错误的观点，并保持一定程度的容忍。

故事分享

相信自己招人喜欢

心理学家曾做过这样一个实验，他从一个班的学生中挑出一个他人眼里最愚笨、最不招人喜爱的姑娘，并要求她的同学改变已往对她的看法。

于是在一个风和日丽的日子里，同学们都争先恐后地照顾这位姑娘，向她献殷勤，送她回家。大家并开始有意识地从心里认定她是一位漂亮、聪慧的姑娘。

结果怎样呢？不到一年的时间里，这位姑娘出落得很好，连她的言行举止也同从前判若两人。她愉快地对人们说：她已经获得了新生。

实际上，她并未变成另一个人。然而她的身上却展现出一种蕴藏的美，这种美只有在我们相信自己，周围的所有人也都相信、爱护我们的时候才会展现出来。

（3）自我评价偏高

自我评价偏高表现为高估自己且行动目标过高，评价他人时容易责备求全，观察问题时容易简单化。其产生的主要原因包括优越感强而过于自信，或者是自尊心和好胜心过强，也可能是由于思维发展欠全面。

首先，要看到自己的不足，勇于承认自己也是需要不断完善的；其次，要看到他人的长处，学会欣赏他人的独特性；最后，要多与他人交流，听取他人的中肯建议和意见，以开放的心态尊重和认真对待来自他人的反馈。

（4）过于追求完美

过于追求完美的人会对自己持过高的要求，以至于达到苛刻的地步，他们期望自己完美无缺，却不顾自己的实际状况。此外，他们不能容忍自己的"不完美"表现，即不肯接受现实中平凡的或有缺点的自我，而只能接受自己理想中的"完美"自我。这实际上是由于受到他人期望的影响,而产生的一种对自我不满引起的心理失衡,其后果往往适得其反,使个体对自我的认识和适应变得更加困难。

首先,要树立正确的认知观念,学会接纳自己;其次,要确立合理的评价参照体系和立足点,即选择合适的标准,最好是以自己为标准,按照自己的条件评定自己的价值,成功时多反省缺点以再接再厉,失败时多看到优点以提高自信心;最后,在充分了解自己的基础上对自己有合理恰当的目标和要求,符合自己的实际能力,不苛求自己,不被他人的要求和期望所左右。

故事分享

忘掉你的优势

三个旅行者同时住进了一家旅店。早上出门的时候,一个旅行者带了一把伞,一个旅行者拿了一根拐杖,第三个旅行者什么也没有拿。

晚上归来的时候,拿伞的旅行者淋得浑身是水,拿拐杖的旅行者跌得满身是伤,而第三个旅行者却安然无恙。

拿伞的旅行者说:"当大雨来到的时候,我因为有了伞,就大胆地在雨中走,却不知怎么淋湿了;当我走在泥泞坎坷的路上时,我因为没有拐杖,所以走得非常仔细,专拣平稳的地方走,所以就没摔伤。"

拿拐杖的说:"当大雨来临的时候,我因为没有带雨伞,便拣能躲雨的地方走,所以没有淋湿;当我走在泥泞坎坷的路上时,我因为有拐杖便拄着走,却不知为什么常常跌跤。"

第三个旅行者听后笑笑,说:"这就是为什么你们带伞的淋湿了,拿拐杖的跌伤了,而我却安然无恙的原因。当大雨来时我躲着走,当路不好走时我细心地走,所以我没有淋湿也没有跌伤,你们的失误就在于你们有可以凭借的优势,并认为有了优势便少了忧患。"

虽然每个人都不可能完全不顾他人对自我的评价和期望,但也不能被他人的期望完全束缚。事实上,个体越能独立于他人的期望,其自我意识的独立性就越强,所遭遇的冲突也就越少。对大学生来说,必须明确自己的期望是什么,以及这种期望是来自于自我的本身能力和需要,还是他人的期望。只有明确这点,才可能真正认清自己,规划自己的发展方向,最终建立独立的自我。

知识拓展

乔韩窗口理论

美国心理学家约翰(Jone)和哈利(Hary)提出了关于自我意识的窗口理论,被称为"乔韩窗口"理论。该理论将每个人的自我分成四部分,即公开的自我、盲目的自我、秘密的自我和未知的自我。

1. 公开的自我：指自己了解、别人也了解的个人特质。一般来说，一个能够客观看待自己、又善于与他人沟通的人，他的这部分所占有的比例就会大一些。

2. 盲目的自我：指别人了解而自己却不清楚的个人特质。这部分所占比例较大的人，有些是个人思想方法主观片面，有些是人际交往方式不当导致他人误解。

3. 秘密的自我：指自己了解而别人不了解的个人特质。这部分所占比例较大的人，有些是想隐藏自认为不够优秀的特质，有些则是由于不善交际和自我展示。

4. 未知的自我：指自己和别人都不了解的个人特质。

在自我意识方面，人人都有这四个部分。不同的是，每个人在这四个部分所占的比重各不相同，因此每个人在自我意识的水平上呈现出千差万别。而这种差别，又反过来显示了人们对自己的认识深度和人际交往的状况。

实际上，人对自己的认识是一个不断探索、不断发展的过程。我们要想尽可能客观、完善地认识自己，就需要提高自己的人际沟通能力，在自我评价的基础上，重视重要他人对自己的评价，因为这种评价常常能反映自我认知的盲区。通过认真整合这两部分信息，逐渐使个体对自己的认知一步步深化和准确。

	自己知道	自己不知道
他人知道	公开我	盲目我
他人不知道	秘密我	未知我

乔韩窗口理论

三、大学生如何塑造健全的自我意识

（一）大学生自我意识健全的标准

自我意识对大学生的心理健康起着很重要的作用，制约着人格的形成发展，在人格的优化中发挥着强大的动力功能。健全的自我意识是大学生心理健康的重要标准，是个体自身内在的一种成功机制，在人才发展中发挥着重要作用。

健全的自我意识是指个体自我定位准确，能积极而客观的评价自我，有自我独立性且又善于合作，具有良好的"自我同一性"，能保持适度的自尊与自信，能有效地进行自我控制。自我意识健全的人一般具有如下特点。

（1）自我意识健全的人，应该是一个有自知之明的人，既知道自己的优势，又知道自己的劣势，能正确评价自我和自我发展。

（2）自我意识健全的人，应该是自我认识、自我体验和自我控制相协调一致的。

（3）自我意识健全的人，应该是积极自我肯定的、独立的并与外界保持一致的。

（4）自我意识健全的人，应该是理想自我与现实自我统一的人，有积极的目标意识和内省意识，积极进取、永无止境。

（二）完善大学生自我意识的途径和方法

自我意识是个体全部内心世界的总和，对个体人格的发展和塑造起着至关重要的作用。自我意识的发展程度集中反映了个体的心理成熟程度和心理发展水平。大量心理学实验也证明，个体社会适应不良及人际关系不协调主要是由自我意识不正确所造成的。只有健全自我意识才能正确认识、悦纳自己，合理分析自己与周围环境的关系，从而保持良好的社会适应和人际关系，维护自身心理健康。

1. 正确而全面地认识自我，客观而准确地评价自我

一切的成就，一切的财富，都是始于自我认知。正确地认识自我包括认识自己的生理特点、心理特点，以及自己与他人的关系，从中把握优势，发现不足。

正确认识自我的方法有很多，诸如自我分析、社会比较、角色扮演等，学会选择适合自己的方法路径，建立正确的比较观，合理调整认知结构。

（1）通过自我反省来认识自我

"吾日三省吾身。"每个人都应学会自我反省，以此对我们的行为思想做深刻检查和思考。反省是修正自己所走的人生道路的一种方法，如果每个人都能把反省提前几十年，便有一半的人可能让自己成为一个了不起的人。

故事分享

假如时光可以倒流

纳德兰塞姆是法国著名的牧师。无论是穷人还是富人的心目中他都享有很高的威望。他享年九十，在他的一生中，有一万多次亲到临终者面前，聆听他们的忏悔。

在他的人生后期，纳德兰塞姆想把他的六十多本日记——许多人的临终忏悔录——编成书，但因法国里昂大地震而毁于一旦。

纳德兰塞姆去世后，被安葬在圣保罗大教堂，他的墓碑上清楚地刻着他的手迹：假如时光可以倒流，世界上将有一半的人可以成为伟人。

（2）通过他人对自己的态度和评价来认识自我

我们常听到这样一句话：走自己的路，让别人说去吧！这句话是鼓舞我们坚持自己的原则，而不是教我们不重视他人的态度和评价。正如奥勒留在《沉思录》里写道："每个人最爱的都是自己，但他却更重视别人对自己的看法，其重视程度要远远超过自己对自己的评价。"

面对他人的评价,我们要冷静地分析,既不能盲从,也不能忽视,既不要因为受到赞扬而得意忘形,也不要因为遭到贬低而闷闷不乐,更不要因此对他人采取疏运、排斥甚至对立的态度,要实事求是,有则改之,无则加勉。

(3) 通过自己与自己、自己与他人的比较来认识自我

"以铜为镜,可以正衣冠;以古为镜,可以知兴替;以人为镜,可以明得失。"无论是自己与自己的纵向比较,还是自己与他人的横向比较,我们都应建立正确的比较观,不因进步和优势而骄傲自满,也不因退步和劣势而自怨自艾。

故事分享

超越对手

两只兔子在森林赛跑。白兔子一超过灰兔子就放慢速度,养好精神,等灰兔子追上来再加力跑。

灰兔子有些生气道:"你牛什么,能跑过我算什么本事,你能跟猛兽比吗?"

"我为什么要跟猛兽比?"白兔子说

"因为你跑不过它们"。灰兔子不甘示弱。

"我为什么要跑过它们!"白兔子半开玩笑道,"它们腿比我长,力气比我大,它们追来时,我只要跑得快过你,不也一样能逃避危险吗?"

在自己与自己的纵向比较中,通过画自我像(知识、能力、情感、意志、性格等)、总结经验教训(最成功的事? 最失败的事?)以及自测评价等方式进行。

在自己与他人的横向比较中,通过与他人比较发现自己的优势和劣势,根据他人对自己的态度来评价自己,毕竟有些事情"当局者迷,旁观者清"。

(4) 通过心理测试来认识自我

当代的心理测试是指通过一系列的科学方法来测量被评者的智力水平和个性方面差异的一种科学方法。它可以帮助个体科学了解自己在情绪、需要、动机、兴趣、态度、性格、气质等方面的心理指标。

(5) 通过参加实践来认识自我

大学生的实践离不开人际交往,通过参加科技发明、志愿服务、公益活动、勤工助学等实践活动,可以充分了解和完善个体的自我评价、自我控制等。

总而言之,我们要学会辩证地认识自我。如果你只看到自己的缺点不足,你将会悲观绝望;如果你只看到自己的优点长处,也将会沾沾自喜,骄傲自大,停步不前,甚至倒退。"金无足赤,人无完人。"通过以上种种方法,我们既要看到自己的优点和长处,又要看到自己的缺点和不足。

2. 以积极的态度悦纳自我

心理健康的人首先要有自知之明。对自己能做出恰当评价的人,既能了解自我,又能

接受自我,体验自我存在的价值。一个悦纳自己的人,并不意味着他的一切都是完美的,而是说他在接受自己优点的同时,也了解自己的缺点,很坦然地承认了自己的不足之处。而后,不断克服缺点,注意自我形象塑造,把握自己做人的准则,不断完善自己,更加相信的面对生活,走向成功。一般情况下,判断个体是否以积极的态度悦纳自我的标准主要包括如下几点。

(1) 接受自己,喜欢自己,不苛求自己,有高度的自尊和自信,有价值感、自豪感、愉快感和满足感。

(2) 性情开朗,对生活乐观,对未来充满憧憬,积极情绪多于消极情绪。

(3) 能平静而又理智地看待自己的长处与短处,冷静地对待自己的得与失。

(4) 有远大理想和阶段性目标,并以此激励自己不断努力。

(5) 既不以虚幻补偿自己内心的空虚,也不以消极回避漠视自己的现实,更不以怨恨、自责甚至厌恶来否定自己。

故事分享

悦纳自我

非洲加纳,一位老师拿出了一张画有一个黑点的白纸,问他的学生:"孩子们,你们看到了什么?"学生们盯住黑点,齐声喊道:"一个黑点。"

老师非常沮丧:"难道你们谁也没有看到这张白纸吗?你们的眼光集中在黑点上,黑点会越来越大。生活中的你们可不要这样啊!"教室里鸦雀无声。

过了一会儿,老师又拿出一张中间画有一个白点的黑纸,问他的学生:"孩子们,你们看到了什么?"学生齐声回答:"一个白点"。

老师高兴地笑了:"孩子们太好了,无限美好的未来在等着你们!"

分享:

面对纷繁复杂的人生世界,如果你把目光都集中在痛苦、烦恼上,生命就会黯然失色;如果你把目光都转移到快乐之中,你将会得到幸福。

同样的道理,面对自己,如果你只看到自己的缺点、不足,你将会丧失信心,悲观绝望,停步不前;如果你能看到自己的优点、长处,你将会充满信心,勇敢地面对各种困难和艰险,满怀斗志地迎接生活中的挑战。

3. 努力自我实现

自我实现是指个体的各种才能和潜能在适宜的社会环境中得以充分发挥,实现个人理想和抱负的过程,亦指个体身心潜能得到充分发挥的境界。心理学家马斯洛认为这是个体对追求未来最高成就的人格倾向性,是人的最高层次的需要。

马斯洛根据他秉持的自我实现是人生追求最高境界的理念,列举近代史上38位最成功的名人,包括富兰克林、林肯、罗斯福、贝多芬、爱因斯坦等人。从他们的人生历程中,马斯洛归纳出16点人格特征,并认为,此等人格特征可以是为视为使得这些名人自我实现的主观条件。

(1) 了解并认识现实,持有较为实际的人生观。

(2) 悦纳自己、别人以及周围的世界。

(3) 在情绪与思想表达上较自然。

(4) 有较广阔的视野,就事论事,较少考虑个人利益。

(5) 能享受自己的私人生活。

(6) 有独立自主的性格。

(7) 对平凡事物不觉厌烦,对日常生活永感新鲜。

(8) 在生命中曾有过引起心灵震动的高峰经验。

(9) 爱人类并认同自己为全人类之一员。

(10) 有至深的知交,有亲密的家人。

(11) 具民主风范,尊重别人的意见。

(12) 有伦理观念,绝不为达到目的而不择手段。

(13) 带有哲理气质,有幽默感。

(14) 有创见,不墨守成规。

(15) 对世俗不轻易苟同。

(16) 对生活环境有时时改进的意愿与能力。

知识拓展

马斯洛的需要层次理论

马斯洛的需求层次结构是心理学中的激励理论,包括人类需求的五级模型,通常被描绘成金字塔内的等级。从层次结构的底部向上,五种需要分别为生理需要、安全需要、社交需要,尊重需要和自我实现的需要。马斯洛认为这五种需要是最基本的,与生俱来的,并成为激励和指引个体行为的力量。

低级需要直接关系个体的生存,因此也叫缺失需要,当这种需要得不到满足时直接危及生命;而高级需要不是维持个体生存所绝对必需的,但是满足这种需要使人健康、长寿、精力旺盛,所以叫作生长需要。高级需要比低级需要复杂,满足高级需要必须具备良好的外部条件:社会条件、经济条件、政治条件等。

马斯洛指出,需要层次越低,力量越大,潜力越大。随着需要层次的上升,需要的力量相应减弱。高级需要出现之前,必须先满足低级需要。在从动物到人的进化中,高级需要出现得比较晚,婴儿有生理需要和安全需要,但自我实现需要在成人后出现;所有生物都需要食物和水分,但只有人类才有自我实现的需要。

马斯洛看到了低级需要和高级需要的区别,并在后来澄清说,满足需求不是"全有或全无"的现象,他承认,他先前的陈述可能给人一种错误的印象,即在下一个需求出现之前,必须百分之百地满足需求。实际上,在人的高级需要产生以前,低级需要只要部分的满足就可以了。例如,为实现理想和抱负,个体不惜牺牲生命,甚至不考虑生理需要和安全需要。

4. 不断超越自我

在正确认识自我、积极悦纳自我的基础上,我们还应自觉调控自我,确立明确的行动目标,培养坚强的自控毅力,学会抵制诱惑、恐惧、懒惰和欲望。成为自我,只是人生的一个断面,超越自我,才是理想人生的全过程。充分发挥自己的创造力和才能,在造福人类、有益于社会的同时,实现自己的理想、抱负和价值。有助于个体不断超越自我的方式主要包括如下几点。

(1) 在任何情境中都尝试从积极乐观的角度看问题,从长远的利害做决定。

(2) 设定积极而有可行性的生活目标,然后全力以赴,但对结果不执着。

(3) 与人坦率相处,让别人看见你的长处和缺点,分享你的快乐痛苦。

(4) 莫使自己的生活僵化,为自己在思想与行动上留一点弹性空间。

(5) 对生活环境中的一切,多欣赏、少抱怨;有不如意之处,设法改善。

(6) 对是非争辩,认清真理正义之所在,纵使违反众议,也应挺身而出。

心理博文

做最好的你

[美]道格拉斯·马尔洛赫

如果你不能成为山顶的一棵松,就做一丛小树生长在谷中,
但须是溪边最好的一丛小树。
如果你不能成为一棵大树,就做灌木一丛;
如果你不能成为一丛灌木,就做一片绿草,
让公路上也有几分欢娱。

如果你不能成一只麝香鹿,就做一条鲈鱼,
但须是湖里最好的一条鱼。
如果我们不能做船长,就做水手,
在这里我们都有广阔的天地;
如果你不能做一条公路,就做一条小径。

如果你不能做太阳,就做一颗星星。
不能凭大小来断定你的尊卑,
不论你做什么都要做最好的一名!

课堂反馈

一、知识评估

请你对自己在了解自我意识的知识和提升技巧方面,课前课后分别做一个评估。0分代表几乎不了解,10分代表了解很多。

课前评分:_____

课后评分:_____

二、自我意识偏差改善行动

请对存在的自我意识偏差进行理性分析,并寻求合理有效的改善计划。

自我意识偏差	对自身发展的阻碍	我的改善行动计划

三、课堂感受

今天这堂课让我感受最深的是_____

今天这堂课让我最感兴趣的是_____

今天这堂课让我获得的收获是_____

延伸阅读

1.[美]安东尼奥·达马西奥:《笛卡尔的错误》,毛彩凤译,教育科学出版社,2007年版。

2.[美]玛蒂·莱利:《内向者优势》,杨秀君译,华东师范大学出版社,2008年版。

3.[英]布莱克摩尔:《人的意识》,耿海燕译,中国轻工业出版社,2008年版。

4.[英]文聘元:《弗洛伊德与梦的解析》,吉林出版集团,2009年版。

5.[奥地利]西格蒙德·弗洛伊德:《弗洛伊德谈自我意识》,石磊译,中国商业出版社,2011年版。

6.[奥地利]阿尔弗雷德·阿德勒:《理解人性》,汪洪澜译,中国城市出版社,2012年版。

推荐影片

《本杰明·巴顿奇事》

《入殓师》

《雨人》

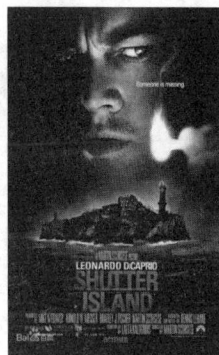
《禁闭岛》

做更好的自己——大学生自我意识

模块五 做个受欢迎的人
——大学生人际交往

引言

古希腊有句谚语:想要走得快,请一个人上路;想要走得远,请结伴而行。戴尔·卡耐基曾说:"一个人事业的成功,只有百分之十五是由于他的专业技术,另外百分之八十五要靠人际关系和处世的技巧。"良好的人际交往能力是多数人职业生涯成功的基础。对于任何一个人来说,正常的人际交往和良好的人际关系都是不可或缺的。它是人生的宝贵财富,是一个人心理正常发展、个性完整健全、生活美满幸福的前提和基础。同时,人际交往也是大学生人生成长的一个重要组成部分,是大学生心理发展的必要途径。

大学生大都有强烈的人际交往的欲望,但因缺乏人际交往技巧和人际交往经验,或因性格内向或对人际交往的认知有偏差等原因,有一部分学生常常感到人际交往很困难。人际交往困难主要存在不敢交往、不愿交往、不善交往、不懂交往几种情况。

你了解你的人际关系吗?你想成为一个受人欢迎的人吗?该如何建立良好的人际关系?如何让自己在交往中更加舒服?如何处理与宿舍同学的关系?你的人际魅力在哪里?让我们带着这些思考,走进人际交往的魅力世界。

学习目标

1. 了解人际交往和人际关系的概念。

2. 理解人际交往和人际关系的意义与影响因素。

3. 了解大学生人际交往的特征及常见困扰。

4. 掌握大学生人际交往的技巧,提升人际交往能力。

案例一：小张是一位大一女生，性格内向，从大学开始住校。家境优越的她，不喜欢舍友的一些习惯，便做起了独行侠。舍友们几次邀请她一起出行，她都拒绝，久而久之，大家不再邀请她。看到其他室友一同出行，她却产生了孤独感。她也曾经多次萌发主动交流的想法，可都事与愿违。她觉得舍友都不喜欢自己，因此想要调宿舍，但没有得到批准。为了避免尴尬，她只好尽量少回宿舍，睡觉时才会回去。她的心情变得越来越糟糕，身体变差，学习效率也降低了。

案例二：李同学，男，某高校二年级学生。大一时成绩优秀，到了大二成绩却开始下滑，甚至出现挂科。经历过二次高考的他，内心有些自卑，进入大学后，希望有所改变，于是竞选并成功当选体育委员。作为体育委员，他对同学较为严格，因此同学们对他有一些不满。由于缺少朋友，负面情绪长期没有得到排遣，最后患上了神经衰弱。长期处于这种状态下，使得他学习效率极低，多门考试不及格。

（1）大学生常见的人际交往问题有哪些？

（2）影响大学生人际交往的因素有哪些？

（3）我们遇到人际交往困扰该怎么办？

一、人际交往与人际关系

（一）人际交往

心理实验

人能承受多少孤独？

1954年，美国一位学者以每天20美元的报酬（在当时是很高的金额）雇用了一批学生作为被测者，做了这样一项实验。实验者将学生关在有防音装置的小房间里，让他们带上半透明的保护镜以尽量减少视觉刺激，又在其头部垫上一个气泡胶枕，除了进餐和排便外，要求学生24小时都躺在床上，营造出一个所有感觉都被剥夺的极端孤独状态。

结果，尽管报酬很高，能在这项孤独实验中忍耐3天以上的几乎没有。最初的8个小时还能撑住，之后，学生就吹起了口哨或自言自语、烦躁不安起来。在这种状态下，即使结束实验让学生做一些简单的事情，也会频繁出错，无法集中精神。实验后需要3天以上的时间才能恢复到原来的正常状态。实验持续期间，有的学生会产生一些幻觉。到第4天时，学生会出现双手发抖、应答速度迟缓以及疼痛敏感等症状。

研究表明,人都有交往需要,都害怕孤独或离群索居。可见,人际交往是个体生活中一个重要的组成部分。换句话说,通过人际交往建立起来的人际关系,是个体生活的基础。它关系着个体的成长、发展、成才和幸福,对任何人来讲,正常的人际交往和良好的人际关系都是其心理正常发展、个性保持健康和生活具有幸福感的必要前提。

1. 人际交往的含义

人际交往是指个体与个体或者个体与群体之间通过一定的沟通方式进行接触和交流,并且在行为上和心理上产生相互作用、相互影响、相互适应的过程。例如,个体通过语言、肢体语言、表情等表达方式将信息传递给其他个体或者群体,同时反馈信息的过程,即为人际交往。

人际交往既有积极的一面,也有消极的一面。友好的交往有助于个体个性和社会适应能力的形成、发展,维护心理健康;反之,会破坏一个人的心理平衡,造成心理冲突,严重时可导致人格变异或发生越轨行动。因此,在大学生群体中,避免发生消极交往,建立与维护积极交往,对保证大学生心理健康是极为必要的。

2. 人际交往的功能

一位阿拉伯哲人说过:"一个没有交际能力的人,犹如陆地上的船,是永远不会漂泊到壮阔的大海中去的。"人的社会交往,是个体适应环境,适应社会生活,担当一定社会角色,形成丰富健全个性的基本途径。具体来说,主要有以下功能。

(1) 信息沟通功能

在现代经济条件下,社会信息量剧增,由于人们所处地位的局限性,对个人来说永远无法获取完全的信息。一般来说,通过人际交往传播的信息要比从公开渠道获得的信息更为重要。因为信息的价值与其传播的范围成反比。无论是了解他人还是认识自己,都需要信息沟通,而稳定可靠的人际关系是获取有效信息的重要途径。

人们通过交往形成各种联系,为了协调共同活动的需要,使社会成员有秩序地生活,避免各种矛盾和冲突,人们在交往团体中制定了系列团体规范和社会准则。而这些规范和准则作用的发挥必须通过人际交往,把信息传达给社会中的每个成员,促使人们行为保持一致。所以说,人际交往利于信息沟通。

(2) 心理保健功能

人际交往对个人的心理健康有着极其重要的作用,它是人们同外界保持联系的重要途径,是人赖以生存的重要条件之一。通过交往可以保证个人的安全感,增进情感交流,满足人们爱与归属的需要。事实表明:"交往的剥夺"同"感觉的剥夺"一样,对人的心理损害是极其严重的。例如,长期关押在单人牢房的囚犯,由于交往被剥夺从而导致精神失常的事例并不少见。

人际交往的时间和空间越大,人的精神生活就越丰富,得到支持与帮助的机会就越多,越能保持心理平衡。特别是大学生,通过交往获得友谊、支持、理解,得到内心的慰藉,提高其自信与自尊,增强自我价值感和效能感,有助于降低挫折感,缓解内心的冲突与苦闷,宣泄愤怒、压抑与痛苦,减少孤独感、失落感。

（3）自我完善功能

通过人际关系的现状评估,可以更清楚地了解自己,明确自身的缺陷与不足,为完善自我提供一个明确的方向。

比如一个人长期生活在友好和睦的人际关系中,个性就会变得乐观、开朗、主动和积极。在与人交往的过程中我们会不断成长,用大众的标准来约束自己,促进自我社会化的发展和道德品质的提高。

3. 人际交往的意义

（1）人际交往促进身心健康

每个人都渴望拥有真诚友爱,希望能够通过人际交往获得友谊,满足自己的物质需要和精神需要。大部分人的心理危机往往与缺乏正常的人际交往有关,能否形成良好的人际关系,对人的身心健康和个人发展具有重要的影响。如果人际关系失调,就会产生负性情绪,心理沮丧、抑郁,带来心理疾病,影响身体健康,影响工作与生活。

在大学生的心理健康教育实践中我们发现,绝大多数大学生出现心理问题都与人际关系相关联。在宿舍中,同学之间的心理交往状况,往往决定了一个大学生是否对大学生活感到满意。调查显示,有着融洽宿舍关系的大学生,常常表现出积极、快乐、注重学习与成就、乐于与人交往、喜欢帮助别人的特点;而宿舍关系不融洽的大学生,常常显示出压抑、敏感、自我防卫、难于合作等特点,更容易产生心理问题。

故事分享

幸福的来源是关系

身为心理咨询师和作家的毕淑敏于2009年5月在杭州做了一场《都市快报》读书会。来之前,毕淑敏先给读者出了一道题目:谁是世界上最幸福的人?

《都市快报》组织方先征集了读者的答案,然后将答案汇总给毕淑敏。毕淑敏将《都市快报》读者的"幸福答案"分发给了到场的听众,请每一个人选择里面的一条,模拟原始作者的心情,尽量幸福地读出答案。

话筒和答案纸在一个个人手中传递,人们认真地聆听他人的幸福,有的时候还要动用自己的智慧,补足这份幸福。

当所有的答案朗读完毕后,毕淑敏又请大家举手投票,选出里面最幸福的三条。最终,以下三条入选。

"我是一名在校的大学生,我认为当一个常年在外的儿子回家时,喊着'妈妈,我回来了',妈妈总是轻轻地'哎'一声,我感觉到这个时候她是世界上最幸福的人。"

"年老的时候,能和所爱的人一起背靠背地赏星看月,同读一首诗,同听一首歌是最幸福的人。"

"在晚霞下,执子之手。"

毕淑敏动情地说:"这些胜出的答案,甚至包括所有的答案,都无关金钱,没有人说,中了500万最幸福,也没有人说,住进了200平方米的房子最幸福。因为没有一样物质的东西直接等于幸福。"

其实,我们不难看出,幸福就在人际关系中。

（2）人际交往促进自我认识

在人际交往中,我们通过与其他人进行比较,可以帮助提高对自己和其他人的认识。在交往中"以人为镜,可明得失"。人们通过广泛的人际交往,能促进自我发现、自我反省,"取人之长,补己之短",磨砺性格,砥砺品行,以完成对自我的认识。观察分析对方的言谈举止以达到认识对方。同时,又在对方对自己的反应和评价中了解自己。

（3）人际交往促进社会化

人的社会化过程是一个不断发展的过程,人际交往是个人社会化的起点和必经之路。个体是在人际交往中不断成长、发展和成熟起来的,在此过程中我们要学习文化、生存技能、社会知识以及社会规范要求的各种素质,从而获得社会生活的资格。如果没有与其他人的交往,是无法完成这个过程的。在大学里建立良好的人际关系,形成一种团结友爱、朝气蓬勃的环境,将有利于大学生形成和发展健康的个性品质。来自不同地域的学生,有着不同的社会经历、不同的兴趣爱好、不同的生活习惯,他们互相之间的沟通与交往,将有利于培养个体的社会交往能力,促进其社会化进程。

（4）人际交往促进个性发展

法国作家巴比塞说过:"个性和集体配合起来,不会失去个性,相反只有在集体中,个性才能得到高度的觉悟与完善。"人的交往环境是个性形成、发展和完善的直接条件。根据心理学家研究发现,如果一个人能够长期生活在友好和睦的人际关系中,就会性格开朗,在对待人和事物时乐观、积极、主动。相反,如果一个人长期缺乏与别人的积极交往,缺乏稳定而良好的人际关系,这个人往往就有明显的性格缺陷。

（5）人际交往促进信息交流

萧伯纳曾说过:"假如你有一个苹果,我有一个苹果,彼此交换后,我们每人都还是一个苹果。但是,如果你有一种思想,我有一种思想,那么,彼此交换之后,我们每个人都有两种思想,甚至两种思想发生碰撞,还可以产生出两种思想之外的其他思想。"在当今的信息时代,我们在交往过程中获得信息是获取新知识的有效途径。人际交往中的信息交流有利于沟通信息、增加知识、启迪智慧,弥补自己知识的局限,扩大自己的眼界。

总之,人际交往对人的全面发展具有深远的意义。现代社会分工越来越细,大部分工作都要靠群体合作完成,具有良好的社交能力和合作精神,才能为今后的事业发展和生活幸福打下基础。

（二）人际关系

1. 人际关系的含义与内容

人际关系指人们在社会生活中,通过相互认知、情感互动和交往所形成行为而发展起来的人与人之间的相互关系,反映出人与人之间的心理距离。在心理学上,人际关系反映的是人与人之间心理上的关系,表现为人与人之间的心理距离。

人际关系主要包含以下四个层面的内容。

（1）人际关系中个人心理过程的微观层面,指人与人的"相互作用",反映着人们寻求满足需要的心理状态。

（2）人际关系中社会关系的层面,反映着人们对于社会交往的需要。

（3）人际关系中信息传播的层面,是一种"沟通"或"人际传播"的构成过程。沟通是人际关系中最重要的一部分,它是人与人之间传递情感、态度、事实、信念和想法的过程,所以良好的沟通指的就是一种双向的沟通过程。

（4）人际关系中文化的精神层面,它从深层次反映了人们的文化沉淀。

心理测验

人际关系综合诊断量表

这是一份人际关系行为困扰的诊断量表,共28个问题,每个问题做"√""×"两种回答。请你根据自己的实际情况如实回答,答案没有对错之分。

（1）对于自己的烦恼有口难言。　　　　　　　　　　　　　　　　（　　）

（2）和陌生人见面感觉不自然。　　　　　　　　　　　　　　　　（　　）

（3）过分地羡慕和妒忌别人。　　　　　　　　　　　　　　　　　（　　）

（4）与异性交往太少。　　　　　　　　　　　　　　　　　　　　（　　）

（5）对连续不断的会谈感到困难。　　　　　　　　　　　　　　　（　　）

（6）在社交场合,感到紧张。　　　　　　　　　　　　　　　　　（　　）

（7）时常伤害别人。　　　　　　　　　　　　　　　　　　　　　（　　）

（8）与异性来往感觉不自然。　　　　　　　　　　　　　　　　　（　　）

（9）与一大群朋友在一起,常感到孤寂或失落。　　　　　　　　　（　　）

（10）极易受窘。　　　　　　　　　　　　　　　　　　　　　　（　　）

（11）与别人不能和睦相处。　　　　　　　　　　　　　　　　　（　　）

（12）不知道与异性相处如何适可而止。　　　　　　　　　　　　（　　）

（13）当不熟悉的人对自己倾诉他的生平遭遇以求同情时,自己常感到不自在。（　　）

（14）担心别人对自己有什么坏印象。　　　　　　　　　　　　　（　　）

（15）总是尽力使别人赏识自己。　　　　　　　　　　　　　　　（　　）

（16）暗自思慕异性。　　　　　　　　　　　　　　　　　　　　（　　）

(17) 时常避免表达自己的感受。 （　　）

(18) 对自己的仪表(容貌)缺乏信心。 （　　）

(19) 讨厌某人或被某人所讨厌。 （　　）

(20) 瞧不起异性。 （　　）

(21) 不能专注地倾听。 （　　）

(22) 自己的烦恼无人可倾诉。 （　　）

(23) 受别人排斥与冷漠。 （　　）

(24) 被异性瞧不起。 （　　）

(25) 不能广泛地听取各种各样的意见、看法。 （　　）

(26) 自己常因受伤害而暗自伤心。 （　　）

(27) 常被别人谈论、愚弄。 （　　）

(28) 与异性交往不知如何更好地相处。 （　　）

评分规则：

打"√"的得1分，打"×"的得0分。

结果分析：

如果你得到的总分是0—8分之间，那么说明你在与朋友相处方面的困扰较少。你善于交谈，性格比较开朗、主动，关心别人，你对周围的朋友都比较好，愿意和他们在一起，他们也都喜欢你，你们相处得不错。而且，你能够从与朋友相处中得到乐趣。你的生活是比较充实而且丰富多彩的，你与异性朋友也相处得比较好。一句话，你不存在或较少存在交友方面的困扰，你善于与朋友相处，人缘很好，获得许多的好感与赞同。

如果你得到的总分是9—14分之间，那么，你与朋友相处存在一定程度的困扰。你的人缘很一般，换句话说，你和朋友的关系并不牢固，时好时坏，经常处在一种起伏波动之中。

如果你得到的总分是15—28分之间，那就表明你在与朋友相处方面的困扰较严重。分数超过20分，则表明你的人际关系困扰程度很严重，而且在心理上出现较为明显的障碍。你可能不善于交谈，也可能是一个性格孤僻的人，不开朗，或者有明显的自高自大、讨人嫌的行为。

2. 人际关系的建立过程

欧文·阿特曼和达尔玛斯·泰勒(1973)认为良好的人际关系形成一般经过四个阶段。

第一阶段：定向阶段。在人际交往中，人们对交往对象有很高的选择性。进入一个交往场合时，人们往往会选择性地注意某些人，而对另外一些人视而不见，或者只是礼貌性地打个招呼。对注意到的对象，人们会进行初步的沟通，谈谈无关紧要的话题，这就是定向阶段。在定向阶段，人们只有表层的自我表露，例如谈谈自己的兴趣、专业、对最近发生的新闻事件的看法等。

第二阶段:情感探索阶段。如果在定向阶段双方有好感,产生了继续交往的兴趣,那么就可能有进一步的自我表露,例如兴趣中的体验、感受等,并开始探索在哪些方面双方可以进行更深的交往。在情感探索阶段,双方有一定程度的情感介入,但是还不会涉及私密性的领域,双方的交往还会受到角色规范、社会礼仪等方面的制约,比较正式。

第三阶段:情感交流阶段。如果在情感探索阶段双方能够谈得来,建立了基本的信任感,就可能发展到情感交流阶段,此时有比较深的情感介入,会谈论一些相对私人性的问题,例如相互诉说学习、生活中的烦恼,讨论个人感情中的情况等。在情感交流阶段,双方的关系已经超越了正式规范的限制,比较放松,比较自由,如果有不同意见也能够坦率相告,没有多少拘束。

第四阶段:稳定交往阶段。情感交流如果能够在一段时间内顺利进行,双方就有可能进入更加密切的阶段——稳定交往阶段,成为亲密朋友,可以分享各自的生活空间、情感、财物等,这种关系也就是人们常说的"人生难得一知己,千古知音最难觅"。

由以上理论可知,所有人际关系的形成都经历了由陌生到亲密的过程。

3. 人际关系的类型

(1) 大学生人际关系按照交往的范围可分为以下三类。

① 个体与个体之间。如师生关系、同学关系、朋友关系等。老师与学生,是大学校园里的两大基本群体。老师是学生人际交往的重要对象,师生关系是学生人际关系的重要内容。师生关系直接影响学生是否在学校健康地学习成长,并在很大程度上决定了学校能不能对学生的身心施加符合社会要求的影响。同学关系是大学生人际交往的基本关系,也是大学生人际交往的主要对象。大学校园里的同学关系总的来说是和谐、友好的。

② 个体与群体之间的关系。如个体与家庭、学生与班级、学生与社团(组织)之间的关系。

③ 群体与群体之间的关系。如班级与班级之间、系与系之间、学院与学院之间的关系等。

(2) 大学同学之间关系按建立的动因,可以分为以下几种类型。

① 学业型。是指大学生以所学专业或为了通过某种公共考试而形成的人际关系,包括师生关系和同学关系。由于朝夕相处或相处时间较长,不仅有认识上的深刻了解、情感上的深厚联系,还有专业上的合作与竞争。因此,这种关系大多都能保持很久。

② 同乡型。主要是指大学生因来自相同地域而结成的人际关系,其中在入学新生中尤为突出。新学年伊始,同乡会能使新生们在异地感到乡情的温暖。同乡型对内是一种比较亲密的人际关系,对外则有一定的封闭性和排他性。

③ 兴趣型。是指大学生因共同的兴趣爱好而结成的人际关系,如文学社、剧团、各类球队以及武术、心理协会等各种学生社团,是校园文化的重要组成部分。许多大学生通过社团走出校园,将自己和社会、自然融为一体,乃至最终共同创业。

④ 同室型。是指住在同一宿舍的大学生形成的人际关系。宿舍中常用类似兄弟姐妹的称呼或像家庭一样对一些公共事物进行承揽分工。

⑤ 情缘型。是指通过与异性交往而建立的人际关系。在大学生的人际关系需求中,爱情需要占据一定的位置。部分男女大学生一旦找到异性朋友,就会全身心投入,把大部分精力与时间都花在上面,沉迷在两个人的小天地里,从而极大限制了人际交往范围。

⑥ 网友型。是指通过网络形成的人际关系,与上述各种类型的人际关系有着外延上的交叉性。"网友"这种新型的特殊人际关系既扩大了大学生的交往范围,又丰富了大学生的沟通渠道,但在一定程度上也限制了大学生真诚沟通、主动交往,特别是痴迷成瘾、网络诚信等问题越来越凸显。

二、大学生人际交往的特征及常见困扰

(一)大学生人际交往的特征

处于新时代的大学生们,其自身的条件和独特的社会角色决定了他们在人际交往中表现出不同于其他群体的发展状况和交往特征。

1. 交往愿望强烈,感情色彩丰富

大学生思维活跃、兴趣广泛、知识视野开阔、精力充沛、求知欲旺盛,独立性、自觉性明显增强,加上生活环境的变化,对社会交往的需要比成人或中小学生更迫切;还由于青春期性的成熟,生理上、心理上产生与异性交往的渴望和兴趣,因而他们普遍希望通过交往获得友谊,获得爱情。对友谊的珍视和渴望,以及青年人情感丰富而细腻的心理特征,使大学生在人际交往中十分注重感情的交流,常常表现出情绪两极化的倾向,这种情绪上的波动性导致了大学生人际交往的不稳定性和人际关系的多变性。有的学生因为感情变化快,很难交上知心朋友;有的学生在人际交往中甚至以感情代替理智,在与异性交往中超越界限,不顾后果。

2. 注重横向交流,忽视纵向关系

横向交流特指大学生人际交往对象多以同龄人为主。大学生过着朝夕相处的集体生活,交往机会众多,有着同龄人共同的生理、心理特征,相似的人生经历,共同的学习任务,接近的心理期待和目标,使得大学生围绕学习、娱乐、思想交流、感情沟通而展开交往。而纵向关系是指与老师、长辈、领导的交往。这种交往往往被忽视,造成所谓的"代沟"的心理定式。

3. 追求平等交往,关注精神交流

随着自我意识的发展,相对于中学生来说,大学生更具有强烈的"成人感",在各方面都力求体现其独立的人格。在交往中突出表现为要求平等相处。大量调查表明,大学生在人际交往中喜欢选择与自己的学历、经历、地位相似的人交往;同时在人际交往中,关注在精神上的交往。虽然在当前市场经济条件下,金钱、利欲对一部分大学生产生了一定的影响,但相对于其他人群来看,大学生交往中直接功利性动机明显少于社会同龄人。和中学生相

比,大学生思维活跃、兴趣广泛,除了专业学习之外,还希望开拓新的领域,发展多方面的能力和特长,对人生和社会问题也十分关注,有着丰富的精神世界,但由于没有独立的经济基础,因此大学生在人际交往中,更多表现在对各类"沙龙"和研究会感兴趣,追求志同道合的"精神共鸣者"。

4. 交往观念开放,理想色彩浓厚

大学期间是大学生学习知识、了解社会、探索人生的发展时期,是大学生走向社会的起点。尤其是市场经济的深化,择业和就业的多渠道、多元化方式的形成,为大学生人际交往的观念转变提供了必要的前提,也决定了大学生人际交往必然是一个开放的系统。除了人才密集、信息丰富的大学校园这一特定交往环境外,他们还需要走向社会、走向更广阔的空间。

在理想与现实的选择中,大学生往往倾向于选择理想。由于大学生还处于求学阶段,没有太大的工作和生活压力,这就给他们追求理想创造了有利条件。他们中的一部分在人际交往中追求完美、追求浪漫、追求理想。

(二) 大学生人际交往中的常见困扰

1. 孤独

孤独是指一种经常独自或受到孤立而产生孤单、无助的心理体验。孤独与独处并不是一回事,有时当人们独处时会感觉很满足,而孤独是人们想要与他人建立更紧密的联结却得不到时,就会产生孤独感。这是大学生时常有的一种心理现象,其主要表现为沉默寡言,较少参加集体活动,缺少知心朋友。

孤独往往包含三个方面的内容:一是与他人之间的隔离,虽然与他人有联系,但是交往频度低,感觉自己形单影只;二是与他人关系的疏离,想要与他人建立更亲密的关系,但是交往深度不够,达不到自己所期望的程度;三是与他人联系不够广泛,人际交往面狭窄,朋友少。

2. 羞怯

羞怯是一种常见的心理现象。大约80%的人认为自己曾体验过明显的羞怯。处于大庭广众,面对权威人士、心中暗恋的异性,羞怯更易发生。在人际交往中,羞怯者能感受到明显的生理症状,如心跳加速、脸发热等;认知上,担心自己做错事、说错话,别人一定会看在眼里,别人似乎都能应付得来,只有自己不知所措;情绪上,表现出紧张、担心、焦虑;行为上表现为拘谨、语无伦次等。

过于羞怯常常使得交往者无法表达自己的心理与情感,造成交往双方的不理解或误解,使人际交往不能顺畅进行。

3. 嫉妒

嫉妒是指在意识到自己对某人、某事的占有或占有意识受到现实、潜在的或想象的威胁时产生的一种憎恶他人的情感。它是人际关系的"破坏者",如果任由它恶性膨胀,会给自己和他人的身心健康带来很大的危害。大学生正处在年轻气盛的时候,在许多方面会产生嫉妒心理,比如,看到他人的成绩比自己优秀、他人的气质长相优于自己等等。嫉妒者往往认为他人的成功是对自己的威胁，是对自己利益的侵占。而实际上，他人的成功并不等于自己的失败，他人的成功是他人自己努力的结果。

现实中，人们有时把羡慕和嫉妒当作一回事。其实，羡慕和嫉妒不同，羡慕是因喜爱他人有某种长处、好处或优秀条件等而希望自己也能达到的一种情感。比如，看到他人戴了一条漂亮的丝巾，很喜欢，并且自己也希望能够戴上这样一条漂亮的丝巾，这就是羡慕；而如果希望别人那条漂亮的丝巾丢失或者被毁坏，对他人出言不逊表示丝巾与衣服搭配太丑等，就是嫉妒。

4. 自卑

自卑是一种因过低的自我评价而产生的消极情绪体验，表现为自我评价低，心理承受能力脆弱，缺乏安全感。自卑的人常常有一种特殊的情绪体验相伴随，如害羞、不安、内疚、胆怯、忧伤和失望等。在人际交往中，自卑的人往往从怀疑自己的能力到不能表达自己的能力，从怯于与人交往到孤独的自我封闭，从而形成不良的人际关系。

（三）人际交往的心理效应

1. 首因效应

首因效应即第一印象，它往往是深刻而牢固的，一经建立会对后来获得信息的理解和组织有着强烈的定向作用。后来的信息与第一印象一致，就会得到强化；与第一印象不一致，就会本能地拒绝，以免引起内心冲突。所以人们习惯于用先入为主的最初印象看待别人。

📋 **心理实验**

首因效应

国外心理学家曾做过一个实验，编了两段描写一个叫吉姆的学生的材料。第一段说吉姆外出买文具，邀请了两个同学做他的参谋，一路上有说有笑，还不时地与遇见的同学打招呼，尽管其中有些同学甚至连名字都叫不出。第二段则说吉姆放学后单独回家，不愿和同学结伴而行。路上遇见了同学，因怕交往，就躲到一边去了。这位心理学家选择了一百名大学生，分成四组。第一组学生只看第一段材料，他们一致认为吉姆是个性格外向、好交往的人；第二组学生只看第二段材料，他们一致认为吉姆是个性格内向、不好交往的人；第三组学生先看第一段材料，再看第二段材料，结果78%的人认为吉姆是个性格外向的人；第四组学生先看第二段材料，再看第一段材料，结果82%的人认为吉姆是个性格内向的人。

第一印象主要是依靠性别、年龄、体态、姿势、谈吐、面部表情、衣着打扮等判断一个人的内在素养和个性特点。我们常说的"给人留下一个好印象"一般就是指第一印象。

因此，在交友、招聘、求职等社交活动中，我们可以利用这种首因效应，给人展示一种较好的印象，为以后的交流打下良好的基础。当然，这在社交活动中只是一种暂时的行为，更深层次的交往还需要硬件完备。这就需要你加强在谈吐、举止、修养、礼节等各方面的素质，不然则会导致另外一种效应的负面影响，那就是近因效应。

2. 近因效应

与首因效应相比，在总的印象形成上，新近获得的信息比原来获得的信息影响更大，称为近因效应。两个陌生人之间的初次接触，首因效应的作用大；随着交往的加深，相互熟悉的人之间近因效应的作用往往会更大一些。

所以，对于多年不见的朋友，印象最深的，其实就是临别时的情景；一个朋友总是让你生气，可是谈起生气的原因，大概只能说上最近发生的两三条，这也是一种近因效应的表现。利用近因效应，在与朋友分别时，给予他良好的祝福，你的形象会在他的心中美好起来。

研究发现，近因效应一般不如首因效应明显和普遍。在印象形成过程中，当不断有足够引人注意的新信息或者原来的印象已经淡忘时，新近获得的信息的作用就会较大，就会发生近因效应。个性特点也影响近因效应或首因效应的发生。一般心理上开放、灵活的人容易受近因效应的影响；而心理上保持高度一致，具有稳定倾向的人，容易受首因效应的影响。

3. 晕轮效应

晕轮效应，又称"光环效应""成见效应""光晕现象"，是指在人际作用过程中形成的一种夸大的社会印象，正如日、月的光辉，在云雾的作用下扩大到四周，形成一种光环作用。常表现在一个人对另一个人（或事物）的最初印象决定了他的总体看法，而看不准对方的真实品质，形成一种好的或坏的"成见"。所以晕轮效应也可以称为"以点概面效应"，是主观推断的泛化、定式的结果。

名人效应就是一种典型的晕轮效应。最典型的例子，就是当我们看到某个明星在媒体上爆出一些丑闻时总是很惊讶，而事实上我们心中对这个明星的形象根本就是他在银幕或媒体上展现给我们的那圈"月晕"，他真实的品格我们是不知道的。

从认知角度讲，晕轮效应仅仅抓住事物的个别特征，而对事物的本质或全部特征下结论，是很片面的。因而，在人际交往中，我们应该告诫自己不要被别人的晕轮效应所影响，陷入晕轮效应的误区。

📖 心理实验

晕轮效应

心理学家哈罗德凯利曾做过一个实验。他告诉一个班级里的大学生有一位讲师要来为他们上课，要求他们听课结束后对讲师做出评价。接着，他简要地介绍了这位讲师的情况。他把班里的学生分为两组，对第一组说这位教师是"相当温和的人"，对另外一组说这位教师是"相当冷淡的人"。当这位讲师上课结束后，凯利要求学生们在一组"态度量表"上评价这个教师。虽然全班学生在同一时间听同一人的课，但学生的评价明显地受到原先暗示的影响。听说该老师"相当温和"的学生更倾向于把他看成一个不拘小节、和蔼可亲、受欢迎的人，而听说该教师"冷淡"的学生评价则相反。并且第一部分学生有56%在课堂讨论中积极与该教师接触，另一部分学生只有32%投入班级讨论。在人际交往初期，人们往往会利用少量的资料信息对别人做出广泛的结论，出现晕轮效应。

4. 刻板效应

刻板效应是人在长期的认知过程中形成的关于某类人的概括而笼统的固定印象。有些人习惯于机械地把交往对象归于某一类人,将对该类人的评价强加于他,从而影响正确认知。如认为南方人小气,社会地位高的人不好相处等,这种刻板印象容易形成先入为主的思维定式,妨碍人们形成正常的人际关系。

📖 **心理实验**

刻板印象

戴维·汉密尔顿和罗伯特·吉福德让被试者阅读关于A组成员和B组成员的信息,提供的关于A组成员的信息量是B组的两倍,这样就使B组成员在研究中成为"少数群体"。另外,所提供的信息中,适宜行为的信息量也是不适宜行为的两倍,适宜行为主要是这样叙述的:"约翰,A组成员,到医院探视了一个生病的朋友。"不适宜行为则是这样叙述的:"鲍勃,B组成员,在地铁站乱扔垃圾。"尽管在组员和消极、积极行为的比例之间并没有任何关联,被试者却建立起了联系,高估了B组成员不适宜行为的频率。研究中,少数群体的成员(其被描述的机会只是多数群体成员的一半)和不适宜行为(其出现频率只是适宜行为的一半)都是被试者社会认知中特殊的方面,导致了两者之间的错觉相关。

5. 投射效应

投射效应是指将自己的特点归因到其他人身上的倾向。是指以己度人,认为自己具有某种特性,他人也一定会有与自己相同的特性,把自己的感情、意志、特性投射到他人身上并强加于人的一种认知障碍。

"以小人之心度君子之腹"就是一种典型的投射效应。当别人的行为与我们不同时,我们习惯用自己的标准去衡量别人的行为,认为别人的行为违反常规:喜欢嫉妒的人常常将别人行为的动机归纳为嫉妒,如果别人对他稍不恭敬,他便觉得别人在嫉妒自己;一个经常算计别人的人就会觉得别人也在算计他;一个心地善良的人也常常会以为别人都是善良的。

心理学家罗斯做过这样的实验来研究投射效应,在80名参加实验的大学生中征求意见,问他们是否愿意背着一块大牌子在校园里走动。结果,48名大学生愿意背牌子在校园内走动,并且认为大部分学生都会愿意背,而拒绝背牌的学生则认为,只有少数学生愿意背。可见,这些学生将自己的态度投射到其他学生身上。

由于投射效应的存在,我们常常可以从一个人对别人的看法中来推测这个人真正的意图或心理特征。特别是当自己在某方面试图影响对方的时候,往往为了恭维或者接近对方,向对方施加某种拉近距离的方法,但其方法往往会受到自我思维定式的影响,不是实事求是地根据自己的观察所得到的信息去判断对方的喜好、性格、特征,而是想当然地把自己的特性投射到别人身上,这样必然不能达到有效影响他人的目的。

故事分享

宋代著名学者苏东坡与佛印和尚是好朋友,一天,苏东坡去拜访佛印,与佛印相对而坐,苏东坡对佛印开玩笑说:"我看你是一堆狗屎。"而佛印则微笑着说:"我看你是一尊金佛。"苏东坡觉得自己占了便宜,回家以后,得意地向妹妹提起这件事,苏小妹说:"哥哥你错了。佛家说'佛心自现',你看别人是什么,就表示你看自己是什么。"

6. 超限效应

由于刺激过多、过强和作用时间过久而引起心理极不耐烦或反抗的心理现象,称为"超限效应"。

故事分享

马克·吐温的故事

美国著名幽默作家马克·吐温有一次在教堂听牧师演讲。最初,他觉得牧师讲得很好,令人感动,准备捐款。可过了10分钟,牧师还没讲完,马克·吐温有些不耐烦了,决定只捐一些零钱。又过了10分钟,牧师还没讲完,马克·吐温决定一分钱也不捐。等到牧师终于结束了冗长的演讲开始募捐时,马克·吐温由于气愤,不仅未捐钱,还从盘子里偷了2美元。

超限效应告诉我们,在人际交往中,同学朋友间出现误会或不愉快时,不要反复针对一件事批评或是指责他人,这样容易引起他人的反感,影响人际关系的质量。

在人际交往过程中,我们要注意以上几种人际知觉效应带来的偏差,否则会给人际关系带来不利的影响。

三、大学生建立和谐人际关系的方法和艺术

(一)大学生人际交往的基本原则

大学生只有进行积极的人际交往,才能在交往中收到良好的效果,从而建立和谐的人际关系,要实现这一目标,就必须遵循人际交往的基本原则。

1. 平等原则

平等是协调良好人际交往的前提,也是人与人之间建立感情的基础,平等原则是人际交往的第一原则。无论何时何地、无论年级高低,每位同学都要自觉做到平等待人,绝不能自视特殊,居高临下,傲视他人;否则就会脱离集体,成为被孤立的人,造成心理上的孤独感。同学之间不要因为家庭、经历、特长、经济等方面的不同而对人"另眼相看",也不要因

为学习成绩、社交能力、长相等方面存在差异而看不起别人。只有坚持平等原则,才能建立起有利于自身成长和进步的人际关系。

2. 尊重原则

尊重包括自尊和尊重他人。自尊就是在各种场合自重自爱,维护自己的人格。尊重他人就是尊重他人的人格、思想、情感、习惯和价值等,还要尊重彼此存在的外显或内在的心理距离,不要轻易地去突破它、破坏它,否则就会造成对方的戒备、反感和疏远。古人说:"敬人者,人恒敬之。"因此,只有尊重他人才能得到他人的尊重。

3. 互利原则

互利是指双方在交往过程中都能从对方那里得到一定的好处和利益,满足各自的需要。如果一方只索取不给予,交往就会中断。互利性越高,交往双方关系就越稳定、密切;互利性越低,交往双方关系就越疏远。人际间的互利包括物质互利和精神互利。大学生交友中的互利虽然也有一定的物质互利,但主要还是精神互利。

4. 宽容原则

宽容原则表现在对非原则性问题不斤斤计较,能够宽容大度。大学生个性较强,密切接触,不可避免会产生矛盾和误解,这就要求大学生在交往中要谦让大度、宽容待人,做到包容并蓄,不计较他人的细枝末节,不计较对方的态度,不计较对方的言辞,并勇于承担自己的行为责任,这样才能在学习、生活和工作中保持融洽的人际关系。

5. 信用原则

信用是指一个人诚实、不欺,遵守承诺。信用是忠诚的外在表现,是大学生结交知己良朋必不可少的前提。社会经验证明,人们都喜欢与诚实正派、守信用的人交往,因为与这种人交往,能给人一种安全感和信任感。由于学生群体的特殊性,他们的信用一般不像在社会政治与经济交往中那样受法律的约束,而主要依靠道德力量来约束。古人有"一言既出、驷马难追",所以,大学生在人际交往过程中,不要轻易许诺,一旦许诺,要设法实现。朋友之间要言必行,行必果,不卑不亢,端庄而不过于矜持,谦虚而不矫饰诈伪,以此取得别人的信任。

6. 适度原则

故事分享

豪猪们冬天挤在一起取暖,靠得太近,会使它们因彼此的刺毛而受伤;离得太远,寒冷又难以忍受。几番聚散,它们发现了彼此可以相安的那个距离,用一句简单的话说:保持一定的距离。用这种方法,取暖的需求可以满足了,而且不至互刺。

适度原则也称豪猪法则。一是交往的时间要适度。大学生的主要任务是学习,学习需要投入大量的时间和精力,由此,在交往时间上要合理分配,把握合适的"度"。二是在交往的程度上要适度。距离产生美,人际交往应该疏密有度,保持一定距离,把握一定交往频率,才能使人际关系自如。三是交往的身体距离要适度。心理学家霍尔研究发现,人与人之间的亲密程度与双方的空间距离成反比。他将身体距离范围与人的亲密关系分为四个空间,随着交往双方空间距离的减小,人与人之间的亲密程度随之增加。

身体距离与亲密程度

身体距离	亲密程度	特点
小于45厘米	亲密空间 私人空间	为了爱抚、安慰、保护而保持的距离
45—120厘米	个人空间	以语言交谈为交往形式,如朋友之间
120—360厘米	社会空间	处理公务或社交时所需的距离
360厘米以上	公共空间	类似演讲场所、教室等适合向公众讲话的 空间距离

(二)大学生建立和谐人际关系的方法和艺术

1. 提高现实人际交往的主动性

在互联网技术高速发展的大环境下,社交媒体在为我们带来便捷社交的同时,不可避免地引发了网络社交偏好与现实人际交往关系错位的问题。对于当代大学生来说,网络社交的偏好选择与现实人际交往不应该是二选一的问题,它们应该相辅相成、互相成就。大学生需要适当地走出网络社交的虚拟世界,鼓起勇气去接触屏幕之外的生活,敞开心扉去跟家人朋友面对面聊天。

可以在线上线下构建完整的互动渠道,进而增强社交主体的人际交往互动性。大学生应该积极参与线下的社交活动。例如,校内的各类微信网络群体,可以组织更多的线下见面会,让大学生在线下交往中逐步养成良好的人际交往习惯。再如学校社团组织的常规训练,社交主体可以在比赛或者晨跑中相互了解并达成共识。通过参与户外活动接触各色人群,在活动中相互帮助,增进交流频次与深度。在零距离的社交行为中,建立简单的人际交流网络,缓解社交恐惧心理,最终提高人际交往能力。

课堂活动

相见欢

变换队形,请所有成员又快又安静地面对面站成两队。两人一组,互相注视,面带微笑,配合"1""2""3""4"的口令分别做动作:

"1":成员以右手握住对方右手,并说"你好! 我是xxx。"

"2":成员两手与对方两手互握,并说:"朋友,你的气色很好!"

"3":成员互相伸出大拇指,并说"朋友,加油!"

"4":成员右手轻拍对方双肩两下,并说"让我们共创美好的明天!"

2. 克服社交恐惧

（1）合理理解自己的反应

首先弄明白在感到焦虑和胆怯时，自己的大脑里正在进行怎样的化学反应。你并非不正常，你的大脑仅仅是对新的刺激反应反常，所以处理起来格外小心。了解这点，将帮助你合理理解到底发生了什么，并且会让你在未来遇事更放松。不用变得害羞又焦虑，告诉自己，这只是一些化学物质和细胞遇到一些不存在的威胁时的反应，加速跳动的心脏和出汗的手心都是正常的，然后就能冷静下来，理智应对。

（2）不要沉浸在消极想法中

离开聚会或某个社交场合之后，别老念着那些本该做得更好的地方，别去想"为什么我会那样说那样做"。每个人时不时都会胡言乱语，然而，专于负面将使你相信自己是一个在社交场合说错话的人，而且这种想法会经常表现出来。每个人都会说错话，别纠结，忽略它。做最好的自己，当必须要发表意见时，大胆说出自己的想法。如果无须说话，也别感到压力，冷静下来，玩得开心就好。

别总是假想人们会对自己评头论足，大部分人主要关心自己和周围的事物，他们没时间也没有兴趣关注别人的行为。记住：只要是人，都会偶尔笨嘴拙舌，笨手笨脚。

（3）不用急着回答问题

如果有人问自己问题，停下来，思考一会儿再给出适当的回答。大部分在社交场合焦虑和恐慌的人遇到提问会立即回答。当别人话音刚落，他们就认为自己被迫开始说话了，其实没必要。短时间的思考后回应，这样的话听起来更深思熟虑，更有见解，而且更完备地表达出想表达的内容，这样你看起来会更有执行力。把想法集中在一起，避免说"嗯"，用更智慧的方式呈现自己的才华。

（4）舒展肢体

生理决定心理。避免做出胆怯害羞的举动，别畏畏缩缩，别隐藏自己。站直了，昂首挺胸，人们更相信一个人展现出的肢体语言，而不是发表的言论。如果一个人看起来就畏畏缩缩，人们将认为他是害怕的，并且把他当作一个胆小的人对待。

必须学会如何舒展肢体，有气场的人更善于如此。别抱胸，摊开双手。多使用肢体语言，这将更有利于传递信息，会让人看起来更加强大。焦虑的人会把自己缩成一团，自信的人充满阳光和张力。当尝试舒展肢体，你会看起来更加自信，更有掌控力！

（5）提前准备

准备很重要，如果要参加一个聚会，必须提前了解与之相关的各个方面，包括有关的八卦，这会对你的社交活动大有帮助。要明白在社交场合没什么可恐惧的。即便是最糟糕的情况，那又能发生什么呢？

把所有可能发生的最坏的情况列出来，你会发现其实也并没有什么。冷静，慢慢来，做好自己，没有什么可恐惧的。

3. 培养同理心

"同理心"源自希腊文"mpathei"（神人），20世纪初铁钦纳（Edward Bradford Titchener）首次提出"同理心"一词。他认为同理心就是在身体上模仿他人的痛苦，从而引发自身相同的痛苦感受。其实就是将心比心，换位思考，与我国孔子提出的"己所不欲，勿施于人"的含义如出一辙。

故事分享

韩国妈妈的暖心礼物

一架从韩国起飞、前往旧金山的航班上，一名妈妈带着4个月大的小婴儿。由于这是婴儿第一次搭乘10个小时的长途飞机，这位韩国妈妈担心宝宝会不适应飞机上的密闭环境而哭闹，因此她事前准备了200多份小礼物，上机后就送给每位乘客，希望大家可以谅解。

纸条内容用婴儿口吻写着："你好，我是俊宇（Junwoo，音译），我4个月大了。今天我要跟妈妈去美国探望我的阿姨，我有点紧张、害怕。这是我第一次搭飞机，所以可能会哭，或者制造很多噪音，我无法给出什么承诺，但我会尽量保持安静，请多多包涵。"

接着还写："我妈妈准备了一袋装着小糖果与耳塞的小礼物要给你！如果觉得我太吵，请你使用它，祝你旅途愉快，非常谢谢你！"乘客们表示这位妈妈很用心，这个举动令人感到温暖。

这位妈妈之所以被称赞，因为她的表现基于同理心。

（1）与目标建立连接关系

暂停价值判断，将自己置于目标的主观角度，重视他人的感情、欲求、愿望，是产生同理心的必要条件。这在心理上称为"连接性认识"。例如朋友失恋，以下一段话——"我看到你和前男友的关系很难恢复，也知道你还是那么爱他，我感受得到你多么渴望再和他在一起，想到他和别人在一起，就心痛得无法自己"，就是在与目标产生连接性认识，与目标产生共鸣，建立一种连接的关系。

（2）即时反馈

即时反馈，是为确保接收信息的准确性。反馈，是将对方的想法或感受，以反馈而非重复的方式再说给对方听，以澄清对方所说的话。如反馈"听起来像是你没拿到奖学金，所以感到很失望"，"看起来像是你犯错的时候，你觉得被别人在背后嘲笑"。

（3）聆听目标

反馈的目的，是通过融入对方的叙述中嵌入的更深一层的含义，来加强自己对于叙述的理解。不能光凭外表来看一个人，更重要的是由交谈得知那个人的基本精神状态。有效反馈的前提便是仔细聆听对方的叙述。学会耐心听完他人的意见，即使你不赞同。听对方说完，问清楚不懂的地方再下定论。和别人讨论事情时，遇到对方意见与自己的完全不同时,要想想各种原因。

（4）使用自我表露,分享自身与叙述有关的经历

自我表露可以表达出涉及共同的理解、利益、价值观的共同经历,促进与对方的共鸣。弄清楚为什么自己在某些状况下会有特定的反应,了解自己的行为背景,有助于理解别人。

（5）如果你讨厌一个人,找出充足而合理的理由

判断一个人,应该多收集他的个人资料。明白他为人处世的依据,才能做出正确的判断,有合适的反应。不要忘记所有人都会有情绪失控的时候,都会受到心情的影响,尽量不受干扰地去判断一个人。多探索与自己不同的人生与文化,试着亲身体验,运用同理心理解别人。

4. 不要吝啬赞美

（1）获得赞美,就会获得力量

赫洛定律是一种人际关系的需求理论,它强调满足对方的渴求,以此获得他人的认可与信任。微信"夸夸群"的出现,正是符合了人们渴望得到他人肯定的心理需求规律:当人们的渴望得到满足时,便会成为其积极向上的原动力。换句话说,我们与人交谈,从某种意义而言,就是一种探求对方需求的过程。通过这种过程,我们知晓对方的心理活动,由此确定下一步谈话的内容。

人类对尊重、肯定的渴望绝不亚于对食物和睡眠的需要。当一个人应该得到赞美而得不到时就会感到心灰意冷,甚至会自暴自弃。

人们在交往中总是会倾向选择能肯定自己的人。特别是处于青春期的大学生,自尊心极强,因而在交往中首先就必须肯定对方,尊重对方,努力去发现对方的优点、长处,并真诚、慷慨地赞美他人,这样就能成功打开交往的大门。

🔊心理热点

微信出现"夸夸群"

2019年3月,微信冒出不少名为"夸夸群"的群组。在夸夸群内,可以夸奖别人,也可以求夸奖。例如有人提出"工作了一下午,求夸",便会迎来群友潮水般的夸赞。

"我最近加入了一个夸夸群,突然感觉生活很欢乐。夸夸群是一个能带来温暖、带来力量的地方,在群外,我们素不相识,见了面也无法认出彼此,但在群内,我们就是互相加油打气的小伙伴,这个群真的特别美好。"山西大学的学生这样告诉记者。

夸夸群最开始是从高校兴起的,现在年轻人面临的压力很大,他们特别需要强有力的支持系统,夸夸群恰好契合了年轻人的社交和尊重需求。

（2）赞美应该基于真诚

良好的语言沟通,都是基于真诚。能引起对方好感的只能是那些基于事实、发自内心的赞美,赞美他人切忌虚情假意。你若虚情假意地赞美别人,对方不仅会感到莫名其妙,更

会觉得你油嘴滑舌、诡诈虚伪。

比如面对一位相貌平平的女性，不一定要"美女""美女"地不离口，因为对方可能会认定你所说的是违心之言。如果你着眼于她的服饰、谈吐、举止，发现她这些方面的出众之处并真诚地赞美，她一定会更高兴地接受。唯有真诚地去赞美他人，才能抓住对方的心，才能获得对方的好感，改善人际关系。

（3）赞美应该适度

过度的赞美，空洞的奉承，都会令对方感到难以接受，甚至感到肉麻、讨厌，结果适得其反。只有适度的赞美才会令对方感到欣慰。适度因人、因时、因事、因地而异，需要不断摸索积累，逐步掌握。

每个人在生活中都扮演了多重角色，角色关系不同，说话方式就不同，赞美的方式也就不同。对朋友可以真心诚意地赞赏，对领导要含蓄适度地赞美，对恋人要甜言蜜语地赞许，对长辈要恭恭敬敬地称赞，对小孩可以和蔼可亲地夸奖。

（4）赞美应该给出明确的理由

赞美要有明确指代和理由，抽象的东西往往不具体，难以给人留下深刻印象。如果称赞一个初次见面的人你给我的感觉真好，无法给对方留下深刻的印象。挖掘对方的优点，给予赞扬，增加对方的价值感，这样的赞美所起的作用会更大。

《人性的力量》中提到的费城华克公司的高先生，就是一个懂得从对方身上找到赞美的明确理由，借由赞美达到自己的目的的典范。找到明确的赞美理由，从赞扬和欣赏开始，更容易说服他人。

5. 学会倾听与反馈

（1）倾听是对说话者的尊重

卡耐基曾感叹，倾听是对说话者的一种最好的恭维，倾听是一种重要的沟通能力，是沟通的润滑剂和刺激剂。汽车推销大王卖车失败的例子中，乔·吉拉德没有积极倾听对方的话，以至于对方在最后一分钟犹豫了，就是因为他忽略了这一点。

每个人都希望获得别人的尊重，受到别人的重视。当我们专心致志地听对方讲，努力地听，甚至是全神贯注地听时，对方一定会有一种被尊重和重视的感觉，双方之间的距离必然会拉近。

（2）主动倾听

主动式倾听不是一种单纯地接受式的倾听，而是积极地去捕捉发言者的思想和观点，并对这些观点从自己的视角出发进行分析和思考。因而在倾听的过程中，倾听者的思维始终处于活跃状态，需要一定的精力、专注力和平静的情绪。如果你很忙没有时间，或者没有意愿和精力去倾听，那就尽量不要开始，听到一半就离开或者打断，是不礼貌的。

被动式的倾听只是一种意见的单向接受，倾听者没有对表达者或发言者的信息进行反应，缺乏主体之间信息的反馈和沟通。主动式倾听建立在彼此尊重和理解的基础上，使意义在主体之间双向流动，并在不断的碰撞、探讨中生成新的意义。

（3）营造倾听的氛围

营造倾听的氛围十分重要。首先是尊重发言者,每个人既是倾听者,也是发言者。在别人发言时自己如果不主动倾听,那么当自己发言时,别人也不会尊重你。倾听是相互的,因为尊重是相互的。其次,要避免受偏见的影响,应保持开放的心态,对别人不同的意见也应努力倾听,保持一种开放的心态能够大大提高倾听的效果。发言者看到别人尊重自己,就能激发他的自信,有助于更好地表达自己。最后,要用真诚的态度听。一个人肯对你讲心里的话,要感激他对你的信任。

（4）善于理解

每个人的话语中都包含着丰富的思想和情感,同一句话,不同的人表达出不同的思想境界和心态;同样的话,不同的人也有不同的理解。这与人们的道德品质、思想修养、性格气质以及说话时的心理状态有关。

倾听有两个关键点,一是对方的问题点。这是倾听的重要任务。二是情绪性字眼。当人们感觉到痛苦或兴奋时,通常会通过一些对话中的字眼来体现,如"太好了""真想点个赞""怎么可能"等。这些字眼都表现了他们的潜意识导向,表明了他们的深层次看法,在倾听时要格外注意。

（5）关键处给予反馈

现实生活中,不给予反馈是沟通中常见的问题。许多人误以为沟通就是我听他说或者他听我说,常常忽略沟通中的反馈环节。而不反馈,往往会导致两种结果:一是信息发生的一方(表达者)不了解接收信息的一方(倾听方)是否准确地接收到了信息,二是信息接收方无法澄清和确认是否准确地接收了信息。

所以,对方表达完后,要在适当的时候去给予回应,也就是反馈。要及时、明朗、不含糊地给予认同肯定。微笑、眼神、点头、鼓励性言辞如"是的""对""嗯"等,都是必不可少的,可以表达出自己的兴趣和理解,鼓励对方讲下去。没有人愿意对着面具说话。

心理博文

NLP有效沟通

（1）有效的双向沟通的先决条件是和谐气氛。

（2）没有一个人在两分钟是一样的,沟通方式不能一成不变。

（3）一个人不能控制另一个人,每个人都只能自己推动自己,所以应给别人一些空间。

（4）强调说得对不对没有意义,说得有效果才重要。

（5）对方是否这个意思或是否明白你的心意,不要假设,若不肯定,找他(她)谈。

（6）可以直接谈的不要经由第三者,抱着坦白、诚恳、关怀的心,什么都可以谈。

（7）两人之间的共同信念与共同价值越多,沟通会越有效。

（8）凡事至少有三个解决方法。若已知的方法不管用,总可以找出变化和突破。

（9）沟通需要感情的配合,主动向对方表达你的关心,将能得到回报。

（10）易地而处可加深彼此的了解。

课堂反馈

一、知识评估

请你对自己在人际交往方面的知识,课前课后分别做一个评估。0分代表几乎不了解,10分代表了解很多,请在下面的横线上为自己打分。

课前评分:＿＿＿＿＿＿＿＿＿＿＿＿＿＿＿＿＿＿＿＿＿＿＿＿＿＿

课后评分:＿＿＿＿＿＿＿＿＿＿＿＿＿＿＿＿＿＿＿＿＿＿＿＿＿＿

二、人际困扰评估

回想一下,进入大学以来出现过哪些人际交往方面的困扰? 请按照困扰程度,依次排序列出3条。

第一条:＿＿＿＿＿＿＿＿＿＿＿＿＿＿＿＿＿＿＿＿＿＿＿＿＿＿

第二条:＿＿＿＿＿＿＿＿＿＿＿＿＿＿＿＿＿＿＿＿＿＿＿＿＿＿

第三条:＿＿＿＿＿＿＿＿＿＿＿＿＿＿＿＿＿＿＿＿＿＿＿＿＿＿

三、课堂感受

今天这堂课让我感受最深的是 ＿＿＿＿＿＿＿＿＿＿＿＿＿＿＿＿＿＿

今天这堂课让我最感兴趣的是 ＿＿＿＿＿＿＿＿＿＿＿＿＿＿＿＿＿＿

今天这堂课让我获得的收获是 ＿＿＿＿＿＿＿＿＿＿＿＿＿＿＿＿＿＿

延 伸 阅 读

1. [美]戴尔·卡耐基:《人性的弱点》,詹丽茹译,中信出版社,2004版。

2. [美]里斯·加伯林:《待人技巧》,江雅苓译,中山大学出版社,1996版。

3. [美]马歇尔·卢森堡:《非暴力沟通》,阮胤华译,华夏出版社,2009版。

4. [美]艾伦·加纳:《谈话的力量》,林华译,中国水利水电出版社,2004版。

5. 丁远峙:《方与圆》,广州出版社,2010版。

6. 曾奇峰:《你不知道的自己》,希望出版社,2008版。

推荐影片

《年少轻狂》

《模仿游戏》

《社交恐惧症》

《左耳》

模块六 爱是付出与责任
——大学生恋爱心理

引言

爱情是人世间最迷人的感情,因为它的不可预知、不可重复以及不可抗力让人捉摸不透被世人所向往。无数的感天动地的爱情佳话被人们称颂,爱情像一座火山,在它沉寂的表面下,有着炽热的熔浆在燃烧、碰撞以及交融。

有人说大学期间如果不谈一次恋爱就不算是一个完整的大学,就一定会留有遗憾;也有人说大学应该以学业为重,不宜过早谈论爱情,否则会影响前途。但不管怎样,无论你是否在大学经历爱情,无论你是否在大学感受到爱情的美好和悲伤,你都有权利学着去了解爱情,学着去懂得爱情,学着去感受爱情!

学习目标

1. 初步认识爱情与恋爱。
2. 了解大学生恋爱与性心理。
3. 大学生恋爱中常见的心理问题及调适。
4. 大学生如何培养爱的能力。

案例导入

案例一:小妍和男朋友是大学同学,从大一开始他们就在一起了。他们的爱情很简单,不会考虑多少物质的东西,似乎拥有甜蜜的爱情就拥有了一切。男朋友过生日,小妍送他自己折的幸运星;小妍过生日,男朋友总是会在12点的那一刻送上他的祝福。大学3年,他们也没有将所有的时间都花在约会上,学习依然是他们的主要任务。他们一起上课、一起自习、一起转本。3年他们收获了很多,三好学生、奖学金等尽收囊中。爱情和学业齐头并进,他们成了老师和同学眼中的"模范情侣"。

案例二:小同在进入大学一个月后,对班上一名女孩越来越有好感,就向她表白了,女孩告诉他自己有男朋友了,可以做好朋友,小同也答应了女孩。从此两人经常在一起谈论一些事情,女孩和男朋友闹矛盾的时候,经常向小同倾诉。上课的时候,小同经常看着坐在前排女孩的背影发呆。小同觉得很痛苦,不知道该如何处理,想和女孩断绝关系,又舍不得这份友谊,可是经常这样,小同心里又不是滋味。

案例三:小文是某高校大一女生,长得非常漂亮,也很开朗。平时喜欢上网,她有许多网友,大家都聊得挺好。渐渐地,她发现自己和其中一个男孩聊得特别投机。经不住好奇心驱使,她和那个男孩见了面,风流倜傥的他让小文很动心,她爱上了那个男孩。接下来的日子,她只要有时间便和男孩在网上或见面交流,从此网友就变成了现实中的男友。但经过一段时间的相处,小文发现男孩还有其他网上认识的女朋友,这让小文无法接受,如晴天霹雳,甚至想要割腕自杀。

案例互动

(1) 请结合你的理解谈谈什么是爱情?

(2) 如何看待大学生恋爱问题?

(3) 大学生如何培养爱的能力?

一、什么是爱情

心理博文

有一天,柏拉图问他的老师什么是爱情,他的老师就叫他先到麦田里,摘棵全麦田里最大最金黄的麦穗,但只能摘一次,并且只可以向前走,不能回头。柏拉图于是照着老师的话做。结果,他两手空空地走出麦田。老师问他为什么摘不到,他说:"因为只能摘一次,又不能走回头路,即使见到一棵又大又金黄的,因为不知前面是否有更好的,所以没有摘。走到前面时,又发觉总不及之前见到的好,原来麦田里最大最金黄的麦穗,早就错过了。于是,我便什么也摘不到。"老师说:"这就是爱情。"

(一) 爱情的定义

爱情是男女之间基于一定的客观物质基础和共同的生活理想,以互爱为前提,以互相倾慕为基础,并渴望对方成为自己终身伴侣的最强烈、稳定、专一的感情。它是人际吸引最强烈的形式,是身心成熟到一定程度的个体对异性个体产生的有浪漫色彩的高级情感。其特点如下。

(1) 爱情一般是在异性之间产生的,狭义的爱情专指异性恋,不含同性恋。

(2) 爱情是个体身心发展到相对成熟的阶段时产生的情感体验,幼儿没有爱情体验。

（3）爱情是一种高级情感，不是低级情绪。

（4）爱情有生理基础，包括性爱因素，不是纯粹的精神上的依恋。

（5）爱情的基本倾向是奉献。衡量一个人对异性有无爱情、强度如何，可以通过"是否发自内心，帮助所爱的人做其期待的所有事情"这个指标来判断。

（二）爱情的要素

从心理学的角度来看，爱情应该是内心潜在激情的一种宣泄和表达，是人们成长过程中一种感情的需要，它具有正面积极的意义，能够激发出人们更好生活的意愿，甚至可以成为改变生活目标的动力。心理学家罗洛·梅（Rollo May）在他的《爱与意志》中分析指出：爱情是一种主动的感情，而不是被动接受。人类的爱情需要四个方面的因素：彼此间的关心、相互的责任感、彼此尊重和彼此需要。美国著名心理学家斯坦伯格（Robert J. Sternberg）在他的"爱情三元论"里对爱情提出了新的见解，他认为每个人的爱情体验虽然不尽相同，但是所有的爱情都离不开三种成分。

1. 爱情动机

爱情动机即爱情行为背后的需求动力，对个人而言是一个复杂的综合体。感情需要、生理需要以及其他方面的诱因组合成了爱情的动机。此外，异性的身体容貌品行和社会地位等也是爱情动机的组成部分之一。

2. 情感需要

爱情本就是个人的一种感情体验，它以一种复合的情绪反映出来，这就是所谓的酸甜苦辣的爱情滋味。

3. 爱情认知

爱情认知，即对待爱情的看法和理解，也是爱情里起着决定作用的因素。如果将动机与情绪分视为蜡烛与火花，那么认知就是火柴，蜡烛可以因为火柴而点亮，也可以因为没有火柴而失去燃烧的动力。

在斯坦伯格看来，虽然爱情没有统一的格式和模板，但是爱情中一定会包括上述三种成分，他还认为爱情存在三个要素：亲密、激情和承诺。如图6-1所示。

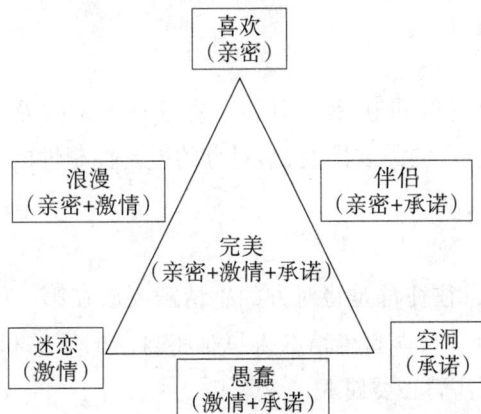

图6-1　爱情三因素论

基于这三种成分的比例差异,形成了数种不同的爱的类型。

喜欢式爱情:主要是亲密,没有激情和承诺,如友情关系。

迷恋式爱情:主要是激情,没有亲密和承诺,如初恋。

空洞式爱情:以承诺为主,缺乏亲密和激情,如纯粹为了结婚的爱情。

浪漫式爱情:有激情和亲密,没有承诺。

伴侣式爱情:有亲密和承诺,没有激情。

愚蠢式爱情:有激情和承诺,没有亲密。

完美式爱情:激情、承诺和亲密兼有。

(三) 爱情的类型

著名的心理学家岳晓东博士,在其《爱情中的心理学》一书中谈到了爱情的类型。他将人的爱情分为了四种类型,并对每种类型加以分析,总结了每种爱情所具有的不同特点。如图6-2所示。

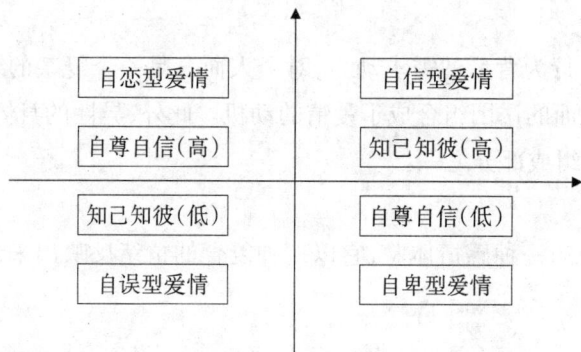

自恋型爱情	自信型爱情
自尊自信(高)	知己知彼(高)
知己知彼(低)	自尊自信(低)
自误型爱情	自卑型爱情

图6-2 爱情的类型

1. 自信型爱情

所谓的自信型爱情,是建立在自尊与自信和充分了解对方的基础之上的,可以说这是一种更为成熟和理性的爱情类型,它是从了解自身的感情需要和了解对方的感情特性出发的。自信型爱情最为突出的特点是它的爱情指向性明确,爱得理性、爱得自然,是一种彼此间真正的感情依恋。

2. 自恋型爱情

自恋型爱情的特点是爱得霸道、爱得任性。在这种类型的爱情中,爱的一方只片面地强调自己的感受,总是从自己的需要出发,给对方的爱是控制性的、独占性的。这种爱情虽然高调而热烈,却不能长久。

3. 自误型爱情

在自误型爱情里的人,往往都是将对方的感情需要放在第一位,无视自己的尊严和需要是此类爱情的典型特点。自误型爱情的人总是将自己的幸福和快乐全部与爱人的喜好连接在一起,爱得无比辛苦、满心委屈。

4. 自卑型爱情

这类爱情的特点是陷入爱情中的人既没有充分了解自己,又没有充分了解对方,爱情的过程满是困惑。总是习惯性地用自己的方式来解读对方的感情,拼命地压抑自己的想法,希望能够迎合对方,而结果往往是一场美丽的误会。这种类型的爱情不但苦,而且累,最终还很有可能成为单方痴恋。

(四) 爱情观的分类

1. 超理性主义的爱情观

这种爱情观以柏拉图式的爱为典型代表,主张把性欲完全排斥在爱情之外,认为性欲是低级的兽性,爱情是一种丝毫不带兽性的高尚精神活动。这种主张非肉体的完全的精神的结合,是欧洲中世纪封建禁欲主义的产物。

2. 自然主义即泛性论的爱情观

这种爱情观以斯宾诺莎、休谟和庸俗纵欲主义者的"杯水主义"为代表。他们完全以性本能来定义男女之间的爱情,认为"性欲付诸实践叫爱情",满足性欲和恋爱的要求就像喝杯水那样容易。"性解放"论正是这种爱情观的典型,18世纪和19世纪这种爱情观在西方曾一度盛行,20世纪下半叶,随着性解放造成诸多社会问题,特别是艾滋病的蔓延,引起西方理论界的重视,西方开始了对性解放的批判。

3. 性爱与情爱相结合的爱情观

这种爱情观以沃尔斯特、沙赫特等为代表,马克思、恩格斯也赞同这种爱情观。他们认为爱情是男女双方之间真挚诚实、相互爱悦的,渴望对方成为自己终身伴侣的一种最强烈、最深沉、最稳定、最专一的高尚感情。爱情是情爱与性爱的统一,是灵与肉的有机的高度和谐的结合。因此,对待这种爱情观既没有理由将它庸俗化,也不必要把它神圣化。

(五) 恋爱与爱情

恋爱是异性间择偶和培养爱情的过程,是以爱情为中心的社会心理行为,完整的恋爱过程一般包括理想对象建构、初恋、热恋、心理相撞调适到感情平静五个阶段。从心理卫生学角度来看,循序渐进的异性交往方式有助于造就健康、稳固、成熟而完美的爱情。

1. 理想对象建构阶段,即爱的意识萌生阶段

恋爱意识的准备阶段是自中学时代开始的。起初是恋爱意识的朦胧期,约始自初中三年级。高中为恋爱意识的探索期,高中生有了恋爱的意向和关于爱的思考。然而,背负高考的重压,无暇顾及恋爱问题。进入大学之后,重负释去,恋爱意识便萌生了。开始考虑自己心目中的"白马王子"或"窈窕淑女",建构自己理想中的对象的内在和外在的素质模型了。

2. 初恋阶段,即现实对象的确定阶段

当觉得自己已找到了那个心中的他(她)时,初恋就开始了。由于初恋是情窦初开时的第一次对异性敞开的爱的体验,双方的内心往往都充满了一种新奇的兴奋和激动。初恋具

有单纯性、强烈性、持久性等特点。单纯性指初恋是第一次向异性敞开爱,恋情往往单一、纯真;强烈性指初恋是爱情积聚的爆发,常出现强烈的亲近欲;持久性指初恋的感情影响旷日持久,人们一生中大多会长存对初恋的感情记忆。

3. 热恋阶段,也称激情热恋阶段

初恋时爱的感受十分强烈,但表达方式较为含蓄,关系也不过于密切。而热恋阶段,求爱已经完成,便进入恋人朝夕相处、关系十分密切的阶段。这一阶段恋人依依不舍的眷恋之情常常使他们忘记了时间和空间,即要求相处的时间更长、空间距离更短。处在此阶段的青年男女,其理智处于脆弱的地位,感情几乎支配了一切,看不到对方的缺点,诸如"情人眼里出西施"就是这一阶段的典型反映。处在此阶段的青年男女在性冲动中很容易发生越轨行为,而对其后果也不可能冷静地做出理智的判断。

4. 心理相撞调适阶段

热恋是甜蜜的,但过后会随即进入心理相撞调适阶段。由于热恋中的人们朝夕相处,双方增进了了解,热恋过后,双方都会想去证实自己在求爱阶段对恋人的一些理想化看法,发现另一些在求爱中并没有注意的优缺点。恋爱双方根据这些优缺点的综合印象做出判断,看这段感情值不值得延续下去。因此在这一阶段双方会发生争论、冲突、心理碰撞,感情也会起伏波动,时而达到最高峰,时而进入低谷,甚至破裂。

5. 感情平静阶段

如果在心理相撞调适阶段做出了肯定的判断,恋爱双方就进入到感情平静阶段。在这一阶段,恋爱双方既爱慕对方的长处与优点,又能容忍对方的缺点与不足,彼此心平气和,心灵上达到了融为一体的境地。这样恋爱就可以慢慢发展到家庭角色扮演阶段。恋人从浪漫的花前月下落回现实,开始考虑柴米油盐和谋生途径。这种家庭角色扮演就为以后的婚姻生活打下了基础。反之,如果在心理相撞调适阶段做出了否定的判断,就会导致恋爱的破裂,出现失恋。

二、大学生恋爱与性心理

(一) 大学生恋爱概述

1. 大学生的恋爱观

当前大学生由于受到社会价值多元化的影响,加上其各自的特点以及对恋爱所持的不同态度和大学所处的政治、经济、文化、地理环境的不同,大学生的价值观也发生了深刻的变化,因此也呈现出多样的恋爱观。

(1) 动力型

一些同学认为,恋爱是男女双方心与心的沟通、情与情的相融。为了获得对方的信任、好感和爱,恋人们会努力扬长避短,自觉注重自己的修养,按照对方的期望塑造自己,使自己变得更美好、更优秀。同时，在面临生活和学习上的困难和挫折时，能得到恋人的帮助，并能从中获得勇气和力量。所以谈恋爱的目的是为了互相帮助、互相鼓励，共同进步和发展。

（2）享乐型

受到西方文化观念的影响，有些同学认为人生短暂，何必苦苦学习，应及时行乐，于是乎他们的目光中只有心中的"白马王子"和"白雪公主"，他们把大学作为自己人生的一个驿站，通过寻找异性朋友，在对象身上实现自己享乐人生的目标。加上当今小说、电影、网络等传播渲染，使得浪漫的爱情故事沁人心脾、催人泪下。出于好奇，大学生对浪漫的爱情有强烈的向往和追求，他们一有机会就会体验一番。

（3）功利型

社会主义市场经济的进一步完善和发展，整个社会人们的功利意识就像一夜之间被唤醒，人们的功利意识明显增强，处在思想阵地最前沿、生活在象牙塔里的天之骄子也深深地受到了影响。他们中的一些人只为自身利益打算，谁能为自己将来的吃喝玩乐穿提供更优惠的条件就主动找谁谈恋爱，为了将来参加工作时找个好单位，谁的家庭势力大就找谁，甚至拿自己的肉体和灵魂去换取物质的享受，于是出现了"明码标价"的所谓"爱情"。

（4）伴侣型

这是大学生中比较传统的观点，有一部分大学生认为，大学期间谈恋爱是最好时机，他们认为在校园中的同学，感情真挚纯洁，思想相对比较单纯，在谈恋爱时，很少夹杂家庭、职业、职务、住房等世俗方面的因素。因此，他们希望在大学里能找到理想的伴侣。在一定时期内，此类型的人还占有一定的比重。

（5）从众型

部分大学生看到自己周围的人都谈了恋爱，自己不谈好像吃了亏，同时由于受到虚荣心的影响，怕被别人看不起，看到别人整天出双入对受不了，所以也奋起直追。调查显示，只要一个宿舍里有一个人先谈恋爱，在一定期限内，这个宿舍里的大部分同学也会谈起恋爱，进而出现"你有我有全都有"的局面。

（6）感情寄托型

许多大学生在远离了父母、亲戚、朋友和中学同学之后，又不能很快地适应大学环境，面对"漫长"的双休日、节假日有强烈的孤独感、寂寞感，同时由于大学实行学分制，学习压力增大，感觉更加孤独无助，于是想通过谈恋爱来寻找感情寄托，消除寂寞，同时期望从恋爱中得到温暖、保护、关心和体贴，使自己的感情有所依托，有所归属，进而排解心中的不快、郁闷和烦恼。

心理测验

恋爱观测试自评量表

（1）你认为恋爱作为人生一个极其重要的环节，其最终所达到的目的应当是（　　）。

A. 找个情投意合的伴侣　　　　　　　B. 成家过日子，抚育儿女

C. 满足性欲 　　　　　　　　　　D. 只是觉得新鲜有趣,没有明确的想法

(2)(男女分开做)

① 如果你是男性,你对未来妻子的要求最主要是(　)。

A. 善于持家,利落能干 　　　　　B. 容貌漂亮,气质高雅

C. 人品不错,能体贴帮助自己 　　D. 只要爱,其他一切无所谓

② 如果你是女性,你在选择未来丈夫时首先考虑的是(　)。

A. 潇洒大方,有男子气度

B. 有钱有势,社交能力强

C. 为人诚实正直,有进取心,待人和蔼可亲

D. 只要他爱我,其他都不考虑

(3)你决定和对方建立恋爱关系时所依据的心理根据是(　)。

A. 彼此各有想法,但大体相互尊重 　B. 我比对方优越

C. 对方比我优越 　　　　　　　　　D. 没想过

(4)你对最佳恋爱时间的考虑是(　)。

A. 自己已经成熟,懂得了人生的意义和爱情的内涵,确定了事业的主要方向

B. 随着年龄的增长,自有好的伴侣,"月老"不会忘记任何人的

C. 先下手为强,越早越主动

D. 还没想过

(5)你希望怎么结识恋人(　)。

A. 青梅竹马,情深意长 　　　　　B. 一见钟情,难舍难分

C. 在工作和学习中逐渐产生恋情 　D. 经熟人介绍

(6)你认为增进爱情的良策是(　)。

A. 极力讨好取悦对方 　　　　　　B. 尽力使自己变得更完美

C. 百依百顺,言听计从 　　　　　D. 无计可施

(7)恋爱过程是个相互了解相互适应和培养感情的过程。但了解、适应就需要花时间。那么,你希望恋爱的时间是(　)。

A. 越短越好,最好是"闪电式" 　　B. 时间依进展而定

C. 时间要拖长 　　　　　　　　　D. 自己无主张,全听对方的

(8)谁都希望完整全面地了解对方,你觉得了解他/她的最佳途径是(　)。

A. 精心安排特殊场面、不断对恋人进行考验

B. 坦诚地交谈,细心地观察

C. 通过朋友打听

D. 没想过

(9)经过一段时间的交往后,你发现了恋人的一些缺点,这时你(　)。

A. 采用婉转的方式告知对方并帮助对方改进

B. 因出乎意料而伤脑筋

C. 嫌弃对方,犹豫动摇

D. 不知道如何是好

(10) 当你已处在爱河之中,一位条件更好的异性对你表示爱慕时,你于是( )。

A. 说明实情、忠实于恋人   B. 对其冷淡,但维持友谊

C. 向其献媚并瞒着恋人和其来往   D. 感到茫然无措

(11) 当你与爱慕已久的异性有机会接触时,你忽然发现他/她另有所爱,你( )。

A. 静观其变,进退自如   B. 参与角逐,继续穷追

C. 抽身止步,成人之美   D. 不知道

(12) 当恋爱中出现了矛盾、波折时,你感到( )。

A. 既然已经出现,也是件好事,双方正好趁此机会了解和考验对方

B. 伤心难过,认为这是不幸的

C. 疑虑顿生,就此提出分手

D. 束手无策

(13) 由于性情不合或其他原因,你们的恋爱搁浅了,对方提出分手,这时你会( )。

A. 千方百计缠着对方   B. 到处诋毁对方名誉

C. 说声再见,各奔前程   D. 不知所措

(14) 当你十分信赖的恋人背信弃义、喜新厌旧、甩掉你以后,你( )。

A. 只当自己眼瞎,认错人了   B. 既然他(她)不仁,休怪我不义

C. 吸取教训,重新开始   D. 痛苦得难以自拔

(15) 你的爱情路途坎坷,多次恋爱均告失败,随着年龄增长进入"男大当婚,女大当嫁"的行列,你( )。

A. 如从前,宁缺毋滥   B. 厌弃追求,随便凑合一个

C. 检查一下择偶标准是否实际   D. 叹息命运不佳,从此绝望

选项分数对照表,如下表所示。

题目	A 型	B 型	C 型	D 型
1	3	2	0	1
2	2	1	3	0
3	3	2	1	0
4	3	2	1	0
5	2	0	3	1
6	1	3	0	2
7	1	3	0	2
8	1	3	0	2

题目	A型	B型	C型	D型
9	3	2	1	0
10	3	2	1	0
11	2	1	3	0
12	3	2	1	0
13	2	1	3	0
14	3	1	2	0
15	2	1	3	0

结果分析：

对照上表,把各题分数相加得出总分。

A型(35—45分):恋爱观成熟正确。你是一个成熟的青年,你懂得爱什么和为什么爱,你是持有进入情场的最佳入场券者。不要怕挫折和失败,尽管大胆地走向你梦中的恋人吧,你的婚姻注定是美满幸福的。

B型(25—34分):恋爱观尚可。你向往真挚而美好的爱情,然而屡屡失败,一时难以如愿。你不妨多看看成功的朋友,将恋爱作为圣洁无比的追求,不断校正爱情的航线,这样你与幸福就相隔不远。

C型(15—24分):恋爱观需要认真端正。你的恋爱观存在不少问题,甚至有不健康之处,它们使你辛勤播撒的爱情种子难以萌芽,更难以结出甜蜜的果实。如果你已经轻率地开始谈恋爱,劝你及早退出。

D型(0—14分):恋爱观尚未形成。你或许年龄还小,不谙世事;或许虽年纪不小,却天真幼稚。爱情对你来说是个迷茫未知的世界。你需防范圈套和袭击。建议你好好学习心理健康课或读一些关于爱情的书籍,待思想成熟后,再涉入。

2. 大学生的恋爱心理现象

(1) 注重恋爱过程,轻视恋爱结果

恋爱在大多数人看来是为了寻找生活的伴侣,是婚姻的前奏。不过,在如今大学生活中,很多大学生恋爱重视恋爱过程,对恋爱结果已不太在意。注重恋爱过程,有利于深入了解对方、有利于培养感情。但是,一些大学生只重视恋爱过程,将恋爱当作情感体验,借此寻求刺激,充实自己空虚的心灵,将恋爱当作文化消遣,使得那些大学生重视恋爱过程,轻视恋爱结果。

(2) 主观学业第一,客观爱情首位

"学业第一,感情第二"这句话可以说是老生常谈。很多同学在进入大学后,知道要将学业排在第一,爱情辅助学业;或者期望自己学业、爱情双丰收。但实际上,在大学生活中,学业、爱情双丰收的人只是少数,大多数人受到爱情的冲击,坠入爱情无法自拔,学习也会跟着受到影响。

(3)淡化传统道德,恋爱观念开放

现在很多大学生恋爱观念开放,但有些大学生在思想上偏差太大,信奉"恋爱是即时的快乐"。一项调查表明,在被调查的大学生中,近七成的大学生认为"在爱情为基础的前提下,性是可以理解的"。一些大学生对在恋爱中发生性行为持宽容态度,甚至一些大学生把性看得过于平淡,顺从自己的性冲动。

(4)强调爱的权力,缺乏爱的能力

现在很多大学生,缺乏对爱的理解,在爱与被爱的过程中磨合不好,导致轻易地恋爱,轻易地分手。一些大学生过于强调恋爱中的体验,却忽略了恋爱之中双方的责任。爱是神圣的,在恋爱中,双方既有权力又有义务,要对爱高度地负责任。如果只谈义务不谈责任,那这是对人性的奴役,必须予以否定。相反,一味地谈爱的权力而忽视其中的义务,这就成了"非理性主义",更是不可取的。

3. 大学生恋爱中常见的心理困惑

(1)寂寞与爱情

在大学生活中,由于种种原因,如离开父母和朋友来到新的环境、对学习没有兴趣或不适应等,常会使大学生陷入孤独寂寞之中,一些同学会在不自觉中希望寻求异性知己,试图用"爱情"来抚慰自己,消愁解闷,寻求寄托,即所谓"寂寞期的恋爱"。

(2)好感与爱情

好感与爱情是大学生异性交往中经常遇到又难以区分的两种感情。青年人在性发育成熟时,便开始被异性所吸引,对异性产生好感,开始有寻求恋人的需要。这是人生理上的自然本能。但在生活中,一些大学生容易将这种男女之间相互对异性的吸引、好感等同于爱情。其实并非异性之间凡有好感便可产生爱情;异性之间的好感一般来讲是广泛的、无排他性的,而爱情则是专一的、排他性的、具有性爱的因素。好感常常表现为人们一时出现的情绪感受;而爱情则是在长时间的相互了解中形成的。

(3)虚荣与爱情

从心理学角度说,虚荣心理是人的一种情感的反映,也反映着人的某种需要。根据美国心理学家马斯洛需要层次理论认为,需要是人的心理活动的基本动因,人的需要有各种不同的层次和广泛的内容,其中包括受他人尊重的需要。虚荣心理是一些人试图以追求名誉、荣耀等表面的光彩,来满足自尊需要的心理。谈恋爱,有一个令人羡慕的男朋友或女朋友,似乎便满足了这种需要。

(4)友谊与爱情

现实中确实有不少大学生把一般的友谊误解为爱情,常有同学讲,那个男同学为什么总是帮我们送报纸、送信;为什么在一些活动中那个女生总是对我特别关心。大学生在异生相处中,一个眼神、一个动作,都会赋予很特别的意义。确实,友谊和爱情有时很难严格划分。

（二）大学生性心理概述

事实上，与性有关的各色现象原本就流行于大学校园中的各个角落，男生女生宿舍每天举行的睡前卧谈，校园各大论坛上点击下载排名靠前的各类影片，社交网络中广受关注的校花校草八卦，无不与当代大学生的性心理息息相关。

1. 大学性心理发展的特点

（1）性心理的本能性和朦胧性

相当一部分大学生，尤其是低年级大学生的性心理，尚缺乏深刻的社会内容，主要还是生理发育成熟带来的本能作用，好像情不自禁地对异性发生兴趣、好感和爱慕，加上不少大学生不了解性的基本知识，对性有较浓厚的神秘感，使得这种萌动又罩上了一种朦胧的色彩。大学生由于性生理和性心理日趋成熟，希望与异性交往，他们喜欢探索异性的心理秘密，正是在此基础上，在朦胧纷乱的心理变化中，大学生的性意识逐渐强烈和成熟起来。

（2）性意识的强烈性与表现上的掩饰性

大学生对性的关心程度明显强于中学生。他们十分重视自己在异性心目中的形象，十分看重来自异性的评价，并常按照异性的要求和希望来进行自我评价和塑造自己的形象。尽管大学生在心理上对性问题和异性都很关注、很敏感，但在行为上却表现得拘谨、羞涩和冷漠，具有明显的掩饰性。

（3）性心理的压抑性和动荡性

青春期是人一生中性欲最旺盛的时期。但不少大学生心理不够成熟，尚未形成稳固的道德观和恋爱观，自控和自制的能力有限，他们的性心理极易受外界各种因素的影响而显得动荡不安，表现出明显的动荡性。而且大学生并不具有通常意义上的满足性冲动的伴侣，容易导致过分的焦虑和压抑，少数人还可能以扭曲的、不良的，甚至是变态的方式表现出来。

（4）性心理的性别差异性

大学生的性心理存在明显的性别差异性。在对于异性感情的流露上，男生显得较为外显和热烈，女生往往表现得含蓄而温存；在内心体验上，男生更多的是新奇、神秘和喜悦，女生则常是羞涩、敏感和不知所措；在表达方式上，男生比较主动和直接，女生更喜欢采取暗示的方式；男生的性冲动易被性视觉刺激唤起，而女生则易在听觉、触觉刺激下引起性兴奋。不过，这种差异近年来有缩小的趋势，如在表达方式上，女生变得较为主动的情况也是越来越常见。

2. 大学生性心理的矛盾冲突

（1）成熟的性生理与不成熟的性心理存在矛盾

目前，我国在校大学生的年龄一般在18—23岁，在这一阶段，性的成熟与整个身体的发育已基本完成，但是性心理的发展还未达到成熟。这时期的大学生好像一台马力十足、方向盘和制动器仍不灵敏的汽车。这一时期是人真正发现自我的时期，由于受传统伦理观念的影响，在我国，性的问题一直被蒙上神秘的面纱，再加上我国很少在大学生中开展系统的性教育、大学生一直难以获得系统、完整、科学的性生理、性心理、性道德等方面的知识。

（2）性意识的强烈性与表现上的隐蔽性之间存在矛盾

大学生随着性机能的成熟，在青春期就出现的性欲望和性冲动在此时会表现得更加强烈，这是身体发育中的正常生理和心理现象。虽然性的生物性需求时时渴望得到最直接的满足，但人是社会的人，性既具有自然属性，同时还具有社会属性。社会道德和法律的要求、学校纪律的约束，使得大学生无法以社会认可的合法婚姻形式获得性的满足。性的生物性需求与性的社会性要求的矛盾，使得与性成熟相关联的性爱行为，往往只能表现得隐蔽曲折。这一矛盾也是造成大学生心理冲突的主要原因。

（3）性的社会性、道德性要求与性的压抑性、放荡性之间存在矛盾

大学生性机能的成熟使性的生物性需求更加强烈、迫切，时常伴有性梦、性幻想、自慰等行为，而大学生健全的性心理结构尚未确立，对各种性现象、性行为的认知评价体系还不完善，再加上性的社会性、道德性要求的约束，这些都使大学生性心理的发展处于多种矛盾的相互作用之中，因而出现分化。不少大学生无法处理好这些矛盾，从而使性心理的健康发展出现了偏差。有的大学生对性冲动持否定、抵制的态度，采取压抑或放荡的方式。性压抑的结果不仅会有碍性心理的健康发展，严重者还会导致性变态或性过错。与此相反，还有的大学生对性持无所谓或放纵的态度，沉湎于谈情说爱之中甚至发生性过失、性犯罪。

3. 大学生的性心理困扰

（1）性生理成熟带来的心理困扰

男女大学生性生理发育已基本成熟。遗精和月经是人成长过程中必然出现的自然和正常的生理现象，但仍有相当部分大学生受其困扰。一些男大学生受"一滴精十滴血""遗精会大伤元气"的错误认识影响，对遗精感到恐慌、焦虑；部分大学生认为是自己思想肮脏、卑鄙所致。由于对遗精缺乏正确认识，一些大学生出现焦虑紧张等不良情绪，但遗精的现象仍然存在，扰乱睡眠，导致神经衰弱，出现失眠、头晕、头痛、耳鸣等。这些症状又在一定程度上加剧了心理负担，个别大学生因此产生了较为严重的心理障碍。月经是女性走向性成熟的标志，也是一种自然而且正常的生理现象。相当多的女大学生随着月经的周期性变化，其食欲、性欲、情绪、记忆力等方面的心理活动都可能发生程度不同的变化，有的还会有诸如头痛、疲乏、腹痛等身体不适感。部分女大学生还可能出现痛经和烦闷、焦虑、易怒或者沉默寡言、消极抑郁，甚至恶心、呕吐等身心体验的经前期紧张综合征，使自己的学习和生活受到较为严重的影响。

（2）性体像带来的心理困扰

有调查发现，大多数大学生对体像有或多或少的焦虑心理。对男大学生而言，最苦恼的是对自己的生殖器官不满意，他们错误地认为，阴茎小便意味着性功能差，有这样想法的人数超过一半。困扰男大学生的第二大问题是觉得自己个子矮，这种心理的产生与女性的审美要求有极大的关联。对女大学生来说，顾虑自己乳房小的最多。乳房作为性吸引的重要器官，受到现代女性的重点关注。女性还担忧肥胖问题，既希望苗条又希望丰满，两者不能兼得时，就产生矛盾心理。还有的大学生被脸上的"青春痘"所困扰，有人错误地认为"青春痘"与自己的性需求有关，所以面对异性时内心感到很难堪。面对这些困扰，大学生如果

不能正确认识自己的身体和第二性征,甚至将其看作自己的缺陷,就会产生自卑心理,以至影响人际交往、学习和生活。

（3）性意识带来的心理困扰

就我国大学生生理和心理发展过程而言,他们已经进入了性生理成熟和性心理趋于成熟的阶段。因此,在大学生活阶段出现诸如仰慕异性、渴望与异性相处,有时会有意无意地想到性的问题,甚至产生性幻想、性梦等各种性心理活动。性幻想又叫性的白日梦和精神"自淫",有调查显示:"经常有"性幻想的大学生占5.8%,"偶尔有"性幻想的大学生占68.9%。可见,性幻想是大学生中比较普遍和正常的心理活动。性梦是指个体进入青春期后,在睡梦中出现的带有各种性内容色彩的景象。调查显示,67.7%的大学生做过性梦,其中男生占88.5%,女生占40.8%。有的人因为性梦或性幻想而认为自己是"不道德的""罪恶的""卑鄙下流的",进而感到羞耻、自卑、注意力不集中,甚至焦虑不安。有的人由于频繁性幻想或性梦,进而影响休息、睡眠和体力的恢复,严重的还会导致神经衰弱,给大学生的身心健康带来不利影响。

（4）性行为带来的心理困扰

大学生的性行为主要是自慰性行为、边缘性行为和婚前性行为。在大学生中自慰性行为（手淫）是构成心理困扰的重要原因之一。手淫是青春期成熟的一种生理表现,是解除因性紧张而引起的躁动、不安的一种自慰方式,适当的手淫对身体是无害的。但一些夸大手淫害处的宣传,使部分大学生感到紧张不安、自责、担忧、羞愧和焦虑。在大学中,与恋爱情感发展深度相适应的边缘性行为虽在一定程度上被大学生所接纳,但一旦发生,仍会使他们感到不安。不少调查显示,大学生对婚前性行为的容忍度越来越高,但发生婚前性行为后,男生往往产生严重不安、自我否定和恐惧焦虑,女生往往不能摆脱失贞心理,从而给双方心理罩上阴影。由于缺乏避孕措施,大学生性交行为极易导致怀孕,所以双方事后总是担心、焦虑、不安,甚至恐惧。

（5）性压抑带来的心理困扰

大学生性机能的成熟使性的生物性需求更加强烈,而性心理却未完全成熟,对各种性现象、性行为的认知评价还不完善,一些大学生对性冲动持否定、抵制的态度,采取压抑的方式。调查表明,55.19%的男生和48.77%的女生有性压抑感。性压抑的结果不仅有碍于性心理的健康发展,严重者还会导致性变态或性过错。性变态又称性心理障碍,是指在寻求性满足的对象或满足性欲的方法上与常人不同,并且违反了社会习俗的心理与行为。大学生中的性变态行为主要有露阴癖、异装癖、恋物癖等。有性变态行为的大学生内心充满着矛盾,时常自责、焦虑、不安、恐惧,担心自己的变态行为被人发现和耻笑,往往在人格上表现为怯懦、卑微、缺乏自信。

（三）如何正确对待恋爱中的情与性

恋爱与性的关系及其密切,没有恋爱的性和没有性的恋爱都是难以想象的,在恋爱中正确处理恋爱与性的关系,避免一些难言的困扰和无畏的伤害,十分必要和迫切。

1. 学会延迟满足,减少婚前性行为造成的心理困惑

当欲望的潮水来袭时,要用理智战胜脆弱的情感。儿童心理学曾做过"延迟满足"的实验,告诉被试者如果选择等待,将能获得更多的奖赏,比如糖果,而即时满足只能获得极少的奖赏。随着年龄的增长,儿童会主动选择延迟满足,这对爱情中的性也是合适的,只有学会延迟满足,才能为将来生活打开一扇幸福的大门。

2. 学会尊重,不要把依赖性作为维系爱情的筹码

平等的恋爱关系应当相互尊重,一方不能屈服于另一方,特别是当对方提出性的要求时,如果一方因拒绝性的要求而导致恋爱的中止,这本身就不是真正意义上的爱情。有的恋人将性作为维持爱情的筹码,必然不能长久。

3. 大学生婚前性行为不利于自身发展

大学生婚前性行为不利于自身发展,主要有以下原因。

(1)从主流文化的角度看,我们的主流文化并未对婚前性行为持认同态度,对大学生在大学期间性行为基本持否定性评价。

(2)从大学生性行为的特点看,大学生婚前性行为具有突发性、自愿性、非理性等特点,由于年龄和观念影响,一旦发生性行为,可能造成未婚先孕等不良后果。

(3)从心理学角度看,婚前性行为会给双方带来巨大的心理压力,如恐惧、焦虑、自卑等。由于两性心理的差异,女性在有亲密行为后,容易以身相许,希望与对方走向婚姻,这使女性由心理的优势转化为劣势;而对男性而言,婚前性行为会提高他们的心理优势,使他们对感情不珍惜导致产生厌倦而不承担由此带来的后果。

三、大学生恋爱中常见的心理困扰与调适

(一)大学生恋爱常见的心理困扰

1. 单相思

单相思是指异性关系中的一方一厢情愿地倾慕与热爱另一方,却得不到对方回报的单方面的"爱情"。

(1)单相思的表现形式

单相思实质上是"恋爱错觉"的产物,具体有两种情况:一种是毫无理由的"单相思",在背后暗中爱恋着对方,对方毫无表示,甚至对方还不认识自己,而自己却执着地爱对方,追求对方。这种单相思一般发生在恋爱开始之前的爱慕阶段,是纯粹的"单向",持续的时间不长。另一种是由对彼此的条件与要求认识不当所致的。一方错误地认为对方对自己"有意",或者是在向对方接近、表示好感后却没有得到回应,不为对方所接受的单相思。或者把双方正常的交往和友谊误认为是爱情的来临,终日思绪不宁,情感不安,这种单相思要使恋爱正常发展是比较困难的。

（2）单相思的调适方法

单相思本身并不算心理障碍，但盲目的、非理性的单相思如果得不到合理疏导与调适，就会导致心理失调，甚至是更为严重的后果。

第一，向密友倾诉。当处于万分痛苦中时，最简捷和安全的选择就是将心事向密友倾诉。你的朋友会帮你出谋划策，甚至还会告诉你他们自己单相思的故事。这样，你会感到自己在单相思路上并不寂寞，会感到轻松一些。

第二，向意中人表白。如果你有勇气，最简单和直接的方式就是向意中人表白。当你向意中人直接表达爱慕之情后，如果他（她）接受你的爱当然是最好的，单恋转化为双恋，爱的欢乐取代了爱的痛苦；如果他（她）拒绝了你，你可以大哭一场或找挚友倾诉发泄一下，这对你来说也是人生的一次磨炼和情感体验。

2. 失恋

失恋是指恋爱的一方否认或终止恋爱关系后给另一方造成的一种严重的心理挫折。从心理学角度看，失恋是青春期较为严重的挫折之一。

（1）失恋心理的表现

对于感情真挚的大学生来说，当爱情故事悄悄地开始的时候，一切都是那么美好；可当爱情故事结束时，失恋的打击又是那么的令人心碎，由此引起的心理反应也异常强烈。

第一，失落消极。个别大学生失恋后感到羞愧难当，陷入自卑和迷惘，心灰意冷，走向怯懦封闭，既不愿意学习，也不愿意与人交往，严重者会绝望，丧失生活的勇气，成为爱情的殉葬品。

第二，自欺欺人。失恋后对抛弃自己的人仍然一往情深，对爱情生活充满了美好的回忆和幻想，否认失恋的存在，从而陷入单相思的泥潭。

第三，不爱即恨。失恋后失去理智，泄私愤，图报复，造成毁坏性的结局；或从此嫉俗厌世，怀疑一切，看什么都不顺眼，发牢骚；或从此玩世不恭，得过且过，寻求刺激，发泄心中不满。

（2）失恋的调适方法

失恋的种种不良心态会严重影响大学生的身心健康，甚至会导致一系列社会问题，因此，失恋者必须学会自我调整，自我拯救。

第一，倾诉。失恋者精神遭受打击，被悔恨、遗憾、惆怅、失望、孤独等不良情绪困扰，应该找一个可以交心的对象，一吐为快，以释放心理的负荷，并听听他们的劝慰和评说，这样心情会平静一些；也可以写日记和书信，把自己的苦闷记录下来；或大哭一场，从而寻求心理安慰和寄托。

第二，转移。转移即及时适当地把情感移到其他事或物上。例如，积极参加各种娱乐活动，陶冶性情，以期得到抚慰，缓解内心的压力。

第三，修通。修通指的是借助理智来获得解脱，即理智的"我"提醒、暗示和战胜感情的"我"。要想想，爱情是以互爱为前提的，不可强求，应尊重对方选择爱人的权利，也可以进行反向思维,多想对方的不足,分析自己的优势,鼓足勇气,去迎接新的生活。

第四,立志。失恋者积极的态度会使"自我"得到更新和升华,全身心地投入到学习、工作中去,可使自己在失恋的痛苦中奋起。恩格斯、贝多芬、居里夫人等历史上的名人,都曾饱受失恋的痛苦,但他们把精神的创伤化为忘我奋斗的动力,终于成就了事业,并赢得了爱情。

故事分享

苏格拉底与失恋者的对话

苏格拉底:孩子,为什么悲伤?

失恋者:我失恋了。

苏格拉底:哦,这很正常。如果失恋了没有悲伤,恋爱大概也就没有什么味道了。可是,年轻人,我怎么发现你对失恋的投入甚至比你对恋爱的投入还要倾心呢?

失恋者:到手的葡萄给丢了,这份遗憾,这份失落,您非个中人,怎知其中的酸楚啊。

苏格拉底:丢了就丢了,何不继续向前走去,鲜美的葡萄还有很多。

失恋者:我要等到海枯石烂,直到她回心转意向我走来。

苏格拉底:但这一天也许永远不会到来。

失恋者:那我就用自杀来表示我的诚心。

苏格拉底:如果这样,你不但失去了你的恋人,同时还失去了你自己,你会蒙受双倍的损失。

失恋者:您说我该怎么办? 我真的很爱她。

苏格拉底:真的很爱她? 那你当然希望你所爱的人幸福?

失恋者:那是自然。

苏格拉底:如果她认为离开你是一种幸福呢?

失恋者:不会的! 她曾经跟我说,只有跟我在一起的时候,她才感到幸福!

苏格拉底:那是曾经,是过去,可她现在并不这么认为。

失恋者:这就是说,她一直在骗我?

苏格拉底:不,她一直对你很忠诚。当她爱你的时候,她和你在一起,现在她不爱你了,她就离去了,世界上再也没有比这更大的忠诚。如果她不再爱你,却要装着对你很有感情,甚至跟你结婚、生子,那才是真正的欺骗呢。

失恋者:可是,她现在不爱我了,我却还苦苦地爱着她,这是多么不公平啊!

苏格拉底:的确不公平,我是说你对所爱的那个人不公平。本来,爱她是你的权利,但爱不爱你则是她的权利,而你想在自己行使权利的时候剥夺别人行使权利的自由,这是何等的不公平!

失恋者:依您的说法,这一切倒成了我的错?

苏格拉底:是的,从一开始你就犯错。如果你能给她带来幸福,她是不会从你的生活中离开的,要知道,没有人会逃避幸福。

失恋者:可她连机会都不给我,您说可恶不可恶?

苏格拉底:当然可恶。好在你现在已经摆脱了这个可恶的人,你应该感到高兴,孩子。

失态者:高兴? 怎么可能呢? 不过怎么说,我都是被人给抛弃了。

苏格拉底:时间会抚平你心灵的创伤。

失恋者:但愿我也有这一天,可我第一步应该从哪里做起呢?

苏格拉底:去感谢那个抛弃你的人,为她祝福。

失恋者:为什么?

苏格拉底:因为她给了你忠诚,给了你寻找幸福的新的机会。

3. 一见钟情

一见钟情是指短时间内突然发生的爱情。男女双方首次见面,就被对方的仪表或者外在表现所吸引,激起了强烈的爱慕之情。

(1) 一见钟情的表现

一见钟情也是大学生恋爱中比较常见的现象。一般来说,男生比女生更容易一见钟情。这是因为男生选择对象时往往更注重于女方的外貌长相等外表特征,只要女方外表悦人,就容易把她的一切理想化;而女生一旦对对方形成"好印象"也很难改变,容易坠入"情网"。但是,一见钟情的浪漫爱情如果没有信任与承诺,激情很快会退去。一见钟情的爱情,如果没有后来的深入了解为基础,往往会以悲剧结局。因此,面对一见钟情,大学生还是要保持冷静的头脑,用理智去控制激情,去了解对方,在进一步的相互了解中检验"钟情",使之健康发展。

(2) 正确对待一见钟情

每个人的性格、理想、信仰、情操和道德观念都是不同的,"一见"只能了解对方的外在表现,而要了解对方的内心世界并确定他(她)是不是自己理想中的爱人并不是一件容易的事。我们并不反对一见钟情,但如果你对某位异性产生了良好的第一印象,希望你不仅仅满足于此,而是保持冷静的头脑,去了解对方的真实内涵,在相互了解中检验和巩固这种"钟情",使之得到健康发展。对正陷入一见钟情而不能自拔的大学生来说,应保持头脑冷静,用理智控制感情。

4. 网恋

网恋是指基于互联网发生的恋爱。网恋大抵可以分为两种:一种是恋爱双方的了解交流的渠道主要是互联网,双方或一方基于互联网了解对方,并利用互联网来交流感情;另一种是恋情的产生虽然基于互联网,但互联网不是双方交流的唯一渠道,恋爱的双方还应使用其他方式如电话、书信等交流感情,并且增加见面的次数。

对于大学生的网恋问题,需要注意以下两方面。

第一，网恋双方缺乏真正的了解，也没有任何现实的感情基础，这样的关系是脆弱的、情绪化的、非常容易破裂。这对大学生来讲，不但是感情上的伤害，同时也会造成他们对现代社会人际关系认识上的偏差。

第二，你的网恋对象的身份是隐藏的，包括性别等。有的网恋双方"恋"了很久，见面才发现自己的"恋人"和自己是一个性别。有的情况是自己的"恋人"是骗钱劫色之徒，轻则失身，重则失去宝贵的生命。

5. 三角或多角恋

三角或多角恋是指一个人同时与两个或多个异性建立恋爱关系，企图同时占有数个异性的感情游戏。这是一个爱情的怪圈，一旦深陷其中便难以脱身，使人烦恼痛苦。它会使当事人形成多种形式的冲突，并带来许多心理上的问题。要妥善解决这些问题，必须具体问题具体分析。

倘若两个异性同时向你求爱，你有选择的权利，但必须多方面进行比较和考察，然后尽快做出抉择，切不可朝三暮四、举棋不定。

倘若自己明知对方正在恋爱，却要插足其间，横刀夺爱，那是非常不道德的。这种只顾自己幸福，不管他人痛苦的行为，要遭到道德舆论的谴责和人们的唾弃。

倘若你正在恋爱，却又有异性主动求爱，如果你珍惜自己原来的感情，你就必须对后者予以坚决拒绝。如果你的恋爱刚刚开始，自己又对后者有较多的依恋，那么你仍然有重新选择的权利，但一个重要前提就是要果断地与前者断绝恋爱关系。否则，脚踏两只船，最终害人害己，甚至会造成难以预料的严重后果。

倘若自己正在恋爱，却有另一位异性主动向自己的恋人求爱，你就必须弄清对方是有意还是无意的，如果是无意，你就应向对方说明事实，劝其尽早退出；如果是有意的，你就必须进行批评和抵制，不给对方空子可钻。此时，需注意自己恋人的态度如何，如果恋人态度暧昧、举棋不定，说明其爱情不专一，迟早会变心，不如自己主动退出；假如自己的恋人忠贞不渝，自己就应该坚守爱情的阵地，共同维护两人的感情。

6. 选择的困惑

（1）不知道应不应该谈恋爱

如果大学生还不知道该不该谈恋爱，那说明在心里还没有自己喜欢的异性，只是因为看到许多同学都在谈恋爱，才产生了自己是否谈恋爱的想法。所以，在真正的爱情还没有来到的情况下，不要盲目去寻找爱情。

（2）自己爱上了别人，但不知道对方是否也爱自己，想表白心迹，又怕遭到拒绝，左右为难

面对这种情况，首先要正确了解对方对自己的感情。如果经过观察甚至巧妙的考验，发现对方根本对自己没有那个意思，就没必要向对方表白；如果经过观察，发现对方也对自己有一定的感情，就可以大胆地向对方表白自己的心迹。

（3）不知道如何拒绝对方的求爱

面对他（她）人的求爱，当你不准备接受时，一般应在不伤害对方自尊心的情况下，委婉

地拒绝。如果对方进一步追求，而你无论如何也不可能接受对方的爱情，那就应该明确地拒绝，不要态度含糊。另外，还要注意，不要因为害怕伤害对方的自尊心，或者是为了满足虚荣心，在没有产生爱情的情况下，盲目接受对方的爱，因为这不但会伤害对方，而且也会对自己造成伤害。

（4）在恋爱的过程中发现对方不适合自己，但对方依然爱自己，不知道如何提出分手才不会伤害对方的自尊心

在这种情况下，如何冷静地处理分手问题，艺术地中止恋爱关系显得尤为重要。

第一，把握恰当的时机。谈分手的问题，场合和时机都要把握得十分准确，做到既能妥善地处理事情，又可以顾及双方的颜面。分手时最好不要选择在公开的场合或对方伤心的情况下，可以选择在放假前或是长时间离别前谈论分手，这样可以给对方充分的时间接受。

第二，巧妙地运用策略。在分手时，语言一定不要生硬，要尽可能委婉一些，特别要注意肯定和感谢对方在这段感情里的付出。努力控制自己的情绪，不要简单或冷漠地指责对方或争吵，不将分手的责任完全地推给对方，在讨论分手问题时，应理智对待，在处理经济纠纷时应相互协商。

第三，不回避自身责任。恋爱失败是由多重原因造成的，不能一味强调自己的无辜，要勇于分担责任，如果是自己的问题造成了分手，因真诚地向对方致歉，取得对方的谅解。

第四，果断地说"再见"。对于恋爱关系的终止行为，最忌当断不断拖泥带水，给分手事件中的另一方留有仍会复合的错觉，或是由于不好意思拒绝而与对方"兄妹相称"等，这些行为都会给双方带来精神上的困扰，不利于恋爱关系的顺利终止。

（二）主动培养爱的能力

弗洛姆在《爱的艺术》中把爱的能力定义为和他人建立亲密关系的能力，爱的能力对人的一生发展有着重要的意义。具备了爱的能力会引导一个人真正地爱他人，也真正地爱自己，能真正体验到爱给人带来的快乐和幸福。只有主动培养爱的能力才能拥有成熟的恋爱关系，同时恋爱的过程也是进一步培养爱的能力的过程。

1. 鉴别爱的能力

爱的鉴别，是指把爱情以及其他容易误解为"爱情"的情感区别开来。

（1）喜欢不是爱情

根据斯坦伯格的理论，所谓喜欢是指两人存在亲密状态，即两人之间感觉亲近、温暖、互相理解和支持。这是爱情的要素之一，但不是爱情的全部。如果互有好感的两个人，在相互理解和相处的基础上，产生了强烈的和对方结合的渴望，并且有了长久在一起的承诺，才能称之为爱情。反之，如果两人经过相处仍然只有喜欢这一种成分，那么两人的关系其实更接近于传统的友谊。

（2）暧昧不是爱情

所谓暧昧，是指男女之间态度模糊、关系不明朗，是存在于友情之间但又超然于友情之上的情感状态。有人把暧昧的情感总结为三个特点，即"不主动""不拒绝""不负责"。按照

斯坦伯格的理论,这种暧昧状态应该包含了亲密的成分,也包含了或多或少的激情成分,但肯定是没有承诺。它更接近于斯坦伯格所谓的"浪漫的爱",快乐唯美但不负责。

（3）感动不是爱情

爱情不是简单的"奉献—感动"的关系。爱情里需要奉献,也需要感动,但是它们都不足以构成爱情本身,更不能取代爱情。如果大学生因为对方对自己的好而产生了情愫,本质上还是属于感动,并不是爱情。如果没有分辨清楚是爱情还是感动就匆忙接受一段感情,既会给对方带来伤害,也是对自己的不负责任。

2. 表达爱的能力

表达爱需要勇气也需要技巧。学习直接而明确的言语表达,是建立恋爱关系以及较少恋爱中的误会的最重要的能力之一。

（1）表达爱的勇气

① 暗恋是每个人成长过程中几乎都经历过的一个阶段。

② 能不能表达情感是大学生建立感情关系非常重要的一步。

③ 很多时候,大学生缺乏勇气与一个人的自信心紧密相关,自信的人认为自己有足够的勇气去承受表白之后的各种结局;反之,自我评价偏低会阻碍一个人爱的表达。

④ 在爱的表达中还存在一个误区,许多人以为不需要用言语表达,对方就能接收到爱的信号。更有人会把是否能达到这种"心领神会"当作是检验爱情的一种方式。

（2）表达爱的技巧

① 合适的时间

如果你在两个人刚认识就表白,会给对方造成冒失、冲动、急躁、不成熟的印象。所以,最好是在相处一段时间、彼此有了一些了解而不只是仅因对方外在的吸引力在作祟时,再提出来。

② 合适的方式

不管是通过面对面的直接表达还是通过网络通信工具或者传统的书信方式进行表白,所采取的方式一定要符合自己和对方的个性以及选择自己擅长的方式进行表白。

③ 合适的心态

第一次表白总是让人紧张而期待,我们应保持一颗平常心,展现出真实、自然的状态是最佳的应对之道。

3. 接受爱的能力

接受爱必须慎重,且体现在:一是要确立一个正确的择偶标准。选择爱人最重要的是志同道合,默契相投,要把对方的心灵美放在自然美与其他社会条件之上。二是要及时准确地对求爱信息做出判断分析,善于把握自己,以便做出接受、拒绝或再观察的选择。三是要具有良好的心理承受力,能坦然地表达爱、接受爱,承受求爱的拒绝或自己拒绝接受对方爱所引起的心理冲击,保持内心的平衡。

4. 拒绝爱的能力

（1）拒绝爱的勇气

如何委婉而又坚定地拒绝一份不想要的感情不是一件容易的事，很多人都有这样的心理：如果有人追自己，即使这个人不是自己那么喜欢或能接受的人，自己也不太愿意这种被人追求的好感觉马上消失，这种欲拒还迎的态度往往会造成两性关系中的暧昧状态。

这种暧昧在给表达爱情的人带来苦恼的同时，有时候也会让不拒绝的一方陷入对自己品格的怀疑中："我是不是一个玩弄感情的人？"在面对拒绝时还有一种普遍心态，即害怕因为拒绝某人的爱意而让对方痛苦。

（2）拒绝爱的技巧

如果你在交往中，大方公正，言行不暧昧，在平时学习中体现出自己远大的理想和抱负，这本身就可能是对某些人不成熟的爱的回绝，因此在异性交往中一定要注意分寸和把握好度。如何拒绝对方又不伤害对方呢？以下5点可以作为参考。

① 感谢对方爱的表达。

② 温和而坚定地说明自己没有意愿。

③ 赞美对方表达过程中的优点。

④ 说明自己可以接受当朋友的程度。

⑤ 说明自己可以接受的互动方式。

5. 解决爱情中冲突的能力

（1）冲突何以会发生

相恋的两个人，三观完全一致的几乎没有，在家庭出身、成长背景、成长经历、个人爱好等方面更是存在或大或小的差异。如果不能相互理解、尊重差异，甚至打着爱的旗号妄图改造对方，执着于使之成为心目中的理想伴侣，那么不发生冲突几乎是不可能的。加之时间的推移，恋爱进入平淡期，双方爱情不再那样投入，相互猜疑对方是不是不再爱自己了，久而久之，双方就会发生冲突。

（2）冲突是一把"双刃剑"

很多人认为冲突是一件很糟糕的事情，所以面对冲突心力交瘁只想逃避。但任何事物都有两面性，冲突也不例外，恋人之间的冲突就是一个或大或小的危机事件，是危险更是机遇，取决于恋人采取什么样的态度和行为面对冲突。

有的大学生认为，恋爱中的各种琐碎的矛盾和冲突对爱情的伤害不大，但从长远来看，如果不积极面对冲突，而是逃避或者采取暴力的沟通方式，较多的冲突会严重影响恋爱的质量，破坏两人关系的和谐以及彼此的信任。反之，如果把每一次冲突当成对自己的提醒，提醒自己去反思恋人和自己的需求，进而做有效的积极沟通，这样的冲突不仅不会破坏两人的和谐，反而是促进两人关系进一步发展的机遇。

（3）如何解决冲突

面对恋人之间的冲突，著名婚恋心理学家黄维仁提出了以下指导原则。

① 先"存款"再化解冲突

处在冲突关系中的恋人双方,实际上最需要彼此的安慰。在冲突中的恋爱双方首先要学习自我抚慰,并在这个过程中学习如何增加双方的"存款",减少向对方"讨债"。刚冲突的两个人,满脑子都是对方的错误与不对,这个时候,要学会冷静,在不将错误放大的同时,也不将自身的负面情绪放大,并试图在冲突中去寻找爱的痕迹,这是一种在冲突过程中为爱"存款"的行为。"存款"达到一定"数额"之后,恋人潜意识中彼此才能有足够的安全感。

② 学会在平静的情境下对话

恋爱双方平时不做有效的沟通,总是等到吵架之时才做"激烈的沟通"。然而盛怒之下的沟通,常是"沟而不通",还伤害对方的感情。恋人之间应学会在平静的情境下对话,是促进恋爱关系的关键。恋人间的冲突,多半是在双方毫无心理准备之时,被对方突发的批评或行为所引爆的。换言之,其在清醒、理性的意识状态中,较不会被激怒而生气,也较能掌握、选择自己的行为。

③ 适时休战,避免意气相争

研究显示,当人的心跳比平时的基数快10次以上时,大脑处理资讯的能力便大受影响。人很难在情绪激昂之时理性地解决问题。因此,恋人要吵架之前,最好学会挂免战牌,避免彼此伤害。

6. 承受失恋的能力

当大学生在选择恋爱时,就选择了恋爱可能成功或者分手这两种解决,正确看待失恋,允许自己痛苦才会减轻失恋的痛苦。

(1) 允许自己痛苦

失恋意味着一段亲密关系的失去,这对处在失恋关系当中的双方来说都是一种重要的丧失,所以在失恋的初期不适应、痛苦是很自然的事。试图让自己不痛苦本身是不合理的期待。允许自己痛苦正是较少痛苦的重要方式。

(2) 失恋不等于失败

许多大学生失恋后会觉得自己是一个失败的人,没有能力经营好一段亲密关系,沉溺于"关系的结束意味着我不好"的认知中。有些大学生会因为失恋而对自己某些方面的特质充满怀疑,这种怀疑使人失去勇气,没有信心从失恋的痛苦中走出,也没有信心去开始新的亲密关系。

(3) 失恋可以让人成长

失恋是一种挫折,失恋让人孤独,人在挫折中、孤独中更会反省自己、思考自己、改变自己、成长自己。失恋也是一种人生经历,甚至会成为自我发展的资本。一段恋爱的成功与否也不是看两个人是否最终走进了婚姻的殿堂,而是看在这段关系中有没有成长。

(4) 失恋也意味着再次恋爱的可能

一个真正健康的人不是不失恋,而是经过反思和成长,使下一次的恋爱变得更成熟更有生命力,在下一次开始新的感情时,依然能热情地去投入和开始。

7. 为爱保鲜的能力

当恋人之间激情褪去,情感归于平淡的时候,难道爱情真的要转为亲情了吗?要使爱情保持新鲜感,需要学习为爱保鲜的能力。婚姻辅导专家盖瑞·查普曼博士在著作《爱的五种语言》中提到的5种爱语,有助于增强为爱保鲜的能力。

(1) 肯定的言词

马克·吐温曾说过:"一句称赞的话,可以让我多活两个月。"用欣赏、鼓励、肯定的言辞与伴侣交流是表达爱的有力工具,简单、坦率的肯定字句就可以塑造美好的氛围,比如"谢谢你今晚到教室来接我,我想让你知道,我很开心""你是一个特别有责任心的人,我觉得我可以信赖你"等。称赞、鼓励、欣赏你的恋人而非命令、否定、责难,这样才能塑造亲密的氛围,也有助于激发对方的潜能。

(2) 精心的时刻

精心的时刻是指给予对方全部的注意力。两个人坐在沙发上一起看电视是否是精心的时刻呢?答案是否定的,因为这时候你的注意力可能在电视剧的剧情或者NBA湖人队的得分上。所谓的给予对方全部的注意力,是指关上电视,彼此注视并且交流,全神贯注地倾听和回应对方。精心的时刻包含集中注意力、精心的会话、认真的倾听和精心的活动。

(3) 接受礼物

在人类的文化中,送礼物是爱情中的一部分。礼物是爱的视觉象征,是思念的象征。礼物是否值钱无关紧要,重要的是收到礼物的一方知道对方心里有他(她)。爱的想法要经由礼物实际地表达出来,并且礼物要送出去才算数。所谓的"爱要说,爱要有行动,爱要让对方知道"说的就是这个道理。

(4) 服务的行动

所谓服务的行动,是指做你的恋人想要你做的事,通过替他(她)做事来表示对他(她)的爱。很多人认为感觉自己被爱的主要方式,是来自恋人的服务的行动。很多服务的行动都涉及干家务,要学习这种爱语,首先要打破"男人不应当做家务"这样对性别角色的刻板印象。

(5) 身体的接触

身体的接触时沟通情感的一种方式,也是表达爱的有力工具。研究表明,有人拥抱、抚摸的婴孩,比那些长期没人拥抱、抚摸的婴孩在情绪发展上会更健康。肢体的接触是爱最有力的表达方式,这也是为什么在遇到危机的时候,我们都会本能地互相拥抱。

要保持爱情的长久,还应学习处理恋爱与学业、与其他人际交往的关系等。将爱情作为发展的动力,心存爱情的人,会保持美好的精神风貌,散发生活的活力,不断地进取向上,给人以美感和震撼力。

课堂反馈

一、知识评估

请你对自己在了解爱情方面的知识,课前课后分别做个评估。0分代表几乎不了解,10分代表了解很多。

课前评分:＿＿＿＿＿＿＿＿＿＿＿＿＿＿＿＿＿＿＿＿＿＿＿

课后评分:＿＿＿＿＿＿＿＿＿＿＿＿＿＿＿＿＿＿＿＿＿＿＿

二、恋爱心理困扰评估

回想一下,进入大学以来,出现过哪些恋爱方面的困扰? 请按照困扰程度,依次排序列出3条。

第一条:＿＿＿＿＿＿＿＿＿＿＿＿＿＿＿＿＿＿＿＿＿＿＿

第二条:＿＿＿＿＿＿＿＿＿＿＿＿＿＿＿＿＿＿＿＿＿＿＿

第三条:＿＿＿＿＿＿＿＿＿＿＿＿＿＿＿＿＿＿＿＿＿＿＿

三、课堂感受

今天这堂课让我感受最深的是＿＿＿＿＿＿＿＿＿＿＿＿＿＿＿

今天这堂课让我最感兴趣的是＿＿＿＿＿＿＿＿＿＿＿＿＿＿＿

今天这堂课让我获得的收获是＿＿＿＿＿＿＿＿＿＿＿＿＿＿＿

延伸阅读

1. [加拿大]克里斯多福·孟:《亲密关系:通往灵魂的桥梁》,张德芬、余蕙玲译,湖南文艺出版社,2015年版。

2. [美]约翰·格雷:《男人来自火星,女人来自金星》,于海生译,北京联合出版有限公司,2020年版。

3. 余杰:《香草山》,长江文艺出版社,2002年版。

4. 覃彪喜:《读大学究竟读什么》,南方日报出版社,2006年版。

5. 段鑫星,李文文,司莹雪:《恋爱心理必修课》,人民邮电出版社,2019年版。

推荐影片

《真爱至上》

《怦然心动》

《爱情故事》

《当莎莉遇上哈利》

模块七 做情绪的主人
——大学生情绪管理

引 言

　　山因悬崖峭壁而更加险峻,海因惊涛骇浪而更加深邃,人因挫折而更加丰富多彩。同一件事情,不同的人可能会产生不同的情绪。情绪好坏既影响生活、学习和工作,也影响身心健康。学会管理情绪是战胜自我的过程,许多仁人志士正是凭借情绪上的成熟和智慧,为事业争取主动,走向成功。也许现实中会遇到"欲渡黄河冰塞川,将登太行雪满山"的困难,但只要控制好情绪,发愤图强,"长风破浪会有时,直挂云帆济沧海"的一刻终会来临。亲爱的同学们,在我们成长的道路上,唯有明辨是与非、美与丑、善与恶的界限,不以物喜,不以己悲,学会控制情绪,才能叩响成功之门!

学 习 目 标

1. 初步了解情绪的意义并觉察自己的情绪。
2. 了解大学生情绪发展的特点及大学生常见情绪困扰。
3. 了解大学生的情绪健康标准及学会有效管理情绪。

案 例 导 入

　　案例一:小强前两天因为考试没考好,心理有挫折感。他一直责怪自己平时不够努力,考前没有好好准备,考试的时候又粗心大意,他觉得自己不是读书的料,认为自己不如别人,因而垂头丧气,故意远离人群,一个人躲在角落,心情沮丧。

　　案例二:静静心爱的偶像签名照被好朋友小梅弄丢了。那是她千辛万苦、排了两三个小时才得到的,现在却被小梅弄丢了,静静真的很生气。可是小梅是她最好的朋友,而且生气是不好的,万一失控,不晓得会不会伤害到其他人,而且也许会失去小梅这个朋友。所以静静告诉自己:"算了! 丢了就丢了,生气也无济于事。"虽然这样,她还是心有疙瘩,无法再像以前一样对待小梅了。

案例三：小东的学习成绩不好，不喜欢上课，还经常逃课去网吧玩游戏。父母经常教育他，希望他专心读书，将来能凭自己的本领自食其力。但是，小东总是嫌父母啰唆，与他们争吵，一次争吵，他一气之下把电视机砸了，这令父母很伤心。

———— 案 例 互 动 ————

（1）大学生常见的情绪问题有哪些？

（2）你会如何处理你的负性情绪？

（3）如果你是案例中的主人公，你认为如何处理更好？

一、认识情绪

（一）情绪的含义

情绪是以我们的愿望和需要为中介的一种体验性的心理活动。积极的情绪可以使人生活愉快，工作效率提升，有利于身心健康；消极的情绪则会让人郁郁寡欢，工作效率下降，不利于身心健康发展。

课堂活动

心理学家对人的情绪有很多的研究，情绪谱就是可以用来帮助我们了解和提升情绪体验的活动之一，同学们不妨画一下自己的情绪谱，增进对自身情绪的了解。

七色情绪谱

人的情绪状态的变化，主要是在七种不同的状态之间变来变去，心理学家曾用七种不同的颜色来代表七种不同的情绪状态，排列起来就成了下面这样一个"七色情绪谱"。

"红色"情绪——非常兴奋

"橙色"情绪——快乐

"黄色"情绪——明快、愉快

"绿色"情绪——安静、沉着

"蓝色"情绪——忧郁、悲伤

"紫色"情绪——焦虑、不满

"黑色"情绪——沮丧、颓废

如果你能把这个"七色情绪谱"牢记在心，并经常用来"对照检查"，看自己是处于"情绪谱"上的哪种情绪状态，久而久之，你就会养成一种"敏感性"，能够及时地觉察自己的情绪状态发生了什么样的变化。有了这种"敏感性"，你能够对自己的情绪状态做出及时调整。

"七色情绪谱"除了能帮助我们养成一种"敏感性"之外，还有一个用处就是我们可以根据它来思考：当我们在不同环境中的时候，应该处于什么样的情绪状态？一般来说，在与人相处时，应该以"情绪谱"上的"黄色"情绪作为自己的情绪状态的"基调"。这样就能给人一个精神饱满、态度和善的良好印象。情绪变化的幅度不能太大，向上不能超过"橙色"，向下不能超过"绿色"。在遇到问题和麻烦的时候，则应使自己处于"绿色"情绪状态，避免忙中出错，或因急躁而冲撞了人。

"蓝色""紫色"和"黑色"，显然都是在与人相处时不应有的、消极的情绪状态；而"红色"情绪容易使人失去控制，所以，也是不应有的情绪状态。

（二）情绪与情感的关系

情绪和情感都是对需要满足状况的心理反应，是属同一类而不同层次的心理体验，是既有区别又紧密联系着的两个概念。情感是在情绪的稳定固着基础上建立和发展起来的；情感通过情绪的形式表达出来，离开了具体的情绪过程，人的情感及其特点就不可能现实的存在。情绪离不开情感，情绪的变化一般受制于已经形成的情感及其特点。情感的深度决定着情绪表现的强度，情感的性质决定了在一定情景下情绪表现的形式。情感发生过程中往往深含着情感因素。

情绪和情感之间也存在明显的差别。情绪更多的是与生理需要满足与否相联系的心理活动，而情感则是与社会性满足需要与否相联系的心理活动。情绪是人和动物（尤其是高等动物）所共有的，情感则是人类所特有的心理活动，具有一定的社会性。婴儿最初的表情反应具有无条件反射的性质，而情感则在与社会接触的过程中逐渐产生。婴儿对母亲的依恋是在不断受到母亲安抚、关怀的过程中产生出愉快的情绪体验而逐渐培养起来的。情绪是反应性、活动性的过程，具有较强的情境性、激动性和暂时性，会随着情景的改变以及需要满足情况的变化而发生相应的改变。情感具有较强的稳定性、深刻性和持久性，是对事物态度的反映，是构成个性心理品质的稳定成分。情绪表现有明显的冲动性和外部特征。面部表情是情绪的主要表现形式，而情感多以内在感受、体验的形式存在。

（三）情绪的产生

情绪如同我们的身影，时刻跟随着我们。从我们呱呱落地伴随着嘹亮的啼哭开始，我们就拥有了属于自己的情绪，在成长的环境中，我们逐渐学会了以喜、怒、哀、乐、惊、思、恐等丰富复杂的情绪面对周围的世界。

那情绪到底是如何产生的呢？

需要是情绪产生的重要基础。依需要是否获得满足，情绪具有肯定或否定的性质。能够满足已经激起的需要或能促进这种需要得到满足的事物，便引起肯定的情绪，如高兴、快乐、赞叹等；反之则引起否定的情绪，如难过、伤心、失落等。由于很多时候人的需要是多样的，满足了一种需要并不一定能获得肯定的情绪，还要看其主导需要与从属需要之间的关系。

事物是否符合于个人的需要有赖于认知的评估作用。相同的外部刺激未必引发不同个体相同的情绪状态,比如甲乙两人同时对玫瑰花做出如下的评价,甲说:"这个世界真悲惨,这么漂亮的一朵花,竟然开在这么难看而又带刺的梗上。"而乙却说:"这个世界真美好,这么难看而又带刺的梗上竟然开出这么漂亮的一朵花。"不同的人在面对同样事物时,往往会做出不同的情绪反应。因为在诱发情绪的刺激与当事者的情绪之间还存在着当事者认知因素的影响和制约。一般来说,刺激符合人的需要,就会引起积极的情绪,反之则引起消极情绪,与自己无关的刺激则不引发情绪反应。

个体内在因素及其变化也可以诱发不同的情绪状态。内在因素包括生理因素和心理因素两方面。生理因素如激素分泌及其改变、疾病等,都可以成为内在刺激而影响情绪,如月经前期紧张症就是由雌激素分泌变化引发的情绪失常;心理因素包括记忆、回忆、联想、想象等心理活动,会令活动个体产生不同的情绪,"境由心造"即指不同的心理活动引发不同的情绪反应。可见,主观的情绪反应不仅与刺激相关,还与个体的经验、知识等心理因素相关。

(四) 情绪的构成

1. 生理唤醒

生理学和心理学研究表明,中枢神经系统对情绪起着调节和整合作用。在不同的情绪状态下,人的心律、血压、神经、呼吸、消化、内分泌等系统都会发生一系列的变化。人在焦虑状态下,会感到呼吸急促、心跳加快;在恐惧状态下,会出现身体战栗、瞳孔放大;在愤怒状态下,会出现汗腺的分泌增加、面红耳赤等生理特征。

2. 主观体验

情绪具有主观体验色彩,不同的人面对不同的事情时会产生不同的情绪体验,例如人在受到伤害时,会感到痛苦;当自己的需要得到满足时,会感受愉快幸福;当自己的需要没有被满足时,会感到不愉快难过;当面对危险情景时,会感觉到恐惧;当失去亲人时,会感到悲伤。

3. 外在表现

情绪的外在表现通常体现在面部表情、肢体动作、语音语调等各方面,统称为表情,包括面部表情、动作表情和声音表情。当需要得到满足时会喜笑颜开,当需要得不到满足时会垂头丧气;获得成功时会手舞足蹈,遭遇挫折时会愁眉苦脸。

情绪脸谱

悲伤

愤怒

吃惊

  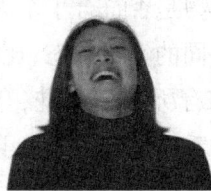

厌恶　　　　　　　　　兴趣　　　　　　　　　愉悦

（五）情绪的分类

按照情绪发生强度、持续性和紧张度，可以把情绪分为心境、激情、应激三种状态。

1. 心境

心境是一种比较微弱、持久且具有渲染性的情绪状态。人逢喜事精神爽、遇到烦心事忧心忡忡等，均为心境的不同表现。大学生活中人际关系的远近、气温的高低、学习中遇到的困难均可能导致某种心境的产生。心境具有渲染性，当个体处于某种心境之中时，他的言行举止、心理活动都会蒙上一层相应的情绪色彩；同时也具有弥散性，此时心境不具有特定的对象，蔓延的范围较广，常常会影响大学生整个人的言行。正如古语"忧者见之则忧，喜者见之则喜"说的，由于各自的心境不同，会带着自己的渲染性、弥散性的心境去看待其他事，体验是不同的。具体说来，假如某大学生学习好，表现好，又得到教师夸奖，心里当然是愉悦的，在这一心境下，上课会很有精神，思维敏捷，反应快，课后做事也轻松麻利，与同学交谈兴致勃勃，脸上时常带着笑容，生活中的一切对他来说是那么的美好。这种愉快喜悦的体验使他在较长时间都会感染上一种满意的、愉快的情绪色彩。反之，如果因为人际关系处理不好，或受到老师的批评，那么他在某段时间内都会感到心情压抑，愁眉苦脸，做什么事都打不起精神来。

心境持续的时间可长可短，短则几小时甚至几十分钟，长则几个月甚至几年。心境持续时间的长短取决于产生该心境的客观环境和个体的个性特点。重大的生活事件导致的心境持久，性格内向、沉闷的人心境持续时间可能更长。

2. 激情

激情是一种强烈而短暂的、爆发式的情绪状态。如欣喜若狂、悲痛欲绝、气急败坏、惊恐万分等均为激情的不同表现。

由于激情大多是由重大事件（巨大成功、严重挫折等）的强烈刺激所致，人们总伴以强烈的生理反应和表情行为，有强烈的体内活动和明显的外部表现，因而激情具有爆发性和冲动性的特点。例如，狂喜时会手舞足蹈，发怒时会暴跳如雷，恐惧时则面如土色，有时则以一言不发、呆若木鸡、萎靡不振等极端形式表现出来。

激情也有积极和消极之分，积极性的激情使人的感情完全投入当前活动中，激发个人的潜力，完成眼前的活动，如生活中的见义勇为，解放战争时保家卫国的激情。消极性的激情也会产生很大的破坏性和危害性，例如，有的大学生一时"性"起，激情中失去理智，而导致"一失足成千古恨"的后果。

需要指出的是,激情的爆发性、冲动性程度,应视当时的情景和个体、群体的行为特征不同而有所差异,所产生的积极或消极作用也不同。

3. 应激

应激是出乎意料的紧迫情况所引起的高度紧张的情绪状态。往往出现在出乎意料的危险情景或紧要关头,如火灾、地震、高考等都属于应激源。

在应激状态下,人可能有两种表现:一种是目瞪口呆,手忙脚乱,陷入困境;一种是急中生智,及时行动,摆脱困境。应激时会产生系列的生理反应。1974年,加拿大生理学家塞利指出,在危急状态下的应激反应会导致适应性疾病。有关研究表明,应激会引起"一般适应综合征"的发生,出现警觉阶段—反抗阶段—衰竭阶段……,最终使有机体精疲力竭,抵抗力下降,出现适应性疾病。

应激状态下有积极的反应与消极的反应。积极反应表现为急中生智,力量倍增,使体力和智力充分调动起来,获得"超常发挥";而消极反应表现为惊慌失措,四肢无力,眼界狭窄,思维阻塞,动作刻板或反复出错,正常处理事件的能力大大削弱。因而在大学学习生活中,应发挥积极作用,避免出现消极反应,并适度控制应激反应,促进身心健康。

知识拓展

应激源是指能引起全身性适应综合征或局部性适应综合征的各种因素的总称。根据来源不同,将其分为以下三类。

1. 外部物质环境。包括自然环境变化的和人为因素两类。属于自然环境变化的有寒冷、酷热、潮湿、强光、雷电、气压等,可以引起冻伤、中暑等反应。属于人为因素的有大气、水、食物及射线、噪声等方面的污染等,严重时可引起疾病甚至残废。

2. 个体的内环境。内、外环境的区分是人为的。内环境的许多问题常来自外环境,如营养缺乏、感觉剥夺、刺激过量等。机体内部各种必要物质的产生和平衡失调,如内分泌激素增加,酶和血液成分的改变,既可以是应激源,也可以是应激反应的一部分。

3. 心理社会环境。大量证据表明,心理社会因素可以引起全身性适应综合征,具有应激性。尤其是亲人的病故或意外事故常常是重大的应激源,因为在悲伤过程中往往会伴有明显的躯体症状。研究表明,配偶死亡的一年中,丧偶者的死亡率比同年龄未丧偶者要高出很多。

（六）情绪的功能

情绪是在适应外界变化的过程中产生的,是具有重要作用的工具。情绪对大学生的作用主要表现在以下几个方面。

1. 自我保护功能

每一种情绪都具有一定功能,最基本层面上,情绪可以根据当下周围环境帮助我们做出更迅速的反应。例如,当身体或人的其他方面受到威胁时,人产生恐惧以应对;当发生利益或权利上的冲突时,人产生愤怒以应对;当吃到不适的食物或污物时,会产生厌恶感。这些情绪反应表现出非常明显的自我保护性倾向。

2. 信号传递功能

情绪是人们社会交往中的一种心理表现形式。情绪的外部表现是表情,表情具有信号传递作用,属于一种非言语性交际。一个人不仅能凭借表情传递情绪情感信息,而且也能凭借表情传递自己的某种思想和愿望。在日常生活中,55%的信息都是靠非言语表情传递,38%的信息是靠言语表情传递的,只有7%的信息是靠言语传递的。当老师布置学生开展一项社会活动时,学生表现出的不愉快会被老师察觉,老师就会适当修改活动的内容,或者和学生沟通。情绪信号功能的也是指向自己的,我们可以善用情绪的信号功能作为自己的指引。因此,情绪本身没有问题,我们要学会理解我们的负情绪,从中了解我们内心深处最真实的想法。

情绪的信号传递还表现在情绪的漫延上,情绪漫延是指个体的情绪对于自身和他人的情绪具有影响的效能。当情绪在个体身上发生时,个体会产生相应的主观体验,还会通过外部的表情动作,为他人所觉察并引起他人相应的情绪反应。心理学研究表明,一个人的情绪会影响他人的情绪,而他人的情绪反过来能再影响这个人原先的情绪,人与人之间的情绪相互作用、相互漫延。

心理效应

踢猫效应

一位父亲在公司受到了老板的批评,回到家就把在沙发上跳来跳去的孩子臭骂了一顿。孩子心里窝火,狠狠地去踹身边打滚的猫。猫逃到街上,正好一辆卡车开过来,司机赶紧避让,却把路边的孩子撞伤了。

这就是心理学上著名的"踢猫效应",描绘的是一种典型的坏情绪的恶性循环。在现实的生活里,我们很容易发现,许多人在受到批评之后,不是冷静下来想想自己为什么会受批评,而是心里面很不舒服,总想找人发泄心中的怨气。其实这是一种没有接受批评、没有正确地认识自己错误的一种表现。受到批评,心情不好这可以理解。但批评之后产生了"踢猫效应",不仅于事无补,反而容易激发更大的矛盾。

3. 社会适应功能

情绪能够使个体针对不同的刺激事件产生灵活自如的适应性反应,并调节或保持个体与环境间的关系。情绪之所以具有灵活性的特征,是因为情绪的机能不仅可以来源于个体全部的先天机能,而且还来源于学习及认知活动。情绪的适应功能从根本上说是服务于改善和完善人的生存、生活条件的。

4. 身体机制调节功能

中医有"喜伤心、怒伤肝、忧伤肺、思伤脾、恐伤肾"的说法。七情与人体肝脏功能获得有密切的关系。七情是人对客观事物的不同情绪反应,一般情况下,正常反应程度不会使人致病,只有突然强烈或长期持久的情绪刺激,超过机体本身所能承受的正常生理调节活动范围,使机体脏腑功能紊乱,阴阳气血失调,才会导致疾病的发生。

一般而言,适度紧张兴奋的情绪对大学生的健康是有益的,它能使心肌收缩增强、呼吸频率和深度增加,使机体处于激活状态,增强机体活力,产生强大的生理动力。如火灾发生时,人们可以搬动平时根本无法挪动的东西;当处于危险境地时,逃离时的奔跑速度远快于平时;运动员上场前的热身也属于调动身体肌肉的兴奋性。医学研究发现,积极快乐的人要比悲观抑郁的人更易于从疾病中康复,胜利者的创伤要比战败者痊愈得快些。"笑一笑,十年少,愁一愁,白了少年头"的说法虽然夸张,但却体现了情绪对身体健康产生的影响。

心理效应

鲇鱼效应

挪威人喜欢吃沙丁鱼,但是沙丁鱼捕捉上来以后,如果不活动,很容易缺氧而死。而鲇鱼是一种生性好动的鱼。于是渔民往往会在放沙丁鱼的鱼槽里放几条鲇鱼。由于鲇鱼是食肉动物,有锋利的齿牙,所以沙丁鱼为了逃避鲇鱼便会四处游动,从而也避免了缺氧而死。这就是著名的"鲇鱼效应",说明适度的紧张兴奋情绪对身体是有益的。

二、大学生的情绪特点及表现方式

(一)大学生情绪发展的特点

大学生处于青春期向青年期过渡的时期,与中学时代相比,仍然具有兴奋性高、自尊心强、敏感性高等特点,情绪波动仍较大。但随着生活的变化,自我的发展,更具有自己的特点,这时大学生的情绪内容丰富多彩、情绪表达趋于隐蔽,同时,情绪的变化趋于稳定和成熟。

1. 情绪内容丰富多彩

大学生活内容的丰富多彩,使得大学生的情绪活动对象扩大,出现许多前所未有的情绪体验。他们参加各种各样的社团活动,培养自己对琴棋书画的兴趣,广泛交友;随着身心的发展和学校的情感教育培养,表现出很高的爱国热情,关心时事政治,关心国家的科技经济发展,对社会不公正现象、贪污腐败现象深恶痛绝;学习专业知识,潜心钻研自己感兴趣的科学知识;对中西文化艺术的鉴赏能力提高,并通过自己的旅游参观学习亲身实践,欣赏和赞颂祖国山河风光的美好。

2. 情绪容易起伏波动

大学生具有较高的文化修养,对情绪已有一定的控制力,情绪比较稳定。但是,大学生年龄一般在17—23岁,身心发展处于走向成熟而又未完全成熟的阶段,情绪反应不稳定,有时易走极端。导致大学生情绪起伏波动的主要原因,是大学生在生理、社会和心理上发展的不平衡性所产生的矛盾冲突,常在情绪体验中得以表现;另外,大学生辩证思维的发展水平还不是很高,对待矛盾容易产生偏激,易引起情绪上的两极反应。遇到挫折灰心丧气,受到表扬极其振奋。如考试失败、受到批评、要求没被满足等,都可能懊悔、惆怅;当受到表扬、学习取得优异成绩、某项工作得到肯定时,则会手舞足蹈,甚至"大摆宴席"。随着时间的推移,其外部动作的表现会减少,如愤怒时有的会采取沉默以示对抗等。同时,由于大学生的自尊心强,对一些事过于敏感,也增加了情绪的波动性。比如,学习成绩的优劣、同学关系的好坏、恋爱的成败,甚至同学间衣着、饮食的不同,都会引起大学生情绪的较大波动。

知识拓展

普拉特切克与情绪三维理论

情绪三维模式图由美国心理学家普拉特切克(Plutchik)提出。情感在性质、强度、紧张度等方面存在的向背两极状态,就是情感的两极性。向背两极性不是各占一端,截然对立,而是在一个连续体上的向背两极的变化。美国心理学家普拉切克提出的情绪三维模式(如下图),就反映了情绪在强度上的变化以及彼此之间的对立性质。在他绘制的空间模型图上,最上面的八个扇面里代表八种基本情绪,它们最强烈,故居于顶端,沿扇面向下,越靠近底部,这种情绪就越微弱。在扇面上越邻近的情绪性质上越相似,距离越远,差异越大,互为对顶角的两个扇形中的情绪则是相互对立的。如憎恨和接受,是对立的两种情绪,靠近憎恨的悲痛与其比较近似,靠近接受的喜悦在性质上与其也更为接近。

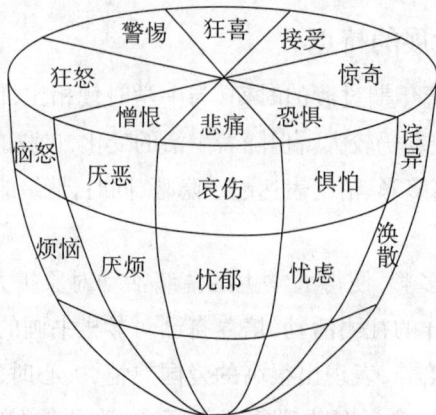

情绪的两极性具体表现在以下几个方面。

（1）肯定与否定的两极性。一般来讲，当人们的需要获得满足时产生的是肯定的情感，如满意、愉快、接受、爱慕等；当人们的需要不能得到满足时产生的是消极的情感，如烦恼、忧虑、悲伤、愤怒等。但在社会生活中，有些情感表达并非如此简单，有时历经磨难，愿望终于得以实现时，反倒悲从中来，喜极而泣；有时愿望无法得到满足时，又会哭笑不得。

（2）积极与消极的两极性。从情感对行为的动力作用看，肯定的情感一般起着"增力"作用，促使人们积极行动，提高活动效率；否定的情感更多地产生"减力"作用，使人意志消沉，不思进取，妨碍活动的顺利完成。当然，在具体情境中，不切实际地盲目乐观，过于兴奋，也会造成不良后果，而忧伤和愤怒有时也能激发人的内在力量，去不断奋斗，有所创造。

（3）强与弱的两极性。人的很多情感存在着由弱到强的程度上的变化。就愤怒来讲，前后就有不同的变化：愠怒、愤怒、大怒、暴怒、狂怒。此外，从好感到酷爱，从愉快到狂喜，从忧伤到剧痛，都是强弱两极上的变化。情感的强度越大，人的行为受其支配的可能性就越大，就越难以自控。

（4）紧张与轻松的两极性。紧张与轻松的体验常常发生在生活中的危急关头或关键时刻。当消防队员去奋力灭火，医疗人员去救死扶伤，演员上台表演，运动员参加大赛，经常会处于高度的情绪紧张状态，一旦这些任务完成，危险解除或关键时刻过去，随之而来的是一种轻松的情绪体验。当然，紧张感也和当事人的处事经验和应变能力有关，有些人越到紧急关头，反而越镇静和从容。过度的紧张感会使人不知所措，反而弄巧成拙。

（5）激动与平静的两极性。激动通常是由于生活中的重要事件引起的强烈而时间短暂的情绪状态，如狂喜、大怒、极度恐惧等。和激动相对立的是平静的情绪，强度较弱，而持续时间较长。人们正常的学习和工作一般都需要在平静的情绪状态下完成，在生活中崇尚"淡泊宁静"也说明平静的情绪对人的生活有重要意义。

3. 情绪外显性与内隐形共存

大学生思维敏捷，反应灵活，对外界刺激敏感，常喜怒哀乐形于色，呈现情绪外显性特点。但由于大学生的社会意识和自我意识的进步发展，始发于青少年早期的心境化情绪得到继续的发展，出现比较微弱而持续时间较长的情绪状态——心境，避免了猛烈而短暂的激情现象的过多出现。同时，大学生在特定场合和特定问题上，情绪并不总是直接外露，而是通过文饰，隐藏自己内心真实的体验，用自己认为适当的形式表达自己的情绪，表现出隐蔽性。比如，在对待异性的态度上，明明对某一异性有爱慕之心，却偏偏表现出无所谓、回避的态度；明明讨厌某人，却可以强装笑脸等。这样，既可保持自己在他人心目中的良好的形象，又逐渐具有了情绪的自我控制能力，使强烈的情绪反应得到一定的调节。大学生的情绪也就表现为外显性与内隐性共存。

4. 激情中走向成熟

大学生活是丰富多彩的，大学生的情绪充满了激情。如听感人的英模事迹报告会后激情澎湃、热血沸腾；看世界杯足球赛而废寝忘食、激动不已；当自己钟爱的足球队最终败北时,会扼腕叹息,气愤不已。大学生情绪的激情化,使得他们常表现出"书生意气",感情用事,出现遇事武断、头脑发热、行为固执,甚至参与打架斗殴、偷盗钱物的冲动违法行为,事后又追悔莫及。

大学生活中伴随许多因情感需求而出现的社会性需要的满足,如毕业生离校时来自学校、教师和同学的情感关怀、理解和尊重,特困生生活困难的解决和同学间的理解、关心和帮助,使得毕业生同学通过捐资助学、树碑留念、赠锦旗给母校、举行毕业升国旗仪式等文明离校方式表达了对母校的留恋和敬重之情;一些特困生同学由过去的易生敌意,不被人理解时好激动、易生怒,转变为表达对学校和同学的感激和谢意,并以满腔的热情投身学习,自强不息,取得了不错的成绩等。

心理测验

情绪稳定性自我测试

指导语:情绪是心理健康的重要标志,一个人的情绪是否稳定反映了他的身心健康状况。本测验共有30道题,每道题都有三种答案,请你从中选择出与自己的实际情况最接近的一种答案,对测验题中与自己生活、身份不相符合的情况,可以不予选择。

(1) 看到自己最近一次拍摄的照片,你有何想法? ( )

A. 觉得不称心　　　　　　　B. 觉得很好　　　　　　　C. 觉得可以

(2) 你是否想到若干年后会有什么使自己极为不安的事? ( )

A. 经常想到　　　　　　　　B. 从来没有想过　　　　　C. 偶尔想到过

(3) 你是否被朋友、同事、同学起过绰号、挖苦过? ( )

A. 这是常有的事　　　　　　B. 从来没有　　　　　　　C. 偶尔有过

(4) 你上床以后是否经常再次起来一次,看看门窗是否关好? ( )

A. 经常如此　　　　　　　　B. 从不如此　　　　　　　C. 偶尔如此

(5) 你对与你关系最密切的人是否满意? ( )

A. 不满意　　　　　　　　　B. 非常满意　　　　　　　C. 基本满意

(6) 在半夜的时候,你是否经常觉得有什么值得害怕的事? ( )

A. 经常有　　　　　　　　　B. 从来没有　　　　　　　C. 偶尔有

(7) 你是否经常因梦见可怕的事而惊醒? ( )

A. 经常　　　　　　　　　　B. 从来没有　　　　　　　C. 极少有

(8) 你是否曾经有过多次做同一个梦的情况? ( )

A. 是　　　　　　　　　　　B. 否　　　　　　　　　　C. 记不清

(9) 是否有一种食物使你吃后呕吐? ( )

A. 是　　　　　　　　　　　B. 否　　　　　　　　　　C. 记不清

(10) 除去看见的世界外,你心里是否有另外一种世界? ( )

A. 是　　　　　　　　　　　B. 否　　　　　　　　　　C. 偶尔是

（11）你心里是否时常觉得你不是现在的父母所生？　　　　　　　　（　　）

A. 是　　　　　　　　B. 否　　　　　　　　C. 偶尔是

（12）你是否曾经觉得有一个人爱你或尊重你？　　　　　　　　　（　　）

A. 说不清　　　　　　B. 否　　　　　　　　C. 是

（13）你是否常觉得你的家庭对你不好，但你又确知他们的确对你好？　（　　）

A. 是　　　　　　　　B. 否　　　　　　　　C. 偶尔是

（14）你是否觉得没有人十分了解你？　　　　　　　　　　　　　　（　　）

A. 是　　　　　　　　B. 否　　　　　　　　C. 说不清

（15）在早晨起来的时候，你最经常的感觉是什么？　　　　　　　　（　　）

A. 忧郁　　　　　　　B. 快乐　　　　　　　C. 不清楚

（16）每到秋天，你经常的感觉是什么？　　　　　　　　　　　　　（　　）

A. 秋雨绵绵或枯叶遍地　　B. 秋高气爽或艳阳天　　C. 不清楚

（17）在高处的时候，你是否觉得站不稳？　　　　　　　　　　　　（　　）

A. 是　　　　　　　　B. 否　　　　　　　　C. 偶尔是

（18）你平时是否觉得自己很强健？　　　　　　　　　　　　　　　（　　）

A. 是　　　　　　　　B. 否　　　　　　　　C. 不清楚

（19）你是否一回家就立刻把房门关上？　　　　　　　　　　　　　（　　）

A. 是　　　　　　　　B. 否　　　　　　　　C. 不清楚

（20）当你坐在房间里把门关上时，是否觉得心里不安？　　　　　　（　　）

A. 是　　　　　　　　B. 否　　　　　　　　C. 偶尔

（21）当需要你对一件事做出决定时，你是否觉得很难？　　　　　　（　　）

A. 是　　　　　　　　B. 否　　　　　　　　C. 偶尔是

（22）你是否常常用抛硬币、玩纸牌、抽签之类的游戏来测凶吉？　　（　　）

A. 是　　　　　　　　B. 否　　　　　　　　C. 偶尔是

（23）你是否常常因为碰到东西而跌倒？　　　　　　　　　　　　　（　　）

A. 是　　　　　　　　B. 否　　　　　　　　C. 偶尔是

（24）你是否要用一个多小时才能入睡，或醒得比你希望的早一个小时？（　　）

A. 经常这样　　　　　B. 从不这样　　　　　C. 偶尔这样

（25）你是否曾看到、听到或感觉到别人觉察不到的东西？　　　　　（　　）

A. 经常这样　　　　　B. 从不这样　　　　　C. 偶尔这样

（26）你是否觉得自己有超越常人的能力？　　　　　　　　　　　　（　　）

A. 是　　　　　　　　B. 否　　　　　　　　C. 不清楚

（27）你是否曾经因有人跟你走而心里不安？　　　　　　　　　　　（　　）

A. 是　　　　　　　　B. 否　　　　　　　　C. 不清楚

（28）你是否觉得有人在注意你的言行？　　　　　　　　　　　　　（　　）

A. 是　　　　　　　　B. 否　　　　　　　　C. 不清楚

（29）当你一个人走夜路时，是否觉得前面潜藏着危险？　　　　　　　（　　）

A. 是　　　　　　　　　　B. 否　　　　　　　　　　C. 偶尔

（30）你对别人自杀有什么想法？　　　　　　　　　　　　　　　　　（　　）

A. 可以理解　　　　　　　B. 不可思议　　　　　　　C. 不清楚

评分规则：

以上各题凡选 A 得 2 分，选 B 得 0 分，选 C 得 1 分。请将你的得分统计一下，算出总分便可知你的情绪稳定水平。

结果分析：

0—20 分，情绪稳定、自信心强。

21—40 分，情绪基本稳定，但较为深沉、冷静。

41 分以上，情绪极不稳定，日常烦恼太多。

（二）大学生常见的情绪困扰

情绪困扰，是指人的某一情绪发生的频度和强度过度时，引起情绪之间、情绪与认知及人格适应性的冲突，并加重负性情绪的反应。情绪困扰是现代大学生常见的心理问题，大学生情绪困扰的主要类型有：自卑、焦虑、抑郁、恐惧、发怒和嫉妒等。

1. 自卑

阿尔弗莱德·阿德勒在《自卑与超越》一文中表示：自卑是指一个人的自身或自身的环境不如其他人的自卑观念作为潜意识的核心欲望和情感所形成的一种复杂的心理。简单而言，自卑是一种因过多地自我否定而产生的自惭形秽的情绪体验。

大学生的自卑主要表现如下。

（1）缺少自信心

大学生个体在人际交往过程中可能常遇到不能克服的障碍，导致交往挫折感的发生。如失恋，常常就会引起失恋者较长时间的不良情绪反应。对待这种爱情挫折，有自卑倾向的人会难以忍受，把失败归因于自己的无能或倒霉的命运，因而灰心丧气、意志消沉。这种不良后果会产生消极的自我暗示，使得自卑心理更深入内心，并不断膨胀，以致丧失交往的勇气和信心。

（2）孤独、对人际关系敏感

由于先天或后天的原因，有些大学生常因个子矮、过胖、五官不正、身体残疾、缺陷等抑制了自己天性的发挥，于是感到精神压力重重，常怀疑或担心自己的缺陷被人耻笑，因此而离群索处，不敢主动交往或接受友谊。

（3）过低估计自己的才智水平

有些大学生由于学业上、工作上成绩平平，无出色表现而过低估计自己的才智水平，甚至导致对整个自我认识消极，认为自己"处处不如别人"，于是在交往中过于拘谨，放不开手脚，担心自己成为笑料或被人算计。

（4）形成"低人一等"的心理定式

自卑者大多对自己的性格、气质特征有些了解。但他们对于自身存在的不利于交往的性格特征，总表现出无能为力的态度，叹曰"江山易改，禀性难移"。如那些自认为性格怯懦、抑郁低沉、反应迟缓者，多不敢主动结交朋友，常常"天马行空，独来独往"。

心理论坛

每个人都有天生的优势

成功心理学发现，每个正常人都有其独特的优势。才干、知识和技能合在一起就构成了个人的优势。才干是先天的，而技能和知识能通过学习和实践获得。一个人需要识别自己的主导才干，然后针对性地获得相应的知识和技能，继而将它们转化为优势。最重要的是每个人应该知道自己的优势是什么，之后要做的则是将自己的生活、工作和事业发展都建立在这个优势之上，这样方能成功。盖洛普曾做过上万个成功企业家的研究，通过案例分析发现，尽管其路径各异，但成功者有一个共同点，就是扬长避短。而"传统智慧"则鼓励人们不遗余力地去纠错补缺，然而当人们把精力和时间用于弥补缺点时，就无暇顾及增强和发挥优势，它会消耗大量的心理能量，使人越来越难以保持热情。因此成就自我的两大原则就是：最大限度发挥优势而不是克服弱点，通过学习和实践获得成功品质以形成和保持自身的优势。

2. 焦虑

焦虑是一种伴随着某种不祥预感而产生的令人不愉快的情绪，是一种复杂的情绪状态。它包含有紧张、不安、惧怕、愤怒、烦躁、压抑等情绪体验。许多人说不出自己焦虑的原因，但研究已经表明，事情的不确定性是产生焦虑的根源。

大学生常见的焦虑有自我形象焦虑、学习焦虑与情感焦虑。自我形象焦虑是担心自己不够漂亮、没有吸引力，如过胖或矮小等，也有的因为粉刺、雀斑等影响自我形象而引起的焦虑。这类焦虑主要与自我认知有关，需要通过调整自我认知重新接纳自我，建立新的自我形象。与学习有关的焦虑有学习焦虑、考试焦虑，这在学生情绪反映中最为强烈，需要引起重视。情感焦虑多由于恋爱受挫而引发的自我否定，认为自己不具备爱人与被爱的能力，因而过度担心引起焦虑。

大学生产生焦虑的原因主要有以下几点。

（1）因适应困难产生的焦虑

由于生活环境和学习方式的转变，造成对新环境难以很快适应，因而引起的各种焦虑反应。

（2）学习上的不适应导致的焦虑

不少大学生习惯了高中时被动的学习方式，进入大学后对大学的学习方式不能快速适应。课堂上老师讲授的知识变少，自己思考的内容变多，图书馆自行查阅的时间变长，但是经常束手无策,不知道该如何自主学习,长此以往无所适从,从而逐渐焦虑。

（3）考试焦虑

考试焦虑是由于担心考试失败或渴望获得更好的分数而产生的一种忧虑、紧张的心理状态。大学生的考试焦虑一般出现在期中、期末考试前后。容易产生考试焦虑的大学生,通过提升自己的专业知识水平或提高对自己能力的评价或降低对自己成绩的期待均可减轻考试焦虑。

（4）躯体焦虑

大学生因学习比较紧张、压力过大或者因生活作息紊乱造成的身体健康水平下降,如失眠、疲惫、无力等。当这些因素作用于那些过分关注自己健康状况的大学生时,便可产生躯体焦虑。通过劳逸结合、加强体育锻炼或减少对身体的过分关注均可缓解躯体焦虑。

3. 抑郁

抑郁也是极为复杂的消极情绪状态,是一种感到无力应对外界压力而产生的消极情绪,常常伴有厌恶、羞愧、自责、自卑等情绪体验。抑郁就像其他负性情绪一样,人人都体验过,但是对于大多数人而言,抑郁情绪只是偶尔存在,很快就会过去,并不会影响到正常生活和人际交往,但是,对于另外少数人而言,抑郁会伴随其很长一段时间,从而导致抑郁症。大学生抑郁情绪主要表现为:情绪低落、思维迟缓、郁郁寡欢、闷闷不乐、兴趣丧失,体验不到生活、学习的快乐,并伴有食欲减退、失眠等。

抑郁情绪是大学生群体中一种比较普遍的不良情绪。在大多数情况下,抑郁情绪都可找到较为明显的精神因素的影响,主要表现为因学习成绩落后、失恋、人际关系不和谐、宿舍矛盾等其他负面生活时间导致的影响。然而,失恋或学习上的失败是大多数学生都可能遇到的情况,并不是每个人都会产生如此强烈的抑郁情绪反应。一些大学生产生抑郁是由于对一些负面事件的错误认知或不合理信念,以及因此而对自我价值的不合理评价。因此,改变不合理观念,对出现的负面生活事件和自我价值建立正确认识、评价和态度是克服和消除抑郁的关键,这与克服自卑的方法是一样的。要克服抑郁心理,首先应培养乐观的人生态度。抑郁是一种消极的情绪,它可能是暂时的,产生这种消极情绪,是抑郁者消极认知的结果。如有的同学由于一次没考好就一蹶不振,片面地认为没考好,就是不聪明,就不是一个好学生;由于一次感情的失败,就认为自己不值得被爱,不会再拥有爱情了等,这可能都是客观原因造成的,只要好好努力,汲取经验,下次遇到问题就会迎刃而解。因此,要学会全面、辩证地看问题,没有失败就不会成功。

知识拓展

抑郁与抑郁症并不相同

严格意义上来讲,抑郁症与通常情绪抑郁之间有本质的区别。抑郁症是一种长期持续的情绪低落状态,并且影响了其生活质量和社会适应功能。典型抑郁症有生物节律性变化的特征,表现为晨重夜轻的变化规律。如每天清晨时心境特别恶劣,痛苦不堪,因而不少抑郁症患者在此时会伴有自杀的念头,但是这种情况到了晚上会稍微缓解一些。

与之不同的是,抑郁情绪是由现实因素引发的,短时间的一种负性情绪。抑郁情绪属于人的正常情绪的一部分,会随着问题的解决及积极的心理调整而渐渐消退。因为现实的压力而产生的抑郁情绪,并不能诊断为抑郁症。

抑郁与抑郁症并不是一回事。抑郁是一种消极情绪倾向,而抑郁症是一种对人类危害很大的心理疾病。抑郁就像其他情绪反应一样,人人都曾体验过或会体验到。对大多数人来说,抑郁情绪只是偶尔出现,一旦时过境迁便会逐渐缓解,但也有少数人长期处于抑郁状态,最终导致抑郁症。

人作为社会的一员,总会受到这样或那样的情绪困扰,其实情绪只是一种能量。如果过度担心及恐惧"抑郁",把注意的焦点过分地放了"抑郁"这种情绪中,没准有一天真的会被"抑郁症"找上门,所以要适时调整心态。

4. 易怒

心理学的研究表明,在一般情况下,情绪反应都是由大脑皮层决定的。但是,美国纽约大学的莱克杜斯通过研究表明,并不是所有的情绪的发生都要经过大脑皮层的加工整合与评估,他认为:"除了情绪通道之外,另有一小络神经元直接自丘脑连接到杏仁核,通过这些狭小通道,杏仁核可直接在大脑皮层尚未做出评价之前抢先做出反应导致有机体的一时冲动。"处于青春期的大学生内分泌系统处于空前活跃时期,大脑神经过程的抑制和兴奋发展不平衡,内制力较差,容易冲动。易怒是大学生常见的一种消极激情,有的大学生因为一件小事或一句话激动得暴跳如雷或出口伤人,甚至动拳脚打人。

大学生的易怒一是由于性格因素,二是由于错误认知。如:发怒可以威慑他人,发怒可以推卸责任,发怒可以挣得面子,发怒可以解决问题等。然而事实相反,易怒者得到的不是尊严、威信,而是他人的厌恶,所以通常人在发怒后会心生后悔、情绪不宁。

5. 冷漠

冷漠是指人对外界刺激缺乏相应的情感反应,对生活中的悲欢离合无动于衷。大学生冷漠情绪的行为表现为对生活缺乏热情,对周围的人和事漠不关心,对集体和同学态度冷淡,对学习应付了事、缺乏兴趣,大多冷漠的人独来独往,十分孤僻。这种情绪状态产生的原因主要是人的心理、生理与外部环境产生了矛盾和冲突造成的。

6. 嫉妒

嫉妒是一种消极的情感,它包含忧虑和疑惧、愤怒和怨恨、羡慕和憎恶、猜疑和失望、屈辱和虚荣,这其实是看到与自己有相同目标或志向的人取得成功时产生的一种不恰当的不适感。嫉妒的内容是多样的,在大学校园里,嫉妒主要有嫉妒才能、财富、德行、美丽等方面。嫉妒的表现形式分为攻击型和愤怒型。攻击是对外的,即产生嫉妒的大学生发泄心里不满情绪。具体表现为:恶意诽谤对方,如四处散布流言蜚语、说风凉话、打小报告、讽刺挖苦对方、编造是非、指桑骂槐等。愤怒则是对内的,是产生嫉妒心理的大学生把嫉妒的发泄转向自己的一种表现。

嫉妒是否对人有好作用,关键在归因,如果觉察到嫉妒,进而意识到自己的不足,从此奋起努力,那么嫉妒就是一种成长的力量。心理学家李子勋认为:"人类的心智成长来源于人开始问自己:我是谁? 自我觉察是重要的。意识到自己在嫉妒,找到自己与他人的差距,了解到自己的能力与自我边界,嫉妒可以升华为一种欣赏他人的愉悦。"积极型的嫉妒是事业成功的动力,内心产生积极暗示的力量,不断地鼓励自己,激励自己朝最好的方向去努力,从而获得进步;而消极型的嫉妒则是滋生邪恶的因素,内心产生消极的色彩,在不平衡的心理中容易导致产生不理智的行为,从而影响自己和他人。

大学生在与他人的学习、生活、社交、恋爱等方面,都容易产生嫉妒的心理。每个人都有上进心,希望向比自己更优秀的人看齐,这样的心理一定程度上带给我们奋斗的力量,但如果把这种情绪发展成消极型的嫉妒,就会对自己和他人造成身心上的伤害。事实上,与其羡慕别人的成就,不如自己去努力争取吧。

三、大学生情绪管理与调适的方法

(一) 健康情绪的标志

情绪是心理健康的窗口,它在很大程度上反映了心理健康的状况。情绪是否健康有如下几个基本标志。

1. 情绪的表达明确

健康情绪的人能够通过言语、仪态和行为准确表达情绪,能够采用合适的方式进行表达和宣泄。

2. 情绪反应有因、有时、有度

健康情绪的人其情绪反应无论积极还是消极均是由一定的原因引起的,情绪反应的时间与反应的强度与引起该情绪的情境相符,不会产生过于激烈的、时间超长的情绪反应。

3. 主导心境为积极情绪

健康情绪并不否认消极情绪存在的合理性,没有消极情绪就谈不上如何促进健康情绪了,所以情绪本身没有问题,但是如何调整情绪比较重要。健康情绪者必须是积极情绪多于消极情绪,而且所出现的消极情绪时间较短、程度较轻,不涉及与产生消极情绪无关的人和事,即不泛化。否则,情绪反应就是不健康的。

对于大学生来说,健康的情绪具体表现在以下5点。

(1) 了解和接纳自身情绪的变化

每个人的情绪都不是一成不变的,因内在或外在因素的变化,经常导致一个人的情绪变化,喜怒哀乐时常发生,我们首先能做的就是了解和接纳自身情绪变化的特点,不过度放大或缩小自身的情绪。

（2）培养积极乐观的人生态度

善于寻找和发现自身和他人身上的闪光点，积极聆听和汲取生活中能够给人带来正能量的话语，逐步培养自己更多的积极情绪。

（3）拥有良好的情绪调控能力

能够在情绪变化的过程中采取适当的方法合理调控情绪，不要让激烈的情绪出现。

（4）能够拥有宽容的心态对待自己和他人

宽容是人类的美德之一，拥有宽容和包容态度的人会拥有更多的人际资源，也会让自己的生活道路越走越宽，从而积极的情绪也就会不断增加。

（5）掌握调整情绪的方式

在学习中适当掌握自我认知的方法、行为调节的方法，也可以在学校做情绪放松、情绪宣泄等方面的心理训练，在心理老师的帮助下得到积极的心理暗示。

（二）情绪的自我管理

1. 觉察接纳情绪

（1）觉察当下的情绪

情绪管理的第一步就是要正确觉察自己的情绪。当我们产生情绪时，表示生活中有事件刺激而引发警报。与此同时，若我们能察觉到情绪的产生并认知情绪的种类，我们就可以延缓情绪瞬间的爆发，并有针对性地管理调控情绪。

首先，我们要时时提醒自己注意："我现在的情绪是什么？"当发现自己情绪异常时，要特别警觉。

中国传统文化习俗中讲究含蓄、情绪不外露，因此在成长过程中，我们常常压抑自己的情绪，委屈时不能诉说、痛苦时不能哭泣、难过时不能发泄。渐渐地随着长大我们形成了一种忽视、压抑自己情绪的习惯。我们会自动地把情绪压抑下去，或者觉得它无所谓。但是事实上，这些情绪一直存在着，走进我们心里，变成"内伤"，不断积累后的一天突然爆发出来，连我们自己都不知道怎么突然这个样子了。

让我们随时在生活的每一个当下自我沟通、自我觉察、自我提升，学会正确觉察自己的情绪。从现在开始，把我们遇到的每一件事情，每一次遭遇的负性情绪当作一面镜子，透过镜子的来反观自己、识别自己、觉醒自己，学会与自我沟通，与情绪对话。

（2）接纳当下的情绪

我们会觉得令自己感到舒适、愉悦的就是"好情绪"；令自己不适的就是"坏情绪"。但情绪真的有好坏之分吗？我们能说愤怒、悲伤、厌恶、恐惧的情绪就是不好的吗？想象一下，当你在野外遭遇某种动物的攻击，正是你的愤怒给你带来反击的力量；当我们失去心爱的人与物时，正是那份悲伤让我们感受到内心深处的爱；当我们闻到恶臭的气味时，正是厌恶让我们屏住呼吸避免吸入有害气体；当我们遭遇恶狗追逐时，正是恐惧让我们迅速逃跑避免受到伤害……

当我们接纳某一种情绪,它便可得到释放和流动,当我们排斥某一种情绪,它便会堆积、压抑进而变得具有破坏性。情绪无好坏,关键是我们如何看待它,以及是用建设性的方式表达,还是用破坏性的方式表达。有好坏和带有破坏性的是受情绪影响的行为,以及行为带来的结果。

故事分享

坏脾气和钉子的故事

有一个男孩脾气很坏,于是父亲就给了他一袋钉子,并且告诉他:当你想发脾气的时候,就钉一根钉子在后院的围墙上。第一天,这个男孩钉下了40根钉子。慢慢地,男孩可以控制他的情绪,不再乱发脾气,所以每天钉下的钉子也跟着减少了。男孩发现控制自己的脾气比钉下那些钉子来得容易一些。终于,父亲告诉他,现在开始每当男孩能控制自己脾气的时候,就拔出一根钉子。一天天过去了,最后,男孩告诉他的父亲,他终于把所有的钉子都拔出来了。于是,父亲牵着男孩的手来到后院,告诉他:"孩子,你做得很好。但看看围墙上那些坑坑洞洞,围墙将永远不能恢复从前的样子了,你生气时所说的话就像这些钉子一样,会留下很难弥补的疤痕,有些甚至是难以磨灭的呀!"

情绪并没有好坏之分,但是情绪带来的后果却有好坏之分,坏情绪产生的破坏性行为及糟糕的后果即使后悔也可能无法抹平。管理好自己的情绪,对人对己都是非常有利的。

2. 准确表达情绪

人们常常不知道如何表达自己的感受,结果让情绪到处弥散。生活中不难发现这样的现象:父母唠叨时,孩子沉默不语并将自己关在房子里;与同学发生矛盾后不知道如何澄清和解,就自己打自己;被人奚落后不知道如何反击,就自己深夜暗自哭泣……

人们的情绪感受方式因人而异,主要包含以下三种。

(1) 身体型

情绪发生时首先表现为肌肉紧张、出汗,或者脸红、心跳加速等,以身体反应来表现情绪。身体型的人在通过身体表达情绪的同时,也需要尝试用语言或情绪释放来表达自己的情绪,避免在自己无意识的情况下将情绪压抑到内心深处,自己却全然不知。

(2) 思想型

情绪发生时首先会产生思想的动荡,高兴时会认为自己明智而正确,受到挫折时会自责,并产生非理性的想法。自我躯体感受处于次要位置。这种类型的人身体会僵直,思维反应速度快,自责或责备他人多,情绪事件爆发时,往往不知道如何处理,要不就是自我承担并无言以对,要不就是孤注一掷,大发雷霆,在其情绪爆发之时,他人却无法理解其来源。

(3) 情感型

以感受和感性为导向,直接表达自己的感受,在情绪爆发的时候不顾及他人的感受,情绪的波动性较大。发怒时不顾一切,高兴时开怀大笑,但有时不容易做到用恰当的方式表达,在恰当的时间,以恰当的程度把脾气发在正确的人身上。

大家可以对照自己的情绪表达类型,如果是第一种,需要学会使用语言将情绪表达出来;如果是第二种,需要树立理性的观念,并直接面对情绪,而不是沉默不语或不解决问题地乱发脾气;如果是第三种,需要学会管理自己的情绪。

3. 合理管理情绪

情绪如同潮水,有潮涨就有潮落,有积极就有消极,与其在涨潮的时候,等待负性情绪的爆发或压抑,不如学会正确处理和调节负性情绪。

(1) 转移法

转移是从主观上努力把注意力从消极或不良的情绪状态转移到其他事物上的一种自我调节方法。通过转移能够对不良情绪起到控制和克制的作用,这有其生理和心理的内在机理。当感到苦恼、压抑时去参加一些娱乐活动,便可使不良情绪有所缓解。当心情不佳时,可以到户外去欣赏大自然的美丽风景,转移被压抑的心情。到大自然中去走走,对于调节人的心理活动有很好的效果。心绪不好或感到心理压力大、郁闷不乐时,不要一个人关在屋子里生闷气,而应该走出去,到环境优美、空气宜人的花园、郊外,甚至是农村的田园小路上走一走,舒缓下身心,去除一些烦恼。当然,转移的方式还包括看电影、下棋、打球、跑步等,可根据个人的情况而定。

(2) 合理宣泄法

宣泄是指采用一定的方法和方式,把人体的情绪体验充分表达出来。情绪的宣泄是平衡身心的重要方法。如果情绪得不到适当的宣泄,则会积压于身心,使身心健康受到影响。从心理健康的角度看,不仅不良情绪需要宣泄,愉快的情绪也需要宣泄。

情绪宣泄可分为身体和心理两方面。身体方面的宣泄,如哭、笑、运动、文娱活动等。例如,当生气和愤怒时,可以到空旷的地方去大喊几声,或者去参加一些重体力劳动,也可以进行比较剧烈的体育活动,把心理的能量变为体力上的能力释放出去。还可以和青春洋溢的孩子们一块玩一玩,他们的童真会给人带来快乐,消除烦恼;或是照一照镜子,看看自己暴怒的脸有多丑,不如笑笑,苦中作乐几次,哀怨、愁容、烦恼也就逐渐化解了。身体方面的宣泄,应以不损害自己、他人和社会的利益为原则。心理方面的宣泄指的是,借助与他人的谈话和讨论来调整认知与改变一些不合理的信念的过程。

(3) 自我安慰法

对于每个人来说,不可能所有的需要都能得到满足。为了消除挫败感和由此带来的不良情绪反应,要学会找出合乎情理的原因来为自己辩解和解脱。如考试不理想时,可用"胜败乃兵家常事"来进行自我安慰。有时自我安慰是种自欺欺人的行为,偶尔用一下对于缓解紧张情绪有积极的作用。但经常使用,可能导致当事人不能正确认清现实、评价自我,是不足取的。

(4) 认知调控法

认知调控法指的是当个人出现不适度及不恰当的情绪反应时,理智的分析和评价自己所处的情境,分析形式,理清思路,冷静地做出应对。认知调控方法主要是要分析刺激的性质与强度,冷静分析问题所在,可以及时调控过度的情绪反应;寻找多种解决问题的方案,比较后择优而行。

(5)积极的自我暗示

自我暗示是运用内部语言或书面语言以隐含的方式来调节和控制情绪的方法。语言暗示对人的心理乃至行为都有着奇妙的作用。当不良情绪要爆发或感到心中十分压抑的时候,可以通过语言的暗示作用,来调整和放松心理上的紧张,使不良情绪得到缓解。当你将要发怒的时候,可以用语言来暗示自己:"别做蠢事,发怒是无能的表现。发怒既伤自己,又伤别人,还于事无补。"这样的自我提醒,就会使心情平静一些。日记中的自我激励、自我安慰、自我暗示等对情绪也能起到控制和调节的作用。

知识拓展

阿尔伯特·艾利斯的情绪ABC理论

情绪ABC理论是由美国心理学家阿尔伯特·艾利斯创建的理论,是认为激发事件A(Activating Event)只是引发情绪和行为后果C(Consequence)的间接原因,而引起C的直接原因则是个体对激发事件A的认知和评价而产生的信念B(Belief),即人的消极情绪和行为障碍结果C,不是由于某一激发事件A直接引发的,而是由于经受这一事件的个体对它不正确的认知和评价所产生的错误信念B所直接引起。错误信念也称为非理性信念。

A(Activating Event)指事情的前因,C(Consequence)指事情的后果,有前因必有后果,但是有同样的前因A,产生了不一样的后果C1和C2。这是因为从前因到后果之间,一定会透过一座桥梁B(Belief),这座桥梁就是信念和我们对情境的评价与解释。又因为,同一情境之下A,不同的人的理念以及评价与解释不同B1和B2,所以会得到不同结果C1和C2。因此,事情发生的一切根源缘于信念(信念是指人们对事件的想法,解释和评价等)。

艾利斯认为:正是由于人们常有的一些不合理的信念才使我们产生情绪困扰。如果这些不合理的信念存在久而久之,还会引起情绪障碍。

4. 优化积极情绪

(1)优化自身个性

情绪健康与否还与人的个性密切相关。个性坚强的人,遭到失意与悲伤之事时能够坚持;个性软弱的人,则容易被消极情绪左右。要保持健康的情绪状态,必须优化自己的个性,克服性格、气质等方面的缺陷。如性格外向的人,要注意培养自己的理性思维,使自己变得沉稳,遇事冷静思考,克制冲动;性格内向的人,要学会倾诉与排遣不良的情绪,遇到不愉快的事不要郁积于心。

(2)培养幽默感

具有幽默感的人易于从烦恼中解脱出来。在人际交往中,如果人的语言和动作带有幽默感,就会表现出特有的魅力,使周围的人感觉亲切风趣,自己也轻松自在。幽默是一种良好的协调工具,它可以使本来紧张的情绪变得轻松起来,十分窘迫的场面在欢声笑语中变得消逝无踪。

（3）常怀感恩之心

感恩之心让你拥有积极的情绪。当你遇到困难时,你可以想想你所拥有的,回顾那些让你觉得自豪,让你感恩的时刻。可能是很小的事,如你没来得及吃饭,朋友给你带了饭来,也可能是完成了一项艰难的任务或克服一个挑战后的自豪感。回顾美好,有助于积极情绪的提升。

（4）体验成功的喜悦

成功能给人以欣喜、快乐。在日常生活、学习中我们要努力尝试成功。为了成功我们要正确分析自己及客观事物,做到扬长避短,并确立符合自己与客观实际的目标,为目标的实现努力行动。当目标无法实现时,要及时调整或更换目标,然后继续努力。

（5）乐于助人

助人也可以带来快乐,在日常的生活、学习中我们要多做一些助人为乐的事情。当我们帮助他人时也会进行自我肯定和评价,体验到价值感。因此,助人为乐,不但让他人快乐,也给自己快乐,正所谓"赠人玫瑰,手有余香"。

心理博文

懂得管理情绪的人,更容易拥有好运气

有句话说:"理想生活总是风花雪月,但现实却是金戈铁马。"在日常的生活和工作中,总有那么一些人一些事会让我们变得不那么快乐,我们会焦虑、茫然,甚至会失眠、压抑。

之前看过一个采访,被访者说起自己创业初期的窘境,常常忙得连喝口水的功夫也没有;每天应酬不断,应付完一场,马上又跑去下一场。经验不足的她,每天的焦虑和压力大到难以疏解,经常一个人放声大哭。可一到家门口,她又会立刻擦干眼泪,像没事人一样打开门,绝不抱怨一句。第二天一大早,再次满怀希望地出门。经过几年努力,她终于收获成功。笔者看来,被访者成功,除了她自身的实力之外,她强大的情绪管理能力也是把她推向成功的重要因素。

一个懂得管理情绪的人,更容易在人生的道路上拥有好运气。所以无论境况有多么糟糕,我们都不要受制于坏情绪,而要去做情绪的掌控者。

一直很喜欢这样一句话:"你的情绪会影响你的判断,而你的判断会影响你的行为,你的行为也会影响你的习惯,最后你的习惯会影响你的人生。"

那么,好了,从现在开始,不要再为莫名的烦恼纠结到睡不着了。寻找一个合适的方式,好好释放一下自己的坏情绪。明天,再一身轻松地启程吧。

课堂反馈

一、知识评估

请你对自己在情绪管理与调适知识方面,课前课后分别做一个评估。0分代表几乎不了解,10分代表了解很多,请进行自我评分。

课前评分:_____

课后评分:_____

二、情绪困扰评估

回想一下,进入大学以来出现过哪些情绪方面的困扰?请按照困扰程度,依次排序列出3条。

第一条:_____

第二条:_____

第三条:_____

三、课堂感受

今天这堂课让我感受最深的是 _____

今天这堂课让我最感兴趣的是 _____

今天这堂课让我获得的收获是 _____

四、成长期待

你对自己在情绪管理方面的期待是 _____

延伸阅读

1. [美]芭芭拉·弗雷德里克森:《积极情绪的力量》,王珺译,中国人民大学出版社,2010年版。

2. [美]肯尼斯·巴里西:《积极的情绪,自信的孩子》,莫银丽译,长江少年儿童出版社,2016年版。

3. 武志红:《感谢自己的不完美》,中国华侨出版社,2017年版。

4. [美]克里斯廷·内夫:《自我关怀的力量》,刘聪慧译,中信出版集团,2017年版。

5. [美]瑞秋·卡萨达·洛曼:《情绪自控力:青少年战胜愤怒的行动计划》,陈筱迪译,机械工业出版社,2018年版。

推荐影片

《头脑特工队》

《搏击俱乐部》

《触不可及》

《美丽人生》

做情绪的主人——大学生情绪管理

模块八 | 化压力为动力
——大学生挫折与压力心理

引 言

不因幸运而故步自封,不因厄运而一蹶不振。真正的强者,善于从顺境中找到阴影,从逆境中找到光亮,时时校准自己前进的目标。——[挪威]易卜生

人的一生,会经历很多风雨。对我们大学生来说,所谓"风雨"可能意味着竞选的失败、恋人的分手、经济上的困难、考试的挂科、违纪的处分……人生在世,谁都会遇到挫折。挫折使我们痛苦,但同时又是一种挑战和考验,激励我们成长,这是生活的辩证法。问题的关键不在于挫折的有无和强弱,而在于我们对待挫折的态度。

学习目标

1. 明确挫折的概念及意义。
2. 了解高职学生压力、挫折类型及产生原因。
3. 掌握高职学生挫折合理应对的策略与方式。
4. 培养高职学生增强挫折承受力的基本方法。

案例导入

案例一:大三学生小王自述:"我本来是勇于面对各种磨难的,但这几次太打击人了,我考了三次英语四级,前两次都是差20多分,这次又少了40多分,我们班就剩下几个没有过了,我本来英语还可以的,也是最努力的学生,但是到考试的时候我的心情特别紧张。下学期又要找工作了,失眠、心烦意乱。"

案例二:陈同学她性格内向,不善言语,喜欢独来独往。自上大学之后她想融入班集体中,却不知道如何与人交往,怎样处理宿舍同学之间、班级同学之间的人际关系。一年多来,跟同宿舍人曾经发生过几次不小的冲突,关系相当紧张,这使她伤透了脑筋,失眠和头痛使她疲惫,体质下降。

案例三：女生小周一直以来都被自卑情绪缠绕着。因为自从上了大学之后，她的成绩一直平平，学校工作也很少参与。已经大三了，小周面对择业更加自卑了，担心自己缺乏竞争力找不到工作，缺乏经验几次应聘又发挥失常，她陷入了深深的苦恼中，对于各种笔试、面试也畏畏缩缩。

/ **案 例 互 动** /

（1）案例中的同学遇到了什么样的问题？

（2）对于大学生来说，哪些因素让大家压力很大？

（3）我们遇到挫折和失败该怎么办？

一、走进挫折

（一）挫折的概念

什么叫挫折？《现代汉语词典》解释为：压制、阻碍，使削弱或停顿。在社会心理学和行为科学中，挫折指一种情绪状态，是指人们在某种动机的推动下，为实现目标而采取的行动遭遇到无法逾越的困难障碍时，所产生的一种紧张、消极的情绪反应、情绪体验。如一位学习成绩优秀、才华出众的高职学生，刻苦学习，积极努力，准备转本进入理想中的本科院校，但在考试前，一场大病却将他送进医院，使他无法进行盼望已久的转本考试，这种打击使他痛苦、失望，情绪久久不能平复。

挫折包括三个方面的含义：一是挫折情境，指对人们的有动机、目的的活动造成的内外障碍或干扰的情境状态或条件，构成刺激情境的可能是人或物，也可能是各种自然、社会环境；二是挫折认知，指对挫折情境的知觉、认识和评价；三是挫折反应，指个体在挫折情境下所产生的烦恼、困惑、焦虑、愤怒等负面情绪交织而成的心理感受，即挫折感。其中，挫折认知是核心因素，挫折反应的性质及程度，主要取决于挫折认知。

一般来说，挫折情境越严重，挫折反应就越强烈；反之，挫折反应就轻微。但是，只有当挫折情境被主体所感知时，才会在个体心理上产生挫折反应。如果出现了挫折情境，而个体没有意识到，或者虽然意识到了但并不认为很严重，那么也不会产生挫折反应，或者只产生轻微的挫折反应。因此，挫折反应的性质、程度主要取决于个体对挫折情境的认知。

挫折反应和感受是形成挫折的重要方面，个体受挫与否，是由当事人对自己的动机、目标与结果之间关系的认识、评价和感受来判断的。对某人构成挫折的情境和事件，对另一人不一定构成挫折，这就是个体感受的差异。正如奥诺雷·德·巴尔扎克（Honoré·de Balzac）所说："世上的事情，永远不是绝对的，结果完全因人而异。苦难对于天才来说是一块垫脚石，对于能干的人是一笔财富，而对于弱者是万丈深渊。"

（二）挫折的理论

1. 挫折的本能学说

美国心理学家麦独孤（W. McDougall）于20世纪初提出,个体受挫折而产生的种种行为,均起源于本能。他在《社会心理学引论》一书中给出本能的定义:本能是一种遗传的或先天的心物倾向,决定那些有此本能倾向的人感知和注意某一种类的客观现实,在感知到这一种类的客观现实时他们会体验到某种特殊情绪冲动,并会对它做出某种特殊样式的动作,或至少有做出这种动作的冲动。他还认为人和动物的行为都是有目的性的,只是目的性的程度高低不同。一切行为都是为达到一定的目的,而策动和维持这些行为的动力是本能。如果消除这些本能倾向及其冲动,有机体将不能进行任何活动。此外,本能和情绪有着密切的关系,似乎每种本能都有其对应的特定情绪。

在麦独孤看来,人在活动中遭受挫折而产生的情绪以及由此引发的各种挫折行为反应都是本能冲动的结果。

2. 挫折—攻击理论

美国耶鲁大学社会心理学家多德拉（J. Dollard）指出,攻击行为往往是挫折的结果。他们认为,攻击行为的发生总以挫折的存在为先决条件,同时,挫折的存在也总会导致某些形式的攻击行为。他们曾经进行过"剥夺睡眠"的实验,实验结果表明,当被实验者被剥夺睡眠24小时,并不允许自己活动及不给吃早点后,他们往往采用不友好的语调相互谈论,或提出一些非难性问题等形式攻击实验者。挫折的这种作用可以在广泛的社会关系中充分体现出来。如当经济萧条或战乱之后,就容易产生挫折心理,当人们找不到工作,买不到需要的物品,生活的各方面受到限制时,各种形式的攻击行为就会随处可见。

哈弗兰德（C. I. hafland）在做了历史考察之后提出了"挫折—攻击"理论:攻击行为的产生与其受挫折驱动力的强弱与范围,以前遭受挫折的频率,对攻击行为后果的估价等有关。

1969年,伯科威茨（Berkowitz）对"挫折—攻击"理论进行了较大的修正,他提出,应该区分"挫折"和"被剥夺"两个不同的概念。一个人不会单单因为某种东西而遭受挫折,只有当一个人在既定的情境中无法获得他想获得的东西时,才会遭受挫折。

不可否认,当人们遭受挫折之后,有可能发生攻击行为,但是把挫折与攻击加以绝对化是不全面的。社会实践证明,这两者有联系但是不是绝对的。随着时间的推移,他们的观点被一些学者加以修正,即并不是所有挫折都产生攻击行为。如果引起挫折的原因被个体看作是无意的、非专断的或偶然的,那么他就不会异常愤怒,就很少发生攻击行为。这就是说,当个体意识到他人缺乏伤害意图时,就有可能减少挫折体验,从而减少其攻击行为。

3. 基于需要的心理系统理论

这一理论是说明需要与挫折的关系,其代表人物著名的心理学家勒温（Kurt Lewin）。他认为个体的需要若得不到满足,就会出现紧张,焦虑等心理状态,从而使心理失去平衡,产生失败的情绪体验,即挫折感。在他看来,个体心理环境中真正影响其心理状态的是非生理需要,这种需要是推动其行为的动力。勒温于1939年进行了一项著名的领导方式对群体成员行为影响的实验。实验结果表明,在民主的领导方式下,群体成员对挫折持积极态度,团结一致地解决问题;在专制的领导方式下,群体成员则在挫折面前表现出推卸责任,或相互攻击。这一实验说明领导方式能影响群体对待挫折的态度。这对于群体的组织者与领导者是有启发的。个体在其需要压力下,会产生一种紧张的心理状态,激发一种要求满足需要的动机,以求得心理平衡。当需要得到满足时,心理紧张就随之消除;否则就会产生挫折体验。因此,勒温认为,需要的满足是避免挫折的重要条件。

人的需要有很多种:正当、合理的需要,健康的但不切实际的需要,不合理的、过高的需要等。对于人们正当、合理的需要,社会应予以满足,以避免产生挫折反应,但对于不合理的、过高的需要则必须通过教育使个体的需要向健康方向发展,以减少其挫折体验。因此,需要的满足是避免挫折的重要条件。

4. 社会文化理论

这一理论强调文化和社会条件对个体挫折的产生及其反应的影响,其代表人物是新精神分析学派的代表人物沙利文(Harry Stack Sullivan)和人本主义心理学派的罗杰斯(Carl Ransom Rogers)。这种理论重视社会环境和文化因素对个体行为和人格特征的影响,认为挫折的产生是个体"向上意向""自我实现"受到压抑的缘故。为避免挫折的产生,新精神分析学派主张自我的整合和调节,强调个体的自尊以及对未来的乐观态度;人本主义心理学派强调尊重人的价值、发挥人的创造力、完善人际关系等。

社会文化理论的存在具有其积极意义,因为它从文化与社会影响的角度分析挫折的产生及防止,反对从本能的生理的角度去看待挫折,而且,他们是在相当高的层次上看待挫折的,提出"向上意向""自我实现"受到压抑是产生挫折的原因,并且提出要通过自尊、乐观以及社会的关心、尊重来防止挫折,这些观点也是很有启发性的。但是,他们离开了社会的方向,抽象地谈论挫折产生及避免,故该理论仍然属于超越人性范畴。

精神分析学派创始人弗洛伊德(Sigmund Freud)认为,人的一切行为都是以力比多,即性欲为动力的。如果心理性欲的发展过程不能顺利进行,比如停留在某一阶段,或遇到挫折而从高级阶段倒退到低级阶段等,都可能造成行为异常。因此,一切精神疾病的根源就在于这种心理性欲受到压抑或阻碍,即遭受挫折。

弗洛伊德的学生阿德勒(Alfred Adler)则强调社会因素的作用,重视权利意志的实现。他认为人的一切行为都要受"权力意志"的支配,要求高人一等;人的一切行为动机都是指向追求征服、追求优越的。如果这种驱力受到挫折,就会形成自卑感。自卑感如果得不到补偿,则会产生反社会行为或精神病。

荣格则认为,每个人的人格总是不断向前发展的,一个人会为未来的目标而奋斗不息,以求达到人格各方面的和谐完善。当一个人的自我实现不能满足时,就会产生挫折感。

心理测验

抗挫折能力测试

阅读下列各题,请根据自己的实际情况做出选择,请将选项填在括号里。

(1) 在过去的一年中,你认为自己遭受挫折的次数为( )。

A. 2次或2次以下   B. 3—5次   C. 5次以上

(2) 对于每次遭受到的挫折,你通常会( )。

A. 大部分靠自己解决   B. 有一部分能靠自己解决   C. 大部分自己无法解决

(3) 与周围的人相比,你对自己的能力素质( )。

A. 十分自信   B. 比较自信   C. 不太自信

(4) 在面临困境,你通常会( )。

A. 知难而进   B. 找人帮忙   C. 放弃目标

(5) 如果有令你担心的事发生时,你通常( )。

A. 无法安心工作   B. 工作照样不误   C. 介于A、B之间

(6) 碰到令人讨厌的竞争对手时,你通常( )。

A. 无法应对   B. 应对自如   C. 介于A、B之间

(7) 面临失败时,你通常( )。

A. 破罐破摔   B. 把失败转化为成功   C. 介于A、B之间

(8) 当工作进展太慢时,你会( )。

A. 焦躁万分   B. 冷静地想办法   C. 介于A、B之间

(9) 碰到难题时,你通常会( )。

A. 失去信心   B. 为解决问题而费尽心思   C. 介于A、B之间

(10) 在工作或学习中感到疲劳时,你通常会( )。

A. 总是想着疲劳,脑子也不好使了

B. 休息一会儿就能把疲劳淡忘掉

C. 介于A、B之间

(11) 当工作或学习条件恶劣时,你通常会( )。

A. 无法干好工作   B. 克服困难,干好工作   C. 介于A、B之间

(12) 当因工作或学习而产生自卑感时,你会( )。

A. 不想再干了   B. 立即振奋精神去工作或学习   C. 介于A、B之间

(13) 当上级交给你很难完成的任务时,你会( )。

A. 竭力把任务顶回去   B. 千方百计去干好   C. 介于A、B之间

(14) 当困难落到自己的头上时,你往往会( )。

A. 厌恶至极   B. 认为这是个锻炼的机会   C. 介于A、B之间

评分规则:

第1,2,3,4题选A得3分,选B得2分,选C得1分;第5,6,7,8,9,10,11,12,13,14题选

A得1分,选B得3分,选C得2分。将各题的得分相加获得总分。

结果分析:

总分在20分以下:说明你的抗挫折能力很弱。

总分在21—30分之间:说明你具有一定的抗挫折能力,但对某些挫折的抵抗力很弱。

总分在31分以上:说明你的抗挫折能力很强。

故事分享

斯坦利·库尼茨(Stanley Kunitz)是一个对沙漠探险情有独钟的瑞典医生。年轻的时候,他曾试图穿越非洲撒哈拉大沙漠。在进入沙漠腹地的晚上,一场铺天盖地的风暴使他变得一无所有,向导不见了,满载着水和食物的驼群消失了,连那瓶已经开启的准备为自己庆祝36岁生日的香槟也洒得一干二净,死亡的恐惧从四面八方涌向他。在绝望的瞬间,斯坦利把手伸向自己的口袋,意外地摸到了一只苹果,这只苹果使斯坦利从绝望中清醒,他庆幸自己竟然还有一只苹果。几天后,奄奄一息的斯坦利被当地土著救起,令人迷惑不解的是,昏迷不醒的斯坦利紧紧地攥着一只完整却干瘪的苹果,而且攥得非常紧,以至于谁也无法从他手中将苹果拿走。上个世纪初,这位一生都充满传奇色彩的老人斯坦利去世了,弥留之际,他为自己写了这样一句墓志铭:我还有一个苹果。

"我还有一个苹果",这句话把所有的坚持都浓缩在了一起,其实每个人的内心都深藏着一个苹果。笑傲人生,在绝境里漠视所有的困惑和劳累,这就是斯坦利·库尼茨带给我们的启示。是的,上苍也许会夺走你的一切,但是他永远也夺不走你心中最后一个苹果,只要有这样一个小小的苹果,你就没有理由轻易放弃。只要心中有一份苹果的清凉,我们一定能抵达梦想的天堂。

二、大学生的挫折感来源与压力分析

(一)压力的概念

当我们谈到压力时,通常指的是来自我们周围所感受的压力,如担心考试挂科,或者是快要登台当众表演等。对于压力,有许多的定义,简单地说,当人们面对很难解决的问题或者使人感到紧张的事件、环境刺激时所表现出来的身心反应。任何情境或刺激具有伤害或威胁个人的潜在因素,都是压力来源。例如寝室人际关系的冲突,还有面临重大考试等。最重要的是,这些刺激或者情境,在人们看来确实是有潜在威胁的,才能构成压力。同一事件,不同的认知会有不同的反应。比如同样参加高考,有的同学认为马上解放了,欢欣鼓舞参加最后的大考;还有的同学,在考前就已经感觉"压力山大",心中焦虑不安,可见认知评估在生活事件的判定中起到非常重要的作用。

著名加拿大学者汉斯·赛利(Hans. selye)提出了压力适应的三个阶段理论。该理论认为,身体会对需求是否满足产生一定反应,这个反应是分为三个阶段的,即:警觉、抵抗和衰竭。当刺激出现时,首先引起警觉,这是应对压力的初级阶段,身体自动地激活生理变化以保护自身,抵御知觉到的紧张性刺激。如果突然让你站上讲台进行临时演讲,你可能立刻感受到生理的变化,比如腿部肌肉紧张、脸部发红、心跳加速、呼吸加快、头部和手心出汗、嘴唇干渴等。瞬间出现的压力会导致肾上腺素分泌增多,这是身体的一个红色警报,为此我们感到着急,使得身体做好"战斗或逃跑"的准备。从这一点来看,身体生理系统反应迅速,为我们减少或降低压力已经做好了准备,那么压力对于我们来说是有帮助的。

当你无法避免临时上台演讲时,第二阶段出现了:抵抗。更多的生理系统资源被调动起来,各种调节激素分泌产生,用以平衡和调适出现的压力状态,会出现表面生化指标恢复正常,行为平复,但只是被控制的状态。由于这种控制会消耗大量的生理和心理资源,人往往会变得敏感、脆弱,比如看到台下的观众看自己的眼神,会以为人们在嘲笑自己。抵抗是调适的一种形式,因为它能持续到压力消失。

第三阶段:衰竭。假如压力能够一直存在,无法消减,造成我们无法正常进行其他活动,警觉阶段的反应会重新出现。而最后当各种生理和心理资源被消耗殆尽时,身体的各种功能会发挥缓慢,适应能力也逐渐丧失。人们的抵抗力降低,即使对于微小的压力也会变得极为脆弱。比如有的学生在面临毕业求职连连受挫的时候曾说:"我现在的生活是又累又着急,一片迷茫,压力好大。"才21岁,感觉像一个麻木、憔悴的中年人。

(二) 压力源

压力源也即产生压力的根源。与人有关的直接的、预期的、暂时的或长期的事件、环境都可以看作压力源。人类生存在社会环境中,无时无刻不在应对各种各样的刺激和事件,他们给我们的压力不小。例如家庭经济条件不好的贫困大学生可能承受着更多的压力;处在"中年危机"的成年人面临强烈的生存压力;老年人面对身体功能逐渐下降,随时有死亡威胁的压力等等。压力源一直在生活当中,但是某些事对不同人来讲,可能会有压力,也可能不会造成压力,比如失恋分手,有人痛苦万分,有人觉得解脱。总之,压力源是没有负面影响的生活事实,需要我们调动身体和心理资源去应对。但身心调整可能会让你付出身心俱疲的代价,经常会导致身体不适或者情绪紊乱,当这种情况发生时,压力源就会变成不良压力源。

人们遇到的压力源很多,大体上可以分为生理性压力源、心理压力源、社会性压力源。

生理性压力源主要指与人的生理系统或者生理器官有关的压力,这些压力又称为基本压力,包括但不限于物理的、化学的、生物的刺激物,比如感染、身体创伤、失眠、怀孕、气温变化、生物节律紊乱、噪音、强烈酸咸辣刺激食物等。

心理压力源是指与心理层面相关的压力,即与人的认知和情绪有关的压力,它来自大脑中的紧张信息。比如内心中的心理冲突与挫折、不切实际的期望和欲望、认知障碍和能力不足,人际关系紧张、不祥预感以及与工作责任有关的压力等。和生理性压力不同的是,心理压力直接来自人们的头脑中,反映了人们在心理上所存在的困难,这种压力更为普遍。实际上生活中压力处处可见,为什么有的人无动于衷,有的人却耿耿于怀,这种区别常常源于人们内心对压力的认知,对压力的处理方式和态度。如果过分夸大压力的威胁,就会制造一种来自自身的压力。长此下去会产生所谓的慢性压力感,对压力感到畏惧。

社会性压力源主要指社会环境与文化等因素多个层次的各种事件和刺激对人的影响,既包括个人生活中的变化,也包括社会生活中的重要事件。例如社会的巨大变化,如,战争、自然界的灾害、流行疾病;个人生活的改变,如,出国留学、结婚、失恋、工作变动、搬家、重病、经济问题等等。这些压力可以叫作外在压力。并不是坏事才能产生压力,好事也会带来压力。

虽然压力源在理论上有很多种,但是现实生活中压力源往往是相互融合、共同作用的。人生在不同的阶段也会面临不同的主要压力源,对于处于青年时代的大学生们来说,在校生活中的主要压力源是心理压力和个人生活压力,比如学业压力、人际关系压力等。

(三) 压力与身心健康

压力有积极的一面,也有消极的一面。一方面,过大的压力会影响身心健康,甚至带来躯体疾病;而另一方面,适度的压力引发适度的焦虑水平,可以激发动力,让一个人更好地应对难度较大的事件。

1. 过大压力下的生理反应

在压力产生后,人的生理反应涉及神经、内分泌和免疫系统,是一个相对复杂的生理反应过程。简单地说,短暂压力条件下,人会出现神经紧张、心率增快、肾上腺素分泌过多、血压升高、血糖升高等为现实反应提供生理基础。短期轻度的压力对免疫系统会产生影响,甚至能够增强免疫力。而持续的、过度的压力会损伤人的免疫系统,从而容易罹患某些身心疾病,比如感冒、溃疡、紧张性头痛、胃痛等。出现这样的身体的反应就是在提示我们要寻求压力的积极应对策略,避免过强、过长的应激状态。

2. 过大压力引发的心理反应

压力引发的心理反应包括:焦虑、抑郁、恐惧、愤怒等。

(1) 焦虑

焦虑是压力过程中最普遍出现的心理反应,这里的焦虑通常是指在明知没有威胁的情况下,个体对潜在的危险或威胁表现出来的紧张和不安情绪,其主要特征是过分的紧张和担心。心理学研究表明,适度的焦虑对提高效率、激发潜能有一定的积极作用,过度的焦虑则是有害的,甚至引起心理疾病。由学习、生活、人际关系等带来的焦虑,使一些人不能适应集体生活,内心常处于渴望理解与自我封闭的矛盾之中,对自己的交际能力做否定评价,常会因为点小事而产生焦虑情绪。学习上的过度焦虑更会抑制思维、分散注意力、影响正常的学习活动。

(2) 抑郁

抑郁作为经常出现的负性情绪也在压力过大时候产生。主要表现为当事人会经常产生悲哀、寂寞、无趣、孤独、丧失感和厌世感等消极情绪状态,伴有失眠、溃疡、食欲减退等。抑郁常由丧失亲人、失学、工作受挫等重大应激事件或压力持续过长引起。

（3）恐惧

人们往往对于引发压力的事件产生恐惧心理。恐惧是一种企图摆脱明确的有特定危险会受到伤害或威胁的情景时的情绪状态。

（4）愤怒

愤怒是与挫折和威胁有关的情绪状态,由于目标受到阻碍,自尊心受到打击,为排除阻碍或恢复自尊,常可激起愤怒。

压力持续且过大所引发的严重抑郁、焦虑不安、愤怒不已、偏执或恐惧等会转变为严重的心理异常状态,而且大多数情况下,身体也会出现相应的症状。长期的不良压力会通过个体给家庭、工作甚至社会带来一定危害,比如工作效率低下、家庭关系破裂、无价值感、身心疾病、脱离社会、生命无意义感等。

3. 适度压力促进个人成长

适度的压力可以帮助我们对身体的紧急状态做出迅速有力的反应,像应对突发事件,比如躲避他人攻击、挽救他人生命、避免车祸等;设定"最后期限"可以帮助人们克制拖延症;在一定压力下可以表现更加出色;也可能激发内在潜能;可以让日常生活变得多姿多彩;帮助人们在面对挫折挑战时提供专注力和精力等。

适度的压力还有助于突破个人成长。人若想要成长,则要持续不断的突破现有的成就。每一个人都有一个叫作"心理舒适区"的地方。在这个区域里,我们熟练地呼吸、转身、行走,甚至一成不变的工作,既不要太多的努力就可以达成目标,也不需要花太多的心思去学习更新。这样的"安逸生活"在短时间内看是幸福的,但是社会在进步,你却很容易停滞不前。压力可以帮助你打破"心理舒适区"带来的安逸生活,应对突发事件,为考上心仪的学校努力学习,照顾生病的亲人,找一份感兴趣的工作等等,这些事情带来的压力可能都会帮助你突破自己的极限,甚至要忍受暂时的痛苦,做出专注的努力以达成个人成长。因此没有压力,生活会停滞不前,适度的压力对突破个人极限很有价值,个人发展需要适度压力。

故事分享

白岩松的减压法

作为媒体人,白岩松常常承受着大众无法想象的压力。

他刚做主持人时经常发音不准、读错字。当时,台里规定主持人念错一个字罚50元,有一个月他被罚光了工资,还欠了钱。那个时候,他压力重重,不愿意说话,和妻子交流都只用笔写下来。

有时候,他千辛万苦做一个节目,却因为种种原因被"枪毙",心里非常不好受,连续四五个月都睡不着。

但是,不管压力多大,白岩松都认为这是自己的工作,节目被"枪毙"也属于正常的工作状态,要学会坦然面对。白岩松认为,从事新闻行业本身就是一个动态的学习过程。"谁要是不读书、不看报就是找死。"他曾经跟年轻人说:"别指望我停下来等你,你必须用更快的速度超过我。"白岩松也有自己独特的调节压力的方式。他会在某段新闻结束后把与工作有关的一切都放在一边,关上"门"回到自己的生活中。关上"门"之后,他会做自己想做的事情,如逛街、旅游、看电影、喝咖啡……

(四)引发大学生挫折与压力的因素

进入大学意味着童年、青少年阶段的结束,成人阶段开始,大学生在整个大学的每个阶段都会面临不同的压力。压力是始终存在的,很多情况下甚至会在同一时间面对多重压力源。大学生常见的压力源主要来自以下 10 个方面。

1. 新环境的适应

有调查显示:大学新生进入校园后,普遍存在受挫现象,其中最主要的是环境改变带来的压力。远离家乡,失去了原先熟悉的一切事物,来到一个陌生的新环境,面对未知的新校园、新朋友、新老师,这既是一项挑战,也是一个巨大的压力。在适应新生活过程中,大学生可能面临第一次照顾自己、第一次住宿、第一次自主决定消费、结交新同学、参加学生会和社团、适应大学课堂上自主学习方式,还要学会时间管理、避免诈骗、培养亲密关系等一系列之前从未有过的生活难题。在逐渐适应的过程中学习承担责任、评价他人和自己。一般来说,新生阶段适应情况决定我们对大学的看法,有人认为这些都是小事,相信自己都能够克服,主动参加各种活动,在压力下收获成长;也有的同学在四处碰壁之后开始怀念高中的日子,感叹大学时代人心易变,无法找到知心朋友,和同学关系变得微妙,封闭自己,远离他人;还有的同学刚开始信心满满,受挫后开始厌学、逃课,沉迷于网络游戏,依赖喝酒、抽烟、打牌等方式进行消极应对,生活杂乱无章。

2. 家庭环境的影响

十几年的家庭生活让我们对父母或主要抚养者产生了极度依赖,人们的行为习惯、素养、语言习俗等很多由家庭教养而来,当学生迈入大学校园,自我意识开始觉醒,逐步对自己的家庭环境有深刻认识和反思后,部分家庭经济条件差、家庭关系不和谐的学生感到巨大的压力威胁。家庭经济条件好坏可以从学生日常生活消费中体现出来,这样的同学一般有很强烈的自尊心和自卑心理,校园中的攀比现象使得家庭经济条件相对贫困的大学生形成较强的心理负担。父母离异或家庭关系不和睦的同学敏感、脆弱,在人际关系上往往处理不得当。

另外,上大学让学生与父母都要接受分离的挑战。父母们觉得子女长大成人,远离自己外出读书,感叹自己老之将至,生活进入"空巢期",感到悲伤、焦虑和压抑。有的父母在孩子走后整日以泪洗面,每天必定视频查看孩子状态;有的父母轻则每日几个电话询问生活细节,重则驱车前往为孩子洗衣做饭,生怕孩子读书吃苦。作为父母,他们同样面临成长,他们重新回到刚结合时的状态。对大学生们来说,与父母分离是因有许多发展性任务要去完成,这些任务主要是自我认同、能力发展、情绪管理、人际关系、意志力发展、培养诚实的品格以及实现自主性发展。大学生在追求课内和课外知识的过程中,发展永无止境,他们通过解决每一个类似的问题获得新的发展。

自主性发展指年轻人离开父母独立生活,在感情、生活方向以及做决定时完全独立。对大部分大学生来说,这一部分的过渡平稳且自然,他们得到父母的理解和支持。但对另一部分大学生来说这个过程远不是想象的那么简单,比如一下子脱离依赖惯了的父母很难;在遇到难以解决的问题时候父母反而成为最大的阻挠者;在需要物质或精神支持的时候父母并没有伸出援手;还有时会遭遇父母的精神折磨,被父母视作"情绪垃圾桶"。

3. 人际关系

"独学而无友,孤陋而寡闻。"对于大学生而言,他们思想活跃、成就动机强,由于社会经验的不足、知识的局限,他们在看待问题时难免会出现偏差。因此,大学生彼此间的畅所欲言、互通有无,将会使他们在思想碰撞中产生新的火花,增长他们对事业、人生、成功的积极看法。另外,面对新环境,大学生也急需重新交友,一起抱团获得支持,解决生活中的困难。

一般来说,大学生在人际交往过程中,出现一些困难或不适应是难免的,但如果个体的人际关系严重失调,人际交往时常受阻,就说明存在着交往障碍。研究表明,认知障碍、情绪障碍和人格障碍是阻碍大学生正常人际交往的主要因素。

（1）认知障碍

认知障碍在大学生的人际交往中表现突出而常见,包括对关系过于理想化、存在归隐偏差和常以自我为中心。大学生在进入大学之前,即对人际交往的期望值较高,用理想化的尺度来衡量现实,包括对大学里温馨、和谐的人际关系的憧憬,一旦发现对方并没有想象中的美好,则感觉受到了伤害。在大学生认识自己的人际关系,处理人际关系中一些事情时,容易出现归因偏差甚至错误,比如误解他人,凡事内归因等,有些甚至导致社交恐惧。现在的"00后"大学生基本都是独生子女,他们主观固执,自我意识强,自理能力差,想问题、处理事情往往以自我为中心,过分关注自我,否认他人的需要。

（2）情绪障碍

情绪为人际交往提供了丰富的信息,且影响到交往双方今后的行为。大学生正处于"疾风怒涛"时期,情绪经常处于自卑和自负的两个极端,还会出现嫉妒、恐惧、害羞、孤僻等各种负性情绪,这些负性情绪如同一种消极的社会防水剂,使人远离他人,抑制人们的交往热情,使人消极、冷淡、懒于同他人交往,也不能正确的理解他人的实际要求,最终影响人际交往的顺利进行。

（3）人格障碍

人格是人的性格、气质和能力等特征的总和,是一个人的态度倾向和行为模式的体现。其中气质是先天具有的,难以改变,而性格则是后天培养而成。人格障碍是指人格特征显著偏离正常,出现了明显不符合社会约定的行为模式,对自己和他人造成影响。大学生易出现的人格障碍可能有偏执型人格、情感型人格、分裂型人格、依赖型人格、自恋型人格和回避型人格等。人格障碍有时和精神疾病比较类似,决不能忽视它的潜在危险,应该及早发现和干预。

4. 亲密关系的建立

在大学读书期间谈场自由恋爱已是大学生们渴望进入大学的另一个动力,青年男女往往对美妙的爱情十分向往,大学生恋爱心理通常具有以下特点。

(1)注重恋爱过程,轻视恋爱结果

成年人的恋爱多是为了寻找生活的伴侣,是婚姻的前奏,而很多的大学生谈恋爱更加重视恋爱过程,将恋爱当作情感体验,借此寻求刺激,充实自己空虚的心灵,对是否能够结婚并不在意,"只在乎曾经拥有,不在乎天长地久"。

(2)主观学业第一,客观爱情首位

对于大学生而言,进入大学还是要以学业为主的,大部分学生也是这样做的,人们都希望自己能够"学业、爱情双丰收",但实际上这样的同学确实是少数,大多数人受到爱情的冲击,陷入情感旋涡无法自拔,学习也会跟着受到影响。

(3)淡化传统,恋爱观念开放

思想开放被视为文明进步的一种体现,但有些大学生在恋爱观念上偏差太大,信奉"爱情就是享受当下"。部分大学生表示"可以接受在校恋爱期间发生性行为""对于性行为没有必要特别保守",而且在校大学生出现实际性行为的比例在逐年上升。

(4)强调爱的权利,却缺乏爱的能力

大学生们的爱情看似火热和深刻,但有时候人们过于强调自己的恋爱权利,而忽视爱的能力。爱的能力包括施爱的能力、接受爱的能力与自我成长的能力。有人说:"好男人是一所好学校,好女人也是一所好学校,由两性构成的学校促使男人与女人共同学习,共同进步。"爱的能力要求恋爱的人始终保持高度理性而非随着感觉走。不成熟的爱情是"我爱人,因为我被人爱",成熟的爱情是"我被人爱,因为我爱人";不成熟的爱是"我爱你,因为我需要你",成熟的爱是"我需要你,因为我爱你"。所有的爱情都包含着一份神圣的责任,这种责任不是义务,不是外界强加的而是内心的自觉,即为自己所爱的人承担风霜雨雪,而不仅是感官上的愉悦与寂寞时的陪伴。爱是神圣的。在恋爱中,双方既有权利又有义务,如果只谈义务而不谈权利,那这是对人性的奴役,必须予以否定,但是,一味地谈爱的权利,而忽视其中的义务,这就成了"非理性主义",更是不可取的。

5. 日常生活烦心事

日常烦心事主要包括我们身边几乎每天都会遇到的事情,比如上课迟到、误车、拖拉、图书馆的噪音、他人爽约、错过了吃饭时间等。日常烦心事中的另外一种属于长期慢性的问题,例如早上起床困难,舍友吵闹等。

虽然日常烦心事肯定会使我们产生不愉快的情绪和心境,但是就其本身来说,并不需要应对,甚至不需要个体反应。只有当日常烦心事程度加强时,最后才可能会产生与单个压力事件相同的效果。实际上,人们面对日常烦心事的次数会对心理症状以及感冒、喉咙痛和背痛等健康问题产生很大影响。虽然不至于一下子产生心理疾病,但是也会影响其主观幸福感和生活满意度。

故事分享

笑的处方

莎士比亚曾经说过:"如果一天之中你没有笑一笑,那你这一天就算是白活了。"

著名科学家法拉第年轻时工作十分紧张,身体非常虚弱,他长期接受药物治疗,健康状况却毫无起色。后来一位名医对他进行了仔细的检查,临走时未开药方,只说了一句话:"一个小丑进城胜过一打医生!"法拉第仔细琢磨了这句话,明白了其中的奥秘。从此以后,他经常抽空去看马戏、滑稽戏等,这些让他经常开怀大笑。经过一段时间的"治疗",愉快的心情使他恢复了健康。

6. 学习压力

学业压力是在校大学生遇到的最常见压力之一。对于大学生来说主要体现在学习动机、学习方式的不适应和学习竞争激烈等方面。

(1) 学习动机

也就是学习的动力。进入大学后,由于评价体系多元化,学业成绩不再是唯一评价标准,学生的学习动机也没有以前强烈,许多学生认为好不容易上了大学,前面吃的苦受的累应该在大学时候好好放松和弥补。另外一些高职院校学生由于高考失败受挫,进入高职院校后丧失学习奋斗的动力,对学习缺乏兴趣和爱好,一开始的时候还能严格要求自己,但看到身边有的同学生活非常"潇洒",很多同学也开始专注网络游戏、恋爱、过度的社交活动等严重影响了自己的学习成绩,长此以往便对专业学习缺乏热情,"不挂科,无大学"成了不少学生的口号。

另外,对所学专业不感兴趣也是学习动机降低的原因。由于对专业的不了解、听从父母意见或者选取社会热门专业等方式进入大学,真正接触专业学习后发现并不喜欢该专业,这会给学生带来很大学习压力。于是对学习产生厌倦、回避的态度,有的苦于想调专业,有的急于学习一些实用的课程,考各种证,使自己身心俱疲。也有同学逢考试就焦虑,给自己带来很大困扰和压力。

(2) 学习方式的不适应

大学的学习方式与高中以前的学习方式在很大程度上是不同的,高中以前所有的学生都有明确而又清晰的目标——考大学,至于为什么要上大学,家长只是一味灌输孩子"上了大学你就成功了"。在严格的考试制度下,由老师、家长的严厉监督和一轮一轮的模拟考试下的学习方式已经让学生养成了这种在他人指导下的学习,但这和大学课堂上的自主学习有很大区别,所以不少学生在进入学校以后很长时间都不能完全适应自主学习的方式,导致学习成绩下降、厌学等。

(3)学习竞争激烈

现代社会竞争激烈,毕业生人数逐年增加,如何就业成了社会亟待解决的问题。"一招鲜"已经过去,取而代之的是"终身学习",能够在同辈群体中脱颖而出,拥有较好的专业成绩和技能,在工作实践中亮出精彩是所有学生的心愿。在越来越重视知识的时代,大学生深感学校不再是象牙塔,而要学习、学习、再学习,学习压力不容忽视。

7. 突发事件

突发事件是指突然发生或者变化的事情,通常指灾难性事件。突发事件中包括自然灾害,如汶川特大地震、新冠肺炎疫情,还包括战争和监禁,如伊拉克战争、"9·11"恐怖袭击等。突发事件是环境压力的重要来源之一,一旦灾难事件发生,就要求个体对其做出较强的适应性反应。

8. 自我意识的模糊

自我意识是自己对自己的认知,包括对自己身体、心理、社会特征及自己与周围环境关系的认识。正确、客观的认识自己是人生重要的课题。大学时期是大学生形成自我同一性、完善自我意识的关键时期。

(1)自我评价缺乏全面性

在进入大学以前,我们的主要任务是学习,很少涉及自我认知的活动,对自己的认识较多来源于学习成绩好坏、老师和家长的评价等。进入大学后,自我意识逐步觉醒,进一步对自己的工作能力、社交关系、学习能力等形成多元评价体系,但是这种评价体系往往并不全面且延迟和滞后,使大学生的自我意识发展缺乏反馈,缺少外部动力。很多大学生不适应这种评价反馈的真空状态,致使自我意识发展还不完善的学生发生了同一性的混乱。

(2)自我体验缺乏客观性

大学生的自我意识具有敏感性、丰富性、细腻性和起伏性等特点,他们重视别人对自己的看法和评价,在意自己的外貌、行为举止和地位,对涉及自己的前途、理想和人际交往等方面的问题更容易激起强烈的情绪体验。大学生容易和身边他人进行比较,往往不能"扬长避短",拿他人优点和自己的缺点对比,常常敏感、孤僻、消极,过分在意自己性格的阴暗面。

(3)自我控制缺乏系统性

大学生处在思想活跃期,常关注社会"阴暗面",容易对周围人、学校以及社会充满牢骚和不满,时常对社会权威、规则和秩序进行蔑视甚至嘲笑,总是感觉自己是正确的但又无力改变社会,有时会陷入空虚、无意义的生活方式,沉迷于网络游戏、拖延症、逃课,对未来感到迷茫,不知道自己该去何方,也不知道自己能回到何处,他们一旦找到人生的目标,就会迸发出活力,摆脱迷失焦虑的心情。

9. 未来就业压力

大学生就业是每一位应届生走出校门的必经之路,每年临近毕业季,总会听到"XX年,史上最难就业季"之说。近年来,虽然我国就业环境呈现整体谨慎乐观的形势,但地区发展不平衡,人岗匹配错位等结构性矛盾依然突出,进一步加大了应届毕业生在就业市场中的竞争压力。如果一个学生没有做好就业准备,在毕业季会倍感压力巨大。不少大学生不知自己的职业适应性、职业取向性,对自己未来的发展方向举棋不定,有的甚至直到毕业时心理上还没有准备去找一份工作。

10. 习得性无助

习得性无助指人们在遭受接连不断的失败和挫折,感到自己对事情无能为力,从这些挫折中习得无助感、丧失信心的心理状态。美国心理学家马丁·塞利格曼(Martin E. P. Seligman)用一个巧妙的实验揭示了这种现象。他设计了一款能通电的铁笼子,将狗放入笼子中,活泼好动的狗狗经常会遭遇电击,当狗发现无论怎么做都躲进不了电击时,它们就放弃了反抗,即便后面有机会逃离笼子,它们也不会再去尝试,也就是说它们产生了习得性无助反应。随后的很多实验也证明了这种习得性无助在人身上也会发生。我们观察现实生活中那些长期经历失败的同学时,会发现他们也会出现习得性无助的特征:在学习时毫无动力,缺乏进取心,遇到挫折时倾向于放弃,甚至对于力所能及的任务也往往不能胜任,他们认为自己无论怎样努力都不会取得成功。

大学生的习得性无助产生的首要原因就是在学习或生活中经受了过多的失败,失败时候又不能进行正确的归因。一次又一次的挫折使他们体会不到成功的滋味,从而失去信心,不敢主动尝试,产生退缩性行为;其次,不公正的评价也可能是原因之一。绝大多数的学生入学时是积极向上和充满热情的,他们对新奇事物充满兴趣,对一切活动都愿意去尝试。只是在不能顺利完成学习或者工作任务时,受到同伴的嘲笑、老师的批评等,从而产生了焦虑情绪,对于探求事物和参加活动产生了恐惧心理。研究表明,大一学生更容易经历挫败,而且学业、生活等各方面的失败经历会让他们觉得自身缺乏取得成功的能力,不愿意为完成后续任务而认真付出努力。此时就会产生压力并会导致健康水平下降。学校中由于习得性无助而产生破罐子破摔想法的学生,其心理压力要比正常群体高,而且更容易产生身心障碍。研究还表明,当个体越想控制形势,但却无法有效进行控制时,他们就越会出现更多的身心疾病。

心理测验

压力的评估

每个人在学习、生活和工作中,都会遇到不同程度的压力和挫折。面对这些压力和挫折,有的人弹性十足、有的人一蹶不振,大多数人则介于两者之间。那么你呢?请用"同意"或"不同意"回答下列问题。回答越坦率,越能测出你的受挫弹性。

(1) 胜利就是一切。

(2) 我基本是个幸运儿。

(3) 白天工作不顺利,会影响我整晚的心境。

（4）一个连续两年都名列最后的球队，应退出比赛。

（5）我喜欢雨天，因为雨后常是阳光普照。

（6）如果某人擅自动用我的东西，我会气一段时间。

（7）汽车经过时溅了我一身泥水，我生一会儿气便算了。

（8）只要我继续努力，我便会得到应有的报偿。

（9）每次流行感冒，我都是第一个被感染的人。

（10）如果不是因几次霉运，我一定比现在更有成就。

（11）失败并不可耻。

（12）我是有自信心的人。

（13）落在最后，常叫人提不起竞争心。

（14）我喜欢冒险。

（15）假期过后，我需要一天才能恢复常态。

（16）遭遇到的每一次否定都使我更进一步接近肯定。

（17）我想我一定受不了被解雇的羞辱。

（18）如果向我所爱的人求婚被拒绝，我一定会精神崩溃。

（19）我总不忘过去的错误。

（20）我的生活中，常有些令人沮丧的日子。

（21）负债累累的光景让我寒心。

（22）我觉得要建立新的人际关系相当容易。

（23）如果周末不愉快，星期一我便很难集中精力工作。

（24）在我生命中，我已有过失败的教训。

（25）我对侮辱很在意。

（26）如果聘任职务失败，我会愿意尝试。

（27）遗失了钥匙会让我整个星期不安。

（28）我已达到能够不介意大多数事情的地步。

（29）想到可能无法完成某项重要事情，会使我不寒而栗。

（30）我很少为昨天发生的事情烦心。

（31）我不易心灰意冷。

（32）必须要有百分之五十以上的把握，我才会冒险把时间投资在某件事上。

（33）命运对我不公平。

（34）对他人的恨维持很久。

（35）聪明的人知道什么时候该放弃。

（36）偶尔做个败北者，我也能坦然接受。

（37）新闻报道中的大灾难，使我无法专心工作。

（38）任何一件事遭到否决，我都会寻求报复的机会。

化压力为动力——大学生挫折与压力心理

评分规则：

1,3,4,6,9,10,15,17,18,19,20,21,23,24,25,27,28,29,33,34,35,36,37题选择"不同意"得1分，"同意"得0分；其余选择"同意"得1分，"不同意"得0分。

结果分析：

小于10分：你就是那种易被逆境、失望或挫折所左右的人。你易于把逆境看得太严重，一旦跌倒，要很久才能站起来。你不相信"胜利在望"，只承认"见风转舵"。

11—25分：遇到某些灾祸或逆境的时候，往往需要相当长时间才能振作起来。这类人却能找到很多的技巧和策略来获取个人的利益。

25分以上：你应付逆境的弹性极佳。不理想的境遇对你虽然会造成伤害，但不会持久。这类人在感情上通常相当成熟，对生活也充满热爱。他们不承认有失败，即使一时失败，仍坚信有东山再起的一天。

三、大学生压力应对与抗挫折能力的培养

（一）压力的应对

应对指的是人们努力对抗压力的一种手段。在日常生活中我们会习惯性地运用某种特定的应对反应来摆脱压力，而且大多数情况下我们是不会意识到这些反应的，这就如我们无法意识到生活中的微小压力源一样，除非其达到令人十分厌恶的水平。那么人们如何有意识地通过采取策略或行为摆脱压力情境？这就需要压力的应对方式。应对方式是个体在压力情境中为减轻压力所采取的特定行为模式。应对方式通常情况下被分为以下三大类：情绪处理、问题解决和逃避。

情绪处理，即当事人尝试减轻焦虑等负性情绪而不是直接处理产生情绪的情境。在压力情境下，人们尽量控制自身面对压力时的情绪，试图改变自己的认知或应对问题的方式，但不尝试改变压力源，这种情况下通常会采取服用抗焦虑药物、自我想象、放松疗法等方法。情绪处理对于应付那些由不可控的压力源产生的影响更为有效。比如恋人弃你而去已经成为事实，在这种情境中，你无法找到改变外界压力情境的方式，所以你需要改变的只是对此事的情绪体验。或者学习一些放松技术，这些都是情绪取向的应对策略，它们可以帮助你脱离压力情境。

问题解决，就是在明确问题情境的情况下，通过直接的行动或问题解决行为来改变压力源，通常的表现有斗争、逃跑（使自己逃离危险）、避免未来的压力等。问题解决一般用于应付由可控的压力源产生的影响，这方法包括了所有能通过外部行动或认识的改变来直接应付压力源，这时我们所关注的是所要解决的问题和产生压力的事件。比如在期末考试时，学生因为"马马虎虎"或者平时出勤率不高导致最终挂科，这种情境下，你要做的就是先

清楚地认识到自己的缺点,然后努力去改正,以期能在接下来的补考中顺利过关,这属于问题解决的应对策略,它也可帮助缓解压力。

逃避,即个体在面对压力时,要么不承认障碍的存在,要么放弃对问题的任何努力。人们可通过转移注意力、否认等方式降低压力,或者采取药物、酒精和暴食等更直接的逃避方法。例如,考试前在微博上"转锦鲤""拜春哥"等;或者直接就采取通宵喝酒、打游戏,然后自我安慰"我没考好是因为没有时间复习"来逃避考试的压力。但是不管哪一种方式,逃避应对都会延缓压力情境的解决,并经常会使压力情况更糟糕。

在大部分压力事件应对中,大学生普遍同时采用情绪处理和问题解决。但是在面对不可控环境时,个体比较倾向于采用情绪处理模式,而对于相对可改变的状况会更多采用问题解决模式。不管情绪处理还是问题解决,甚至是逃避,背后与个人的自我调节机制有关,其中自我、自立、自信、自尊、自强都扮演着重要的角色。因此,要想更有效地应对压力,除了学会压力管理的技能外,更重要的是应该加强自我修养,特别是加强对可能自我、自立、自信、自尊、自强的修养。这样,大学生们在学习、成才、实践的道路上才能有效地应对困难,成为幸福的进取者。

(二)大学生抗挫折能力的培养

压力和挫折在日常生活中是不可避免的,问题在于我们如何应对他们,如何去提高应对水平。一般来说,提高压力应对水平会涉及很多方面,下面讨论几个重要的因素。

1. 面对压力和挫折要有坚韧性

"事实上,打倒你的不是挫折,而是你面对挫折时所持的态度。"每个人都以各自不同的方式来应对压力,以特定的某种应对方式来表现我们对待压力的一般倾向。如果你留意周围的人,你会发现有的人遇到很小的压力就无法应对或习惯性地做出强烈的反应,而有的人即使遇到很大的压力也能镇定应对。人们的应对方式各不相同,但只有那些以坚韧性特质来应对压力的人才是最成功的。坚韧性由三种心理成分构成:承诺,是指认为自己所做的事情是重要的、有意义的;挑战,指认为变化是常态,不拘泥于安定的生活;控制,认为自己能够控制自己的生活。

坚韧性高的人以乐观的态度应对压力,采取直接的行动认识或者解决压力源,从而使压力事件的威胁减小。例如,遭受车祸身体残疾、不可逆后,坚韧性高的人会采取行动积极寻找对策,以摆脱车祸所造成的对自己的永久性伤害(控制);还会让其他人了解自己今后的路该怎么走(承诺);同时还可能想给自己一个发展机会,重新谋划职业(挑战)。但同样遭遇车祸,坚韧性低的人则悲观失望(无力感),会自暴自弃(逃避),感到一切都完了。

在中华文明五千年的历史中,有许多人生格言与西方的坚韧性有些许类似,如孟子曰:"天将降大任于斯人也,必先苦其心志,劳其筋骨,饿其体肤,空乏其身,行拂乱其所为,所以动心忍性,曾益其所不能。"孟子认为挫折等困苦(即我们平常所说的压力)是无法避免的,是由个体不能左右的随机原因造成的;挫折困苦可以磨炼人,能经受住困苦磨难的人,特别是经受大的困苦磨炼的人能成就大事业。因此,面对挫折困苦,不要放弃追求,而要借机培养自己的品质,锻炼自己的意志,提升自己的能力,为将来的机会做好准备。

除了坚韧性外,还有如快乐、豁达、自我调节能力等心理因素也可提高个体的应对能力,而自我怀疑、空虚、悲观等心理因素则会降低个体的应对水平。

2. 建立社会支持系统

这里描述的支持系统是一个相对笼统的概念,也许对大多数人来说是常识。它们不仅能使你生活满意,而且能减轻压力。中国有句谚语:"一个篱笆三个桩,一个好汉三个帮。"我们所处的社会环境使人与人之间不可避免地产生相互作用,而与他人的和谐关系也有助于我们应对压力。社会支持是各种社会关系对个体所提供的稳定的物质和精神上的支持,有助于个体身心健康,比如家人的关爱、朋友的支持、老师的鼓励、身边的榜样等等。如果我们感受到社会支持,感受自己并不是孤军作战,就会感受到较低的压力水平,并能更恰当地应对压力。彼此提供的社会和情绪支持有助于人们以多种形式应对压力。因为,有了支持就表明个体是社会中的重要而有价值的组成部分。同样,其他人也可为导求解决压力的适当方法提供信息和建议。最后,作为社会支持关系网中的一部分,个体也可为处于压力情境中的人提供实际的物质和精神帮助。例如,他们可以为房子倒塌的人提供临时住所,也可以为一个因为考试失败而面临压力的舍友提供帮助。

值得关注的是,社会支持不仅限于人与人之间的互惠关系。国外有研究发现,养宠物的人要比不养宠物的人更不易生病。

3. 运用好心理防御机制

在实际生活中,人们难免碰到阻碍、损伤、痛苦,以及困窘难堪的场面,因而不时感到挫折、冲突和焦虑。而个人在可预见或已面临威胁时,总会采取某些自我防卫措施,以抵御外来伤害,减轻内在压力,从而不至于引起太大的痛苦和不安。这些自我防卫措施在心理学上被称为心理防御机制。心理防御机制并不能改变原先的事实,只是简单的改变人们对事实的看法和观点,有意识地运用心理防御机制,进行积极的自我心理调节,才能发挥其积极作用,以下是一些常见的心理防御机制。

(1)转移:转移注意力,暂时摆脱烦恼。如:"做另一件有意义的事来忘掉它""想些高兴的事自我安慰"等。

(2)宣泄:如果心理积压了许多抑郁之情,最好以合理的方式发泄出来,如找个好朋友倾诉一下或进行心理咨询。

(3)退化:对于已经确认无法达到的目标,要及时撤退,重新制定切合实际的奋斗目标。

(4)幽默:人格发展较成熟的人,常懂得在适当的场合,使用合适的幽默,可以将一些原来较为困难的情况转变一下,渡过难关,免除尴尬。

(5)认同:让自己以成熟的人自居,借此提高个人的自我价值,提高自己的地位和信心。

(6)想象:结合自身在人生旅程的位置,不断懂憬未来,提出更高的动机需求。但又不醉心于幻想,而是立足现实,追求自己生命的价值。

（7）反向：从相反的立场来看自己，与其自卑，不如自信，与其否定自我，不如夸奖自我，这样可以发现自己过去没有认识到的长处、优点，重新认识自我。

（8）否认：自卑的同学，对于自身的不幸，可以采取视而不见、听而不闻的态度，不承认自己是弱者或不幸的人，借此保护自己免受情感上的伤害。

（9）压抑：对自己萌生的不良动机、欲望和情感，如嫉妒、报复等，趁意识还未清醒的时候，将它压下去。

（10）升华：抛开杂念与烦恼，执着地追求高尚的目标，使精神升华。把原始的不良动机、需要、欲望投射到文学、艺术、体育、科学文化领域。

防御机制对个体适应环境、保持自我的心理平衡有着积极的意义，但是防御机制仅仅是隐藏问题而不是解决问题，消除压力。

4. 积极改善挫折情境

（1）正常的饮食

我们知道丰富的营养是必需的，但是，当你处于压力之下每天摄入的食物变得更为重要。有些食物会引起胃痛或痛苦，这对每个人来说是不同的，自我减压有时依赖于丰富的营养。

（2）锻炼

锻炼不仅对于保持我们的体力，满足日常生活的要求是重要的，而且锻炼帮助我们控制压力。已经证明每天进行锻炼是管理压力的方式之一。

（3）避免不良的行为习惯

当处于压力之下，有的人咬指甲或挠头发。这些行为都不能减少压力，相反它们有增加压力的可能。

（4）发展友谊

与他人交朋友是减轻压力的一种好方法。你不仅能向朋友倾诉你的忧虑，而且朋友能为你提供减轻压力的建议。如果两人都感受到压力，你们也许能共同想出策略来解决压力产生的问题。

（5）帮助他人

试着帮助他人同样能帮助你减轻所感受到的压力。你会发现自己不仅对帮助他人感到满足，而且你体验到压力通过你帮助他人而减轻了。

（6）培养幸福感

主观幸福感训练旨在培养个人体验快乐、欢欣等愉悦情绪的能力。虽然这些情感体验大多是人们与生俱来的生理反应，但通过幸福感的训练，人们可以强化对这些情感体验的强度和持久度。

（7）重视塑造人格

塑造人格主要是培养个人自信乐观、自主行动、人际温暖与洞察表达自如等人格特质。研究表明，外向的大学生，容易产生正面情绪，而内向的大学生相对容易产生负面情绪。

（8）调整认知

它促使我们多从正面、光明的角度来辩证看待压力，化危机为生机，从而从压力中提高人生质量。

（9）培养幽默感

培养一个人幽默、诙谐、调整心态的能力。幽默可以化解烦恼,释放情绪,并使人不断体验愉悦心理。

（10）积极解决问题

面对压力,最重要的就是学会从繁杂的事务中,培养自我控制,筹划解决问题的能力。

（11）主动求助

学会利用各方面的社会支持系统源来化解困境。学会主动求助就是学会生存,学会应对压力,它培养的不仅是对于压力的积极承受,也是对压力的有效化解。由此,主动求助为的是学会自助。

5. 掌握时间管理方法

（1）设置现实的目标和重点

一天只有24小时,你需要设置实际的目标和重点。这会使你合理地利用时间和资源。

（2）根据事情的轻重缓急组织时间

分析环境和事情的轻重缓急,能将注意力集中在那些需要你即刻开始注意的活动上。

（3）将复杂事件分解为各个成分

如果你要完成一个复杂的任务,比如写一篇长文章,通过将任务分解为各个部分,一次完成一个部分就可以减轻压力。完成写文章的任务包括回顾本周的文献,概括下周的论文等。分解的过程将减轻试图一次在短时期内完成一项复杂的工作的压力。

（4）一次完成一件事情

你不可能一次同时完成几件事情,因此,你应该一次完成一项任务。只有如此,你才能在一段时间内开展一系列的工作。

（5）按照实际

要求你完成的某些活动或任务可能超出了你的能力。当发生这种情况时,与他人进行讨论,否则,你不可能有时间完成想做的事情。在安排计划时要根据实际出发,安排时间来完成任务。

（6）安排放松和空闲时间

不论你多忙都应该有时间进行放松,这可能包括观看你喜爱的电视节目的时间。我们都应该参加的另一项活动是享受宁静。从容地做某事是非常重要的,即使是仅仅在太阳下沐浴十几分钟的阳光。

（7）若压力太大就取消某些事件

如果你发现自己在学校、工作和生活中不成功时,你可能想列举你需要做的事情,看看是否有些事情可以不做或延迟去做。这会使你感到的压力少一些。

（8）保护自己免除厌倦

感到厌倦时,再继续做某事,我们是在浪费时间。试着设置能够使自己满意的目标,并努力实现它。

心理博文

放松减压小技巧

（1）当面对重压的时候小睡会儿：小睡被认为是能够有效减轻和预防压力的最有效方法之一。

（2）顺应自己的情绪：如果你生气、厌恶或者疑惑，那就坦然接受这些情绪的存在。压抑自己的情绪会增加压力。

（3）从高压的环境中暂时抽身出来做些小而有建设性的事情，比如洗衣服、理发或者清空垃圾箱等。

（4）请人按摩一下，因为按摩可以放松紧张的肌肉，加快血液循环，使人平静下来。

（5）向你的同学、老师或者朋友寻求帮助。

（6）完成某些小事，无论多小，完成事情的感觉会释放部分压力。

（7）营造舒适的环境，停下来休息一会儿，闻闻花香，或者和小动物玩耍一会儿。

（8）努力做好工作，但不是一味追求完美。

（9）尽量不要喝含有咖啡因或酒精的饮料，多吃水果。

课堂反馈

一、知识评估

请你对自己在了解压力与挫折应对的知识方面，课前课后分别做一个评估。0分代表几乎不了解，10分代表了解很多。

课前评分：＿＿＿＿＿＿＿＿＿＿＿＿＿＿＿＿＿＿＿＿＿＿＿＿＿＿＿＿＿

课后评分：＿＿＿＿＿＿＿＿＿＿＿＿＿＿＿＿＿＿＿＿＿＿＿＿＿＿＿＿＿

二、压力与挫折困扰评估

回想一下，进入大学以来出现过哪些压力与挫折？请按照困扰程度，依次排序列出3条。

第一条：＿＿＿＿＿＿＿＿＿＿＿＿＿＿＿＿＿＿＿＿＿＿＿＿＿＿＿＿＿

第二条：＿＿＿＿＿＿＿＿＿＿＿＿＿＿＿＿＿＿＿＿＿＿＿＿＿＿＿＿＿

第三条：＿＿＿＿＿＿＿＿＿＿＿＿＿＿＿＿＿＿＿＿＿＿＿＿＿＿＿＿＿

三、课堂感受

今天这堂课让我感受最深的是 ＿＿＿＿＿＿＿＿＿＿＿＿＿＿＿＿＿＿＿＿＿

今天这堂课让我最感兴趣的是 ＿＿＿＿＿＿＿＿＿＿＿＿＿＿＿＿＿＿＿＿＿

今天这堂课让我获得的收获是 ＿＿＿＿＿＿＿＿＿＿＿＿＿＿＿＿＿＿＿＿＿

延伸阅读

1. [美]保罗·史托兹:《逆商》,石盼盼译,中国人民大学出版社,2019年版。

2. [日]久世浩司:《抗压力》,贾耀平译,北京联合出版公司,2016年版。

3. [美]尼克·奥特纳:《轻疗愈》,美同译,当代中国出版社,2014年版。

4. [英]布鲁斯·霍维德:《超级复原力:简单有效的抗压行动法》,傅婧瑛译,人民邮电出版社,2017年版。

5. [英]大卫·塞尔旺-施莱伯:《自愈的本能:抑郁、焦虑和情绪压力的七大自然疗法》,曾琦译,人民邮电出版社,2017年版。

6. 郑一群:《走出困境》,清华大学出版社,2017年版。

推荐影片

《弱点》　　　　《永不妥协》　　　　《洛奇》　　　　《告别昨日》

模块九 | 关爱自己从我做起
——大学生生命教育

引 言

生命,对每个人来说只有一次。

奥斯特洛夫斯基说:"人,最宝贵的东西是生命。"它是自然赋予我们可供雕琢的宝石,只要用心修饰和打磨,每个人的生命都可以精彩纷呈、多姿多彩!

生命究竟是什么样的呢?

生命是多面的。像一首波澜壮阔的协奏曲,由各种各样的声调组成——美妙的和刺耳的,尖锐的和平展的,活泼的和庄严的。有行云流水,也有高潮迭起。

生命并非一帆风顺。人生不如意事十之八九,面对困境,生命既是脆弱的,也是坚强的,究竟是一蹶不振还是绝地反击,皆取决于人的一念之间。

生命不在于长短。它可以是短暂的,如流星之于夜空;也可以永恒的,镌刻在人类历史长河中。比长短更重要的是生命的质量。

......

人的一生应该如何度过? 不同的人有不同的答案,但有一个普遍观点:生而为人,只有珍爱生命,敬畏生命,不断追寻生命的意义,才能实现生命的最大价值,活出生命的精彩!

学习目标

1. 了解生命教育的起源,理解生命教育的概念与内容。
2. 了解大学生心理危机的成因。
3. 了解心理危机的自我调适方法,学会自我危机干预。

案例导入

案例一：珠珠是大一新生，也是一名抑郁症患者。在与班主任谈话时她这样描述自己的心境："不知道从什么时候开始，我脑子里总会有一些奇怪的想法。路过学校湖畔，想跳下去感受肺部窒息到爆炸的感觉；看到高耸的大厦，想体验从楼顶下坠时风呼啸而过的撕裂感；躺在床上，想把刀子刺进温热的血管；想灌下一整瓶安眠药，从此长眠不起……我好累，仅仅是活着，就已经用尽了我所有的力气。"

案例二：西安大学生小森告知家人赴河北找工作，却在当地服毒自杀，原因不明。在小森手机内的一个文件夹里，发现了拍拍贷借款、玖富叮当、现金巴士、分期乐、来分期、新浪有借等9个平台 App。亲友悲痛之际，接到了大量来自网贷平台催小森还款的电话，对方态度恶劣，不乏威胁恐吓，令亲友不堪其扰。亲友推测，正是由于无力偿还网贷，小森最终绝望自杀。

案例三：北京大学徐凯文教授做过一个统计，北大一年级的新生中，有30.4%的学生或厌恶学习，或认为学习没有意义，有40.4%的学生认为人生没有意义，其中最极端的就是放弃生命。徐教授将这种心理障碍称之为"空心病"，它的核心问题是缺乏支撑其生命意义感和存在感的价值观。空心病看起来像是抑郁症，情绪低落、兴趣减退、快感缺乏，但问题是所有药物都无效。

案例互动

(1) 请用几句话来形容你对生命的看法？

(2) 你认为大学生生命教育应该包括什么内容？

(3) 引发大学生心理危机，导致他们放弃生命的原因有哪些？

(4) 你遭遇过心理危机吗？你是如何处理的？

一、生命教育概述

（一）生命教育的内涵

1. 生命教育的起源与发展

生命教育最早启动于20世纪60年代的美国。1968年，美国学者詹姆斯·唐纳德·华特士（James Donald Walters）首次提出了生命教育的理念，并很快引起了人们的高度重视。1979年，澳大利亚的特德·诺夫斯成立了"生命教育中心"（Life Educational Center，简称LEC)，该中心现已发展为一个国际性机构，致力于"药物滥用，暴力与艾滋病"的防治。1989年日本针对青少年自杀、侮辱、杀人、破坏自然环境、浪费等现象日益严重的现实，在修改的新"教学大纲"中提出了"以尊重人的精神"和"对生命的敬畏"的观念来定位道德教育的目标。可见,生命教育的实践在全球已得到迅速发展。

生命教育真正提出虽未有百年,也同样在我国迅速形成一种新的教育思潮。20世纪90年代初,生命教育传入我国台湾、香港和澳门。20世纪90年代中期,生命教育开始出现在大陆。到20世纪90年代末,生命教育引起大陆学者的广泛关注。随着近年来我国大学生轻视与伤害生命的事件逐渐增多,高校逐渐成为生命教育的重要阵地之一。2007年开始,我国在武汉大学、华中师范大学、北京师范大学和江西师范大学率先推行了大学生生命教育。2008年,武汉大学将生命教育正式列为课程计划,规定医学专业学生必修,其余专业必选。

2. 生命教育的概念与内涵

伟大的教育家孔子曾说:"未知生,焉知死?"生命教育,是每个人的必修课。那么什么是生命教育呢?

生命教育有狭义与广义两种:狭义的生命教育指的是对生命本身的关注,包括个人与他人的生命,进而扩展到一切自然生命。广义的生命教育不仅包括对生命的专注,而且包括对生存能力的培养和生命价值的提升。我国人力资源和社会保障部中国就业培训技术指导中心于2012年5月推出的职业培训课程《生命教育导师》中指出:生命教育,即是直面生命和人的生死问题的教育,其目标在于使人们学会尊重生命、理解生命的意义以及生命与天人物我之间的关系,学会积极的生存、健康的生活与独立的发展,并通过彼此间对生命的呵护、记录、感恩和分享,由此获得身心灵的和谐,事业成功,生活幸福,从而实现自我生命的最大价值。

生命教育是一种全面关照生命多层次的人本教育,有着丰富的内涵。目前,在谈到生命教育内涵时,一般有三层含义。

第一层含义在于让学生通过死亡教育了解到生命的特殊价值。迷途漫漫,终有一归。赵州禅师说:"只有深知死的意义的人,才有智能和勇气去承担一切挑战和痛苦,而让自己活得有意义,死得有尊严。"死亡教育内容包括从生命开始,到生命过程的失落(包括各种大小失落、死亡)与哀伤,以及生命价值的反思等,教导学生了解生死真相,最大限度地避免校园中自我伤害和放弃生命的事件发生。

第二层含义,是指生命教育能够引导学生正确认识到生命的价值、人的生存责任,理解生活的真正意义,培养学生的人文精神,使他们学会过现代文明生活。正如文学家罗曼·罗兰对生命的诠释:"世界上只有一种英雄主义,那就是认清了生活的真相后还依然热爱它。"

第三层含义,是指生命教育基于上述教育之上,更可以通过学生对生命的起源、发展和终结的认识,更加深刻地感悟到生命的伟大,学会欣赏生命和尊重生命,最终珍惜有限生命,建立起乐观、积极的人生观,并以此达到培养学生正确的价值观,促进学生心理适应、社会适应能力全面均衡发展的目的。

(二)生命教育的主要内容

1. 认识生命

自然科学有三大难题,第一个是宇宙的起源,第二个是生命的起源,第三个是大脑的起源,足以可见生命的神圣和神秘。生命诞生之始,是精子与卵子的结合。在无限的时空中,在宇宙的永恒运动中,每个人都只有一次生命。由一个几不可见的受精卵发育成一个鲜活的个体,再经历生老病死,生命的历程本身就是一个伟大的、不可思议的奇迹。

米兰·昆德拉在《生命中不能承受之轻》中写道:"人永远都无法知道自己该要什么,因为人只能活一次,既不能拿它跟前世相比,也不能在来生加以修正,没有任何方法可以检验哪种抉择是最好的,因为不存在任何的比较。人生不能像做菜,等所有的作料都齐全了才下锅。一切都是马上经历,仅此一次。好像一个演员,没有排练就登上了舞台。"作为大学生,要深刻认识到"身体是革命的本钱",认识到生命是有限的、曲折的、不可逆的、不可再生的,更是不可替代的。因此,要尊重自己和其他生命个体,遵守自然发展规律,敬畏生命、善待生命、珍爱生命,这是对自己、家庭和社会的一种不可推卸的责任。

心理博文

谈生命

冰 心

我不敢说生命是什么,我只能说生命像什么。

生命像向东流的一江春水,他从生命最高处发源,冰雪是他的前身。他聚集起许多细流,合成一股有力的洪涛,向下奔注,他曲折地穿过了悬崖峭壁,冲倒了层沙积土,挟卷着滚滚的沙石,快乐勇敢地流走,一路上他享受着他所遭遇的一切:有时候他遇到巉岩前阻,他愤激地奔腾了起来,怒吼着,回旋着,前波后浪地起伏催逼,直到冲倒了这危崖,他才心平气和地一泻千里。有时候他经过了细细的平沙,斜阳芳草里,看见了夹岸红艳的桃花,他快乐而又羞怯,静静地流着,低低地吟唱着,轻轻地度过这一段浪漫的行程。有时候他遇到暴风雨,这激电,这迅雷,使他的心魂惊骇,疾风吹卷起他,大雨击打着他,他暂时浑浊了,扰乱了,而雨过天晴,只加给他许多新生的力量。有时候他遇到了晚霞和新月,向他照耀,向他投影,清冷中带些幽幽的温暖:这时他只想休憩,只想睡眠,而那股前进的力量,仍催逼着他向前走……终于有一天,他远远地望见了大海,啊!他已经到了行程的终结,这大海,使他屏息,使他低头,她多么辽阔,多么伟大!多么光明,又多么黑暗!大海庄严地伸出臂儿来接引他,他一声不响地流入她的怀里。他消融了,归化了,说不上快乐,也没有悲哀!也许有一天,他再从海上蓬蓬的雨点中升起,飞向西来,再形成一道江流,再冲倒两旁的石壁,再来寻夹岸的桃花。

然而我不敢说来生,也不敢信来生!

生命像一棵小树,他从地底聚集起许多生力,在冰雪下欠伸,在早春润湿的泥土中,勇敢快乐地破壳出来。他也许长在平原上、岩石上、城墙上,只要他抬头看见了天,啊!看见了天!他便伸出嫩叶来吸收空气,承受日光,在雨中吟唱,在风中跳舞。他也许受着大树的荫遮,也许受着大树的覆压,而他青春生长的力量,终使他穿枝拂叶地挣脱了出来,在烈日下挺立抬头!他遇着骄奢的春天,他也许开出满树的繁花,蜂蝶围绕着他飘翔喧闹,小鸟在他枝头欣赏唱歌,他会听见黄莺轻吟,杜鹃啼血,也许还听见枭鸟的怪鸣。他长到最茂盛的中年,他伸展出他如盖的浓荫,来荫庇树下的幽花芳草,他结出累累的果实,来呈现大地无尽的甜美与芳馨。秋风起了,将他叶子,由浓绿吹到绯红,秋阳下他再有一番的庄严灿烂,不是开花的骄傲,也不是结果的快乐,而是成功后的宁静和怡悦!终于有一天,冬天的朔风,把他的黄叶干枝,卷落吹抖,他无力地在空中旋舞,在根下呻吟,大地庄严地伸出臂儿来接引他,他一声不响地落在她的怀里。他消融了,归化了,他说不上快乐,也没有悲哀!也许有一天,他再从地下的果仁中,破裂了出来,又长成一棵小树,再穿过丛莽的严遮,再来听黄莺的歌唱。

然而我不敢说来生,也不敢信来生!

宇宙是一个大生命,我们是宇宙大气风吹草动之一息。江流入海,叶落归根,我们是大生命中之一叶,大生命中之一滴。在宇宙的大生命中,我们是多么卑微,多么渺小,而一滴一叶的活动生长合成了整个宇宙的进化运行。要记住:不是每一道江流都能入海,不流动的便成了死湖;不是每一粒种子都能成树,不生长的便成了空壳!生命中不是永远快乐,也不是永远痛苦,快乐和痛苦是相生相成的。等于水道要经过不同的两岸,树木要经过常变的四时。在快乐中我们要感谢生命,在痛苦中我们也要感谢生命。快乐固然兴奋,苦痛又何尝不美丽?我曾读到一个警句,是"愿你生命中有够多的云翳,来造成一个美丽的黄昏"。世界、国家和个人的生命中的云翳没有比今天再多的了。

2. 尊重生命

尊重生命首先要尊重自己的生命,对自己的生命负责,养成健康的生活方式,不做损害生命的事,如吸毒、纵欲、过劳等。除了不爱惜身体健康,对生命的不尊重还有另外一种方式就是浪费生命。时间就是生命,浪费时间就是浪费生命。一个大学毕业生调查显示,大部分人毕业前最遗憾的就是在学校的时候没有好好读书提升能力,反而把时间都花费在发呆、睡觉等事情上。明日复明日,明日何其多。珍惜时光,管理好时间,有质量地生活,才是尊重生命的表现。

尊重生命还要求我们尊重他人的生命权利。中西方哲学家都非常重视对他人的尊重,强调要以仁爱之心对待他人。孔子说"己所不欲勿施于人",孟子说"恻隐之心人皆有之",亚当·斯密认为"积极的道德,就是仁慈",这是人性中固有的因素。尤其当我们与人相处出现矛盾与冲突时,更需要从尊重生命的角度去理性地处理和化解。

尊重生命还包括对大自然其他生命物体给予尊重。大到飞禽走兽,高山河流,小到花花草草,微生物种。正如习近平总书记指出:"我们每天呼吸的空气、饮用的水、吃的食物,都得益于大自然的馈赠,都是生物多样性带来的福祉。因此,我们要尊重自然、顺应自然、保护自然,探索人与自然和谐共生之路。"

对生命的尊重是大自然生存的根本法则,是社会生活的基本规则。只有懂得尊重生命,才能真正体会生命的宝贵。

故事分享

你听说过"大体老师"吗?

我们尊称捐献遗体的无言老师为"大体老师"。

遗体捐赠者无偿捐献他们自己的遗体,并在过世8小时内急速冷冻到零下30℃保存,在教学使用时再复温到4℃,从而能够保证遗体的新鲜程度,让学生能在最接近真实的人体上进行模拟手术训练。

从这些遗体捐献者的躯体上,医学界的学生们掌握和丰富人体基本知识,让学生们去感受救死扶伤的深刻内涵。这些遗体是医学生第一个手术的"患者",也是医学生的老师,他们被尊称为"大体老师",亦被尊称为"无语良师"。

解剖课上,面对大体老师,在白布掀开前,学生们总要先鞠躬,再宣读誓言:"敬爱的大体老师,我们将用您的身体进行解剖学习。在您身上划下的每一刀,都是奠定我们未来良好医术的基础,您奉献的大爱,更将孕育我们关爱病人的情操。我们许诺,从今天开始,要以一个恭敬的心情,谦虚的态度,认真向您学习。"

一字一句,是敬重与感激。

以无言来授课,以肉身为教材。

向无言的"大体老师们"致敬!

---

3. 感恩生命

关于这一点,我们或许可以从霍金身上获得一些启示。

霍金是谁? 他是一个大脑,一个神话,一个当代最杰出的理论物理学家,一个科学名义下的巨人。他更是一个坐着轮椅、挑战命运的勇士。

1963年,21岁的他不幸被诊断患有肌肉萎缩性侧索硬化症即运动神经细胞病。当时,医生曾诊断身患绝症的他只能活两年,可他一直坚强地活了下来。1985年,霍金动了一次穿气管手术,从此完全失去了说话的能力。他表达思想的唯一工具,是一台电脑声音合成器。他用仅能活动的几个手指操纵一个特制的鼠标器在电脑屏幕上选择字母、单词来造句,然后通过电脑播放声音。就是在这样的状况下,他极其艰难地写出了著名的《时光简史》,探索宇宙的起源。

一次演讲结束后,一位女记者冲到演讲台前问道:"病魔已将您永远固定在轮椅上,你不认为命运让你失去太多了吗?"霍金用他还能活动的3根手指,艰难地叩击键盘后,显示屏上出现了四段文字:

"我的手指还能活动;

我的大脑还能思维;

我有终生追求的理想;

我有爱我和我爱的亲人和朋友。"

在回答完那个记者的提问后,他又艰难地打出了第五句话:"对了,我还有一颗感恩的心!"

生命是一场冒险之旅。旅途中,欢乐与痛苦共存,顺利与坎坷并行。霍金的不屈历程使我们认识到:许多的人生无常、挫折意外,我们用感恩、豁达的心态去面对。感恩不是心理安慰,不是逃避现实,更不是阿Q的精神胜利法,它是一种处世哲学,是生活中的大智慧。英国作家萨克雷说:"生活就是一面镜子,你笑,它也笑;你哭,它也哭。"一味埋怨无济于事,心怀感恩才能从生命的夹缝中看到花朵,激发我们挑战困难的勇气,获取继续前行的动力。

4. 追寻生命价值

人的生命是自然生命和价值生命的统一体。自然生命是价值生命的载体,价值生命是自然生命的灵魂,舍弃二者之中的任何一个,人的生命就会黯然失色,无所依存。

爱因斯坦曾说:"一个人活着就应该扪心自问,我们到底应该怎样度过一生,这是个合情合理的问题,也是一个非常重要的问题。"美国心理学家马斯洛就在他的需要层次理论中提出,人的需要可以分为五个层次,它们依次是:生理的需要、安全的需要、社交的需要(包含爱与被爱,归属与领导)、尊重的需要和自我实现的需要。其中自我实现是人最高层次的需要,即人要实现自我生命的价值。生命的短暂需要价值来超越,生命的痛苦需要价值来承载。生命的意义和价值就是人类生命的升华。而人有意义、勇于创造地活着,就是实现人生价值的过程,也是生命升华的过程。

作为新时代大学生,要勇于认识生命之真,践行生命之善,创造生命之美,不断追寻自己的生命价值。

心理测验

生命意义量表(C-MLQ)

首先,请你花一点时间思考一下,"对你来说,什么使你感觉到你的生活是很重要的"。然后,根据下列的描述与你的情况相符合的程度,在1~7中做出选择,并尽可能准确和真实地做出回答,下列问题的主观性很强,每个人的回答都会有所不同,并无对错之分。如下所示,1对应的是"非常不同意",2对应的是"基本不同意",3对应的是"有点不同意",4对应的是"不确定",5对应的是"有点同意",6对应的是"基本同意",7对应的是"完全同意"。

	非常不同意	完全同意
(1) 我很了解自己的人生意义。	1 2 3 4 5 6 7	
(2) 我正在寻找某种使我的生活有意义的东西。	1 2 3 4 5 6 7	
(3) 我总是在寻找自己人生的目标。	1 2 3 4 5 6 7	
(4) 我的生活有很明确的目标感。	1 2 3 4 5 6 7	
(5) 我很清楚是什么使我的人生变得有意义。	1 2 3 4 5 6 7	
(6) 我已经发现了一个令人满意的人生目标。	1 2 3 4 5 6 7	
(7) 我一直在寻找某样能使我的生活感觉起来是重要的东西。	1 2 3 4 5 6 7	
(8) 我正在寻找自己人生的目标和"使命"。	1 2 3 4 5 6 7	

（9）我的生活没有很明确的目标。　　　　　　　1　2　3　4　5　6　7

（10）我正在寻找自己人生的意义。　　　　　　　1　2　3　4　5　6　7

生命意义量表测量个体生命意义感高低程度及追寻生命意义的动力强度，包括意义体验和意义追寻两个分量表。

评分规则：

将人生意义体验因子：1，4，5，6，9题分数相加；人生意义寻求因子：2，3，7，8，10题分数相加。其中第9题为负向计分。

根据C-MLQ量表常模分布，总分在0—37分之间，表示生命意义感偏低；总分38—56分之间，表示生命意义感正常；总分大于56分，表示生命意义感过高。

二、大学生心理危机概述

2021年春节的一天，正当全国百姓沉浸在一片祥和喜乐的氛围中，某高校大一新生小艺，在又一次与家人发生激烈冲突后，默默地爬上了自家楼顶，徘徊在十几层高的天台上，并试图翻越栏杆一跃而下。然而求生的本能和从痛苦中解脱的诱惑反复撕扯着她的灵魂，经过漫长的挣扎之后，她拨通了学校心理老师介绍的江苏省大学生心理危机干预24小时热线电话。在热线老师的紧急干预和学校的积极配合之下，小艺的情绪终于暂时得到安抚，放弃了此次的自杀行为。这是一次成功的心理危机干预行动，但并不意味着结束，亟待小艺和家庭、学校继续解决的，是漫长的心理治疗和修复过程。

（一）心理危机的含义

《现代汉语词典》将"危机"解释为："潜伏的危险。"故而心理危机，就是指人的心理的一种潜伏的危险状态。美国心理学家卡普兰最早提出心理危机的概念，他认为心理危机是指个体在生活中突然遭遇重大生活事件（如亲人故去、情感破裂、突发重大疾病等天灾人祸）时，无法回避却又无法运用通常的解决应对方式来处理问题时所出现的心理失衡状态。在心理危机状态下，个体会出现一系列负性的生理、情绪、认知、行为反应，如果危机反应长时间得不到缓解，便会引发心理疾病和过激行为。

还要认识到，并非所有遭遇重大生活事件的人都会发生心理危机，判断个体是否处于心理危机状态，要符合三个标准：一是存在影响个体心理的重大生活事件，且该事件对个体有重要的意义；二是个体出现明显的心理变化、认知扭曲甚至行为异常；三是个体缺乏有效的应对方式或是原有的应对机制被破坏。

（二）心理危机的种类

根据心理学家布拉姆提出的应用危机理论，心理危机可分为发展性危机、境遇性危机、存在性危机。

1. 发展性危机

发展性危机是指在正常成长和发展过程中,急剧的变化或转变所导致的大学生的异常反应。交友受挫、恋爱失败、就业困难等都可能导致发展性危机。每个人的发展性危机都是独特的,每一次发展性危机的成功解决都是大学生走向成熟和完善的阶梯,必须以独特的方式进行评价和处理。发展性危机是最常见于大学生群体的心理危机。

2. 境遇性危机

境遇性危机是由于突如其来、无法预料和难以控制的超常事件引发的危机,如遭遇意外事故、突发疾病、猥亵强暴等。境遇性危机具有随机性、突发性、震撼性、强烈性、灾难性和不可预见性。"9·11"事件、汶川地震都是典型的境遇性危机。

3. 存在性危机

存在性危机是指伴随着重要的人生问题,如人生目的、人生责任和未来发展等内部压力出现的心理冲突和焦虑。在中学时代,学生学习的一切动力来自高考,当高考结束进入大学,很多大学生会因目标的丧失而困惑与焦虑,有的大学生陷入网络成瘾的泥沼,有的大学生患了"空心病"失去奋斗的动力。存在性危机是潜藏于心、伴随个体终身的课题。

(三)心理危机的历程

危机的发生不是突然的,是一个动态的发展过程,在危机的不同阶段,个体会有不同的心理和行为模式。凯普兰在他的心理危机理论中描述了心理危机反应的演变过程,他认为,处于危机中的个体要经历四个阶段。

第一阶段,当一个人感到自己的生活突然出现变化或即将出现变化时,他内心的基本平衡被打破了,表现为警觉性提高,开始体验到紧张。为了达到新的平衡,他试图用自己以前在压力下习惯采取的策略做出反应。处于这一阶段的个体多半不会向他人求助,有时还会讨厌别人对自己处理问题的策略指手画脚。

第二阶段,经过前一阶段的努力和尝试,个体发现自己习惯的解决问题的方法未能奏效,焦虑程度开始增加。为了找到新的解决办法,个体开始试图采取尝试错误的办法来解决问题。在这个阶段中,个体开始有了求助的动机,不过这时的求助行为只是他尝试错误的一种方式。需要指出的是,高度情绪紧张在一定程度上会妨碍当事人冷静的思考,也会影响其采取有效的行动。

第三阶段,如果经过尝试错误未能有效地解决问题,个体内心的紧张程度持续增加,并想方设法地寻求和尝试新异的解决办法。在这一阶段中,个体的求助动机最强,常常不顾一切。不分时间、地点、场合和对象发出求助信号,甚至尝试自己过去认为荒唐的方式,如一向不迷信的人去占卜。此时个体也最容易受到别人的暗示和影响。在这个阶段,当事人会采取一些异乎寻常的无效行动宣泄紧张的情绪,如无规律的饮食起居、酗酒、无目的的游荡等,这些行为不仅不能有效地解决问题,反而会损害个体的身心健康,增加紧张程度和挫折感,并降低个体的自我评价。

第四阶段,如果当事人经过前三个阶段仍未有效地解决问题,它很容易产生习惯性的无助。个体会对自己失去希望和信心，甚至对整个生命意义发生怀疑和动摇。

一般而言，人们对危机的心理反应通常经历四个时期：首先是冲击期，发生在危机事件发生后不久或当时，感到震惊、恐慌、不知所措；其次是防御期，表现为想恢复心理上的平衡，控制焦虑和情绪紊乱，恢复受到损害的认识功能，但行动上不知如何做，经常会出现否认、合理化等心理防御；再次是解决期，积极采取各种方法接受现实，寻求各种资源努力设法解决问题，焦虑减轻，自信增加，社会功能恢复；最后是成长期，经历了危机变得更加成熟，获得了应对危机的技巧。但也有人消极应对而出现了种种心理不健康的行为。

（四）大学生心理危机的特点

我国正在经历百年未有之大变局，加之大学生正处于人生发展的重要变化期，心理发展水平处于埃里克森提出的"自我同一性对角色混乱"的时期，很容易遭遇校园生活、学习就业、恋爱交友中的负性事件，产生各种各样的情绪困扰。这些不良的情绪如果不能得到及时有效的疏导和改善，就有可能引发出一系列潜在的心理危机，并最终导致学生个人生活功能、社会功能或者生命功能的丧失。

大学生心理危机呈现出以下特点。

1. 心理危机的复杂性

大学生心理危机的产生原因和反应形式都不是单一的。首先，导致心理危机产生的因素是复杂的，有的是因为失恋、就业，有的是因为性格缺陷、社会支持系统薄弱，有的是个体整个心理系统的失衡，诸多复杂问题同时浮出水面。其次，心理危机的反应形式也是多样的，人在危机状态下会产生一系列的情绪、认知、生理和心理行为反应，他们互相作用、互为因果，且往往一种反应会加剧另一种反应，形成恶性循环。

2. 心理危机的严重性

心理危机往往出人意料、突如其来、不可控制。当大学生处于心理危机时，个体感受到痛苦的情绪体验，又因自感无法解决而无助且无所适从，可供利用的心理能量降到最低点。一旦超越个人心理承受的极限，危机心理将直接导致极端的行为后果，这些后果往往是伤人或是伤己的严重事件。因此，大学生的心理危机往往需要去紧急干预，以免事态失控。

3. 心理危机的两面性

心理危机是一把双刃剑，既意味着危险，又蕴藏着机遇。它可能导致个体严重的病态或过激行为，包括杀人和自杀。与此同时，危机中又潜藏着成长的契机。危机带来的痛苦会迫使个体积极寻求帮助，为个体的成长改变提供动力；危机的解决会导致积极的和建设性的结果，如增强应付能力、改变消极的自我否定、减少功能失调的行为。如果危机大学生能有效利用好这一机会，就会在危机中逐步成长达到自我完善。

（五）大学生心理危机的起因

大学生发生心理危机的原因主要以下几种。

1. 个体因素

大学生发生心理危机的原因既有个体生物性的因素，如身体疾病、生理缺陷、大脑器质性病变等,也有心理方面的因素,如性格缺陷、网络成瘾、心理障碍、心理疾病等。这些都可能成为大学生发生心理危机的内在原因。

2. 家庭与社会因素

原生家庭不幸、幼时的痛苦体验、社会就业压力和竞争压力过大、社会不良示范等,都可能成为大学生发生心理危机的外在原因。

3. 负性生活事件

负性生活事件是心理危机的重要诱因,如学业压力、人际交往受挫、环境适应不良、考研失败、恋情破裂等,都会成为大学生发生心理危机的导火索。

4. 有自杀倾向

过去曾有过自杀企图或自杀未遂经历的人是心理危机的高危人群。这类人在遭遇挫折或失败时,极有可能再次引发严重的心理危机,甚至危及生命。

心理危机的产生往往并不仅仅起因于某单一因素,而是多种因素共同作用的结果。

北京大学心理健康教育与咨询中心副主任徐凯文教授提出心理危机干预的树理论。他认为,人越来越成为大系统中的人,越来越多地受到环境的影响。如果将人的成长比喻成一棵树,那么树根是他的家庭与依恋关系,树干是他的社会支持、信仰、价值观,树叶是他的成就感、自我实现,而成长所需的阳光、雨露则是指社会环境。一个人之所以会出现心理危机的问题,基本上是由树根、树干、树叶和阳光雨露这四个因素导致的。反过来说,如果你想帮助这棵大树成长得枝繁叶茂,也可以从这四个因素入手。

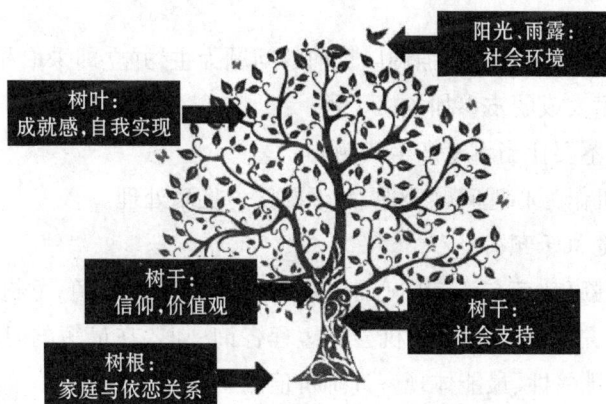

阳光、雨露:社会环境

树叶:成就感,自我实现

树干:信仰,价值观

树干:社会支持

树根:家庭与依恋关系

心理危机的树理论

三、大学生心理危机的干预及自我调适

(一) 大学生心理危机干预

1. 大学生心理危机干预系统

自2001年,教育部明确要求高校制订大学生心理危机干预工作预案,各高校陆续建立本校的心理危机干预系统。以我校为例,始终坚持预防为主的原则,建立学校—学院—班级—宿舍"四级"预警防控体系;通过新生心理健康状况普查、心理危机定期排查、心理健康晴雨表等途径和方式,及时发现学生中存在的心理危机情况。充分利用"大学生心理危机干预系统",对有严重心理障碍、心理疾病和自杀倾向的学生及时进行心理测评并建立专门的心理档案,实行定期跟踪的动态管理方式;完善心理危机干预工作预案,明确工作流程及相关部门工作职责。2020年,针对新型冠状病毒感染的肺炎疫情,教育部又发出通知,要求教育系统面向广大高校师生和人民群众开展疫情相关心理危机干预工作。大学生心理危机干预已成为维护校园、社会和谐稳定的重要手段。

2. 大学生心理危机干预的目标和原则

危机干预(Crisis Intervention)也称为"危机介入"或"危机调解",是对面临危机的人采取迅速、有效的应对策略,使其能够在避开危机的同时,达到进一步适应那种危机所适用的治疗方法。

大学生心理危机干预的目标总结起来有三条。

(1)防止过激行为,如自杀、自伤,或攻击行为等。

(2)促进交流与沟通,鼓励当事人充分表达自己的思想和情感,鼓励其自信和正确的自我评价,提供适当建议,促使问题解决。

(3)提供适当医疗帮助,处理昏厥、情感休克或激惹状态。

对应这三条干预工作的目标,心理学家们运用现有的危机心理学理论确定了危机干预四项原则。

(1)迅速确定要干预的问题,强调以目前的问题为主,并立即采取相应措施。

(2)必须有其家人或朋友参加危机干预。

(3)鼓励自信,不要让当事者产生依赖心。

(4)把心理危机作为心理问题处理,而不要作为疾病处理。

3. 大学生心理危机干预的过程

北京大学心理健康教育与咨询中心副主任徐凯文教授形容道,危机(自杀)干预是一场猝不及防的遭遇战,是一次只有一次机会的短程咨询,却要在最短的时间准确判断来访者的自杀风险,是最具挑战性、最能体现咨询师价值的工作。

他将大学生的危机干预分为三部分。首先是行动干预,要有一个非常明确的目标——保证被干预者的绝对安全,危机干预的第一原则,就是安全。然后进入下一个步骤——心理干预。心理干预的时候要处理来访者的自杀诱因和情绪问题,让其放弃自杀的念头。最后,要通过长期的心理治疗来完成对来访者的救治。危机干预几乎都是突发事件,因此不能独立作战,而是需要一个团队。团队的主要成员包括战斗员——具体执行者,即家人、朋友、同学等监护人,保证24小时监督被干预者,防止意外发生;领导,需要提供和支持大量的人力、物力、财力才能确保战斗的胜利;心理专家,即决策者,制定干预方案,提供解决办法。资源越丰富,团队越强大,胜算率就越大。

（二）大学生心理危机的自我调适

生命好比是一条河流，有波平浪静的河段，也有漩涡暗涌的河段。人生中的逆境与危机，考验着我们的意志，也锻炼我们的能力。很多心理危机的发生是因为危机事件超出了我们的处理经验，让人产生无法改变、绝望的错觉。事实上，有很多心理危机是可以通过一些方法来进行自我调节的，学会进行心理危机的自我调适，是大学生维护心理健康的一个重要课题。

1. 培养乐观心态

积极心理学之父马丁·赛利格曼研究发现，乐观的人能在逆境中更好地成长，也更容易走上一条绝妙无比的成功之路！最重要的是，他肯定地说："'乐观'这种优秀的性格品质，是可以通过后天的学习学得的！"如果你天生是一名悲观主义者，不用沮丧，你可以运用赛利格曼教授推荐的一种有效方法来改变自己悲观的生活态度，这种方法就是学习乐观的ABCDE技术。

此项技术是建立在艾利斯的ABC情绪理论基础上的，即：A（Activating Event）表示诱发事件；B（Belief）表示个体针对此诱发事件产生的一些信念，即对这件事情的看法、评价和解释；C（Consequence）表示自己产生的情绪和行为结果。通常人们认为人的情绪的反应是直接由诱发事件A引起的，即A引起了C。ABC理论指出，诱发事件A只是引起情绪及行为反映的间接原因，而人们对诱发事件所持的信念，看法、评价和解释B才是引起人的情绪及反应的更直接的原因。如：

A（不好的事）：我向闺蜜借了一条昂贵的奢侈品牌项链去约会，结果不小心将项链扯断了。

B（想法、信念）：我真个不负责任的人，这是小婷最心爱的项链，我居然把它扯断了，她一定会很生气，可能以后都不理我了。

C（结果）：我感到非常难过、羞耻和难堪，我不敢打电话告诉她这件事。我只是坐在那里，骂自己笨，想办法鼓起勇气打电话。

这里"我"的羞愧难堪看似是由弄坏项链引起的，实际上是由想法B"我认为自己不负责任，闺蜜再也不会理我了"而引起的。而要中断这个"负面ABC"的恶性循环，就要靠"ABCDE训练法"中的"D反驳"（disputation）和"E激发"（energazation）。

首先要学会识别出自己的ABC模式，也就是识别出不好的事跟自己的想法和后果之间的关系；然后反驳，反驳的含义是指跟自己的想法辩论。当你跟自己反驳的时候，你要像一个侦探一样去找证据，看看支持自己想法的证据在哪里；最后激发，激发是反驳所带来的精神和行为的结果，激发这一步是检验自己的思维方式改变后，是不是带来了行为的改变，或者说，是否找到了更有意义的解决方案。

A（不好的事）：我向闺蜜借了一条昂贵的奢侈品牌项链去约会，结果不小心将项链扯断了。

B（想法、信念）：我真个不负责任的人，这是小婷最心爱的项链，我居然把它扯断了，她

关爱自己从我做起——大学生生命教育

一定会很生气,可能以后都不理我了。

C(结果):我感到非常难过、羞耻和难堪,我不敢打电话告诉她这件事。我只是坐在那里,骂自己笨,想办法鼓起勇气打电话。

D(反驳):唉!真是很倒霉,我扯坏了小婷最心爱的项链(找证据),她可能会非常失望(暗示)。不过,我相信她会理解这是一个意外(其他可能性),我不认为她会因此而恨我(暗示),就因为我不小心扯断了一条项链就说自己是个不负责任的人是不公平的(暗示),我赔偿她的损失就好。

E(激发):我还是觉得很难过,弄坏了别人的项链。但是我不像之前那样觉得见不得人或很羞耻。我想她不会因此而与我断交,所以我可以放松一下心情,打电话跟她好好解释一下,并商量一下,赔偿她的损失。

当掌握了这套方法,你需要做的就是不停地练习、练习、再练习!学会了它,你会发现乐观的作用是无法估量的,用乐观的态度去面对失意是击退抑郁最好的武器。

心理博文

积极心态的力量(节选)

美国著名成功学家拿破仑·希尔在20年间研究了504位美国成功人士,发现积极人格是人生成功的关键,总结出培养积极人格的36条建议。

切断和你过去失败经验的所有关系,消除你脑海中的那些与积极心态背道而驰的所有不良因素。

培养每天说或做一些使他人感到舒服的话或事的习惯,你可以利用电话、明信片,或一些简单的善意动作来达到此目的。例如给他人一本励志书,就是为他带来一些使他生命充满奇迹的东西。日行一善,可永远保持无忧无虑的心情。

使自己了解一点,打倒你的不是挫折,而是面对挫折时所抱的心态,训练自己在每一次不如意的处境中都能发现与挫折等值的积极一面。

当你找不到解决问题的答案时,不妨帮助他人解决问题,并从中寻找你需要的答案。在你帮助他人解决问题的同时,你也正在洞察解决自己问题的方法。

与你曾经以不合理态度冒犯过的人联络,并向他致以最诚挚的歉意,这项任务愈困难,你就愈能在完成时,摆脱掉内心的消极心态。

改掉你的坏习惯,连续一个月每天减少一项恶习,并在一周结束时反省一下自己的成果。如果你需要顾问或帮助时,切勿让你的自尊心使你却步。

要知道自我可怜是独立精神的毁灭者,请相信你自己才是唯一可以随时依靠的人。

把你一生中发生的所有事件都看作是激励你上进而发生的事件,因为只要你能给时间减少你烦恼的机会的话,即使是最悲伤的经验,也会为你带来最宝贵的财富。

放弃想要控制别人的念头,在这个念头摧毁你之前,你先摧毁它,把你的精力转而用来控制你自己。

把你的全部思想用来做你想做的事,而不要留有余地给那些胡思乱想的念头。

使自己多参加各种运动以保持自己身体的健康状态,生理上的疾病很容易造成心理的失调,你的身体和你的思想一样要保持活动,以维持积极的行动。

增加自己的耐性,并以开阔的心胸包容所有的一切,同时要与不同种族和不同信仰的人多接触,学习接受他人的本性,而不要一味要求他人照着你的意见办事。

你应该承认"爱"是你心理和生理疾病的最佳药物,爱会改变和调适你体内的化学元素,以使它们有助于你表现出积极的心态,爱也会扩展你的包容力,接受爱的最好方式就是付出你自己的爱。

以相同或更多的价值回报给你好处的人。"报酬增加律"最后会给你带来好处,而且可能会为你带来你应得的东西的所有能力。

记住:当你付出之后,必然会得到等价或更高价值的东西,抱着这种念头,可使你驱除对年老的恐惧。

参考别人的例子提醒自觉,任何不利情况都是可以克服的。爱迪生只接受过三个月的正规教育,但他却是最伟大的发明家;海伦失去了视觉、听觉和说话的能力,但她却成了生活的强者而鼓舞了数以万计的人。

对于善意的批评应采取接受的态度,而不应采取消极的反应。接受学习他人如何看待你的机会,利用这种机会做一番自我反省,并找出应该改善的地方。不要害怕批评,你应勇敢地面对它。

无论何时何地都应表现出真实的自我,没有人会相信骗子。

连续6个月每周阅读本建议一次,6个月后你一定会有所变化。当你学会所要求的良好习惯并调适好你的思想之后,你的心态便会随时都是积极的。

2. 寻求社会支持

社会支持广义上是指在困难时期可以作为心理资源给予支持的人际关系。更具体地说,社会支持指的是一个人从自己的社会关系(家人、朋友、同事等)中获得的客观支持以及个人对这种支持的主观感受。社会支持不仅指物质上的条件和资源,也包括情感支持、尊重支持、信息知识支持和网络系统支持。一个大学生完备的社会支持系统包括亲人、朋友、同学、老师、学生组织成员、重要他人、学校职能部门、社会服务机构等等。

人是社会的动物,来自亲人朋友,还有专业资源的支持,对心理健康作用是非常大的。"我担心别人会耻笑我""我不想麻烦别人""觉得和人打交道好累",这些负面的人际期待都不利于心理危机的自我干预。

心理学实验发现,人体有一套天然的舒缓压力的机制,而与人互动,就是激活它的一把钥匙。已有研究表明,无论个体目前的社会支持水平如何,只要增加社会支持,必然导致个体健康状况的提高。同时,社会支持能够缓冲压力事件对身心状况的消极影响,保持与提高个体的身心健康。因此,当面临心理危机的时候,启动你的社会支持系统,选择与他人分享,分享的内容质量越高,与自己联结的人关系越亲密,就能获得更多的情绪情感支持,缓解心理压力,从而提高自身对环境变化的应对能力。

3. 从创伤中获得成长

对于每一个人来说,创伤都是不可避免的。创伤的形态多种多样,从生命最初分娩时的创伤,到成长过程中遭遇的校园暴力、朋友背叛、亲人离世、婚姻破裂、疾病、自然灾害、交通事故等大大小小的心理创伤,都可能给心灵留下难以愈合的伤口。

人们往往认为,创伤只会给人带来痛苦,令人抑郁、焦虑,让人产生创伤后压力。但心理学研究发现,当个体遭遇创伤,人生陷入危机的时候,也是更容易获得成长的时候,在创伤后,一部分个体发展出了比原先更高的适应水平、心理功能和生命意识。因此,不要把创伤作为拒绝成长的借口。我们可以有无数种方法降低痛苦、逃避痛苦,但真正解决问题的方法只有一种:直面痛苦,认识痛苦的意义,领悟到问题的来源,并由此成长。当接受自己的创伤经历,接受痛苦时,个体就会跳出来像局外人一样,去理性看待自己的问题和痛苦,能分析问题,看清自己痛苦的原因,并接受已经发生的事实,承认它已不可改变,承认它给自己带来伤害,同时也能带着心理创伤去积极生活。

4. 寻求专业帮助

当遭遇的突发事件超出了个人能力和体质所能承受的最大心理和生理压力,当生命面临极度危机时,你还有一个重要的选择,那就是抛开一切顾虑,抛开错误的病耻感,到学校的心理中心或者规范的心理治疗机构寻求专业帮助,进行紧急的危机干预,寻找解决问题的对策,因为,在宇宙万物之中,你很重要!

📚 心理博文

我很重要(节选)

毕淑敏

我很重要。

我对于我的工作我的事业,是不可或缺的主宰。我的独出心裁的创意,像鸽群一般在天空翱翔,只有我才能捉住她们的羽毛。我的设想像珍珠一般散落在海滩上,等待着我把它用金线穿起。我的意志向前延伸,直到地平线消失的远方。没有人能替代我,就像我不能替代别人。

我很重要。

我对自己小声说。我还不习惯嘹亮的宣布这一主张,我们在不重要中生活得太久了。

我很重要。

我重复了一遍,声音放大了一点,我听到自己的心脏在这种呼唤中猛烈的跳动。

我很重要。

我终于大声地对世界这样宣布。片刻之后,我听到山岳和江海传来回声。

是的,我很重要。我们每一个人都应该有勇气这样说。我们的地位可能很卑微,我们的身份可能很渺小,但这丝毫不意味着我们不重要。重要并不是伟大的同义词,他是心灵对生命的承诺。

对于一株新生的树苗,每一片叶子都很重要。对于一个孕育中的胚胎,每一段染色体的碎片都很重要。甚至驰骋环宇的航天飞船,也可因为一个密封性皮圈的破裂而凌空爆炸——你能说他不重要吗?

人们常常从成就事业的角度,断定我们是否重要。但我要说,只要我们在时刻努力着,为光明在奋斗着,我们就是在无比重要的活着。

让我们昂起头,对着我们这颗美丽的星球上无数的生灵,响亮的宣布——

我很重要。

课堂反馈

一、知识评估

请你对自己在了解生命教育与心理危机干预的知识方面,课前课后分别做一个评估。0分代表几乎不了解,10分代表了解很多。

课前评分:＿＿＿＿＿＿＿＿＿＿＿＿＿＿＿＿＿＿＿＿＿＿＿＿＿＿＿

课后评分:＿＿＿＿＿＿＿＿＿＿＿＿＿＿＿＿＿＿＿＿＿＿＿＿＿＿＿

二、心理危机自我调适

回想一下,你可以采取哪些方法进行心理危机的自我调适?请按照可能性程度,依次排序列出三条。

第一条:＿＿＿＿＿＿＿＿＿＿＿＿＿＿＿＿＿＿＿＿＿＿＿＿＿＿＿

第二条:＿＿＿＿＿＿＿＿＿＿＿＿＿＿＿＿＿＿＿＿＿＿＿＿＿＿＿

第三条:＿＿＿＿＿＿＿＿＿＿＿＿＿＿＿＿＿＿＿＿＿＿＿＿＿＿＿

三、课堂感受

今天这堂课让我感受最深的是 ＿＿＿＿＿＿＿＿＿＿＿＿＿＿＿＿＿＿＿＿

今天这堂课让我最感兴趣的是 ＿＿＿＿＿＿＿＿＿＿＿＿＿＿＿＿＿＿＿＿

今天这堂课让我获得的收获是 ＿＿＿＿＿＿＿＿＿＿＿＿＿＿＿＿＿＿＿＿

延伸阅读

1. [英]史蒂芬·约瑟夫:《杀不死我的,必使我强大》,青涂译,北京联合出版公司,2016年版。

2. 陶爱荣:《快乐前行——高职生心理健康与发展》,南京大学出版社,2014年版。

3. 桑志芹:《大学生心理健康教程》(第四版),南京大学出版社,2017年版。

4. 段鑫星、程婧:《大学生心理危机干预》,科学出版社,2006年版。

5. 沈德立:《大学生心理健康》,高等教育出版社,2013年版。

6. [美]马丁·赛利格曼:《活出最乐观的自己》,洪兰译,北方联合出版传媒(集团)股份有限公司、万卷出版公司,2010年版。

推荐影片

《肖申克的救赎》

《唐山大地震》

《士兵突击》

大学生心理健康教程

模块十 网络是把"双刃剑"
——大学生网络心理

引言

网上流传一句话:世界上最遥远的距离莫过于我们坐在一起,你却在玩手机。21世纪,人类真正进入了网络和信息时代,"微博""抖音""游戏""直播""电竞""网购"等逐渐畅行于生活的每个角落,改变着人们的生存方式——我们不需要再去食堂就可以"外卖"到家,不需要见面就可以找到志趣相投的朋友,不需要再跋山涉水就可以看望千里之外的朋友,不需要排队挤破头就可以购买车票、景区门票,甚至足不出户就可以欣赏世界美景。网络给我们带来了极大的便利,但也潜藏着一些负面影响。对于"00"后的大学生而言,学会成为"网络的主人",而非变成"网络的奴隶"至关重要。

学习目标

1. 了解互联网的形成、发展和特征。
2. 了解网络对大学生行为以及心理发展的影响。
3. 了解大学生常见的网络心理问题。
4. 掌握大学生网络心理问题的预防策略和自我调适的方法。

案例导入

案例一: 2021年3月23日,大学生林某在社交软件App上加了一个网友,后通过微信与对方聊天,对方给林某推荐一个网址,声称玩游戏投注能赚钱,后林某同意并在该网址上注册及投注,林某两次投注并操作,都盈利并可提现,到第三次充值27000元无法提现,并且网站客服以各种理由阻止林某提现,微信好友也一直以各种理由忽悠林某继续充值,林某觉得被骗,在辅导员的引导下前往警察局报警。

案例二: 2018年6月,惠水县大学生张某在某交友App上认识了一名叫"李可馨"的"同校女生",二人交谈甚欢遂互相添加微信好友,后来发展成为恋人关系。2018年6月至10月期间,"李可馨"以过节和买手机等各种理由要求张某给"她"转账,陷入爱情的张某前后共给"女友"转账1.8万余元。在此期间,张某多次要求与"女友"见面,均被"李可馨"以各种理由搪塞或拒绝,后张某支付宝转账发现女友身份造假,拒绝转账并且质问"女友"身份,"女友"见身份败露转而以张某裸照威胁其转账,张某害怕对方发布裸照无奈陆续转账1万余元,整日无心学习,人也变得焦虑不安。

案例三:杨某成绩优秀,他的目标就是考上名牌大学。高中毕业后,他顺利进入R大王牌专业。可进入大学以后,杨某无意中接触到网络游戏,后频繁出入网吧,严重影响学习,甚者多次在宿舍熬夜打游戏忘记第二天的课程,期末考试多项课程不及格。辅导员多次找其谈心谈话,他仍然不改。到了毕业的时候,因为挂科严重无法拿到毕业证,找工作的时候因为学历问题屡屡受挫,最后整天在家沉迷游戏无法自拔,依靠父母维持基本生活。

案例互动

(1) 网络给大学生带来了哪些便利?

(2) 我们如何看待和使用网络?

(3) 网络心理问题如何预防和调适?

(4) 如何养成良好的上网习惯?

一、互联网与大学生

(一)互联网的发展

故事分享

1984年5月14日,扎克伯格出生于纽约的一个犹太人家庭。中学时代,扎克伯格开始写程序,在20世纪90年代他的父亲曾聘请软件研发者David Newman当他的家教。

2003年11月,扎克伯格在哈佛大学创立美女颜值评判网站Facemash(Facebook的前身),此网站后在2007年域名过期后被他人购买。2004年,就读哈佛大学本科的扎克伯格和两位室友一起,只用了一个星期的时间就建立起了Facebook,并最终因为网站大受欢迎,他精力无法兼顾,而不得不决定辍学,迁移至加州硅谷专心创业。如今,Facebook已成为世界上最重要的社交网站之一,就连美国前总统奥巴马、英国女王伊丽莎白二世等政界要人都是Facebook的用户。

Facebook在2010年的注册用户已经超过了4亿,同时在线人数也超过了1亿,并且首次在2009年实现了正常运营。从2006年9月到2007年9月间,该网站在全美网站中的排名由第60名上升至第7名。同时Facebook是美国排名第一的照片分享站点,每天约有八百五十万张照片上传至Facebook。

2012年2月1日,Facebook正式向美国证券交易委员会(SEC)提出首次公开发行(IPO)申请,目标融资规模达50亿美元,并任命摩根士丹利、高盛和摩根大通为主要承销商。2019年3月,马克·扎克伯格以623亿美元财富排名2019年福布斯全球亿万富豪榜第8位。

扎克伯格无疑是网络浪尖上的弄潮儿,他的成功让我们看到了互联网上巨大的发展空间,也让我们看到了在互联网兴起的年代,有扎克伯格这样想法的人也许成千上万,但许多人都停留在空想的层面上,这就给了实践者以很好的回报。目前,我们已经进入了网络时代,拒绝网络会让我们远离正常人的生活,显然不切实际,但滥用网络也会让我们的生活变得一团糟。因此正确地认识网络,合理地使用网络,这是每个大学生有必要去思考的一个问题,因为只有这样,才能让网络为我们创造效益,更好地为我们生活服务。

互联网进入中国,中国网民规模呈现持续快速发展的趋势。截至2008年6月底,中国网民数量达到2.53亿人,截至2009年年底,中国的网民数量已经达到3.84亿,互联网普及率为28.9%,高于世界平均水平。

根据2012年1月16日中国互联网络信息中心(CNNIC)在京发布的《第29次中国互联网络发展状况统计报告》显示,截至2011年12月底,中国网民规模突破5亿,达到5.13亿。2016年1月22日,中国互联网络信息中心发布第37次《中国互联网络发展状况统计报告》内容显示,截至2015年12月,中国网民规模6.88亿,互联网普及率达到50.3%,过半数中国人已经接入互联网。越来越多的居民认识到互联网的便捷作用,随着网民规模与结构特征上网设备成本的下降和居民收入水平的提高,互联网正成为居民必备"家电"。

(二) 互联网的特征

互联网(Internet)又称因特网,它是将两台或两台以上的计算机终端、客户端、服务端通过计算机信息技术的手段互相联系起来的结果。通过互联网,人们可以与远在千里之外的朋友相互发送邮件、在线聊天、共同完成工作、共同娱乐。如今,互联网已发展成为一个全球几乎家喻户晓的交流工具。世界各地数以亿计的人们正在利用互联网进行信息交流和资源共享。

1. 开放性

互联网的开放性,是互联网强大生命力和活力的源泉。网络的本质是计算机之间的互联互通,以便能够做到信息共享。并且,计算机之间互通的程度越充分,共享信息越多,开放性越高,网络所起的作用就越大。网络正是通过对服务者开放,为用户提供一个开放的接入环境,从而使互联网上的每一个节点,都可以自愿地、轻而易举地为互联网提供信息服务。开放性意味着任何人都能够得到发表在网络上的任何事物,意味着任何个人、任何组织包括国家和政府都不能完全独揽互联网的信息服务。

2. 虚拟性

网络世界是人类通过数字化方式,链接各计算机节点,综合计算机三维技术、模拟技术、传感技术、人机界面技术等一系列技术生成的一个逼真世界,其基本的环境是一种不同于现实的电子网络空间。作为技术世界、人文世界和社会世界共同组成的网络世界是虚拟的,进入网络世界的人,通过网络交往的主体隔着"面纱",以某种虚拟的形象和身份沟通、交流着,交往活动也不再像一般社会行动那样依附于特定的时间和空间。这些都使得发生在人与人之间的网络交往易变、混沌,网络世界中的人际关系也因此充满了不确定性。在网络技术的帮助下,每个人都可以成为"隐形怪杰",其身份、行为方式、行为目标等都可能得到充分隐匿或篡改。但需要指出的是,网际关系的虚拟性与虚假性不同,尽管由于人的恶意操作,虚拟性会堕落变质为虚假。

3. 平等性

现在越来越多的人习惯于网络交往,沉迷于网络很大一部分原因是网络具有平等性,原则上说,在互联网上是"不分年龄""不看外貌""不分等级"的。在互联网上,你是怎样的人仅仅取决于你通过键盘、主屏呈现出来的你。例如,游戏操作厉害可能意味着你是游戏大神,语言风趣幽默意味着你是一个风趣的人,文字优美意味着你是有才华的人等。无论你是孩子还是大人、学生还是老师、工人还是领导、男人还是女人,都可以同等享有自己的网址,发表自己的言论,而不必受过多的限制。网络上的信息不为某一人独有,而是平等地属于每一个用户。

4. 迅捷性和多元性

互联网每时每刻都在更新和传递着海量的信息,由此互联网也被称为"第四媒体"。如今,第四媒体的发展正在逐渐占领主流媒体的地位。相比报刊、广播和电视三种传统媒体,网络以其传播迅速、观点多角度等优势,深得人们喜爱。不仅如此,相对于传统的单向媒体来说,网络面向公众,信息是互动传播的,每个人都有可能在网上发表自己的言论,交往范围的不断扩大,丰富了网上的信息量,使人们的各种社会关系向多元化和复杂化方向发展。

5. 互动性

互动性可以说是网络上信息发布的低门槛和信息传播方式灵活性带来的直接结果。事实上,互动性不仅仅体现在传受双方交流的增强,还体现在整个信息形成过程的改变。在一个真正的互动环境中,信息不再是依赖于某一方发出,而是在双方的交流过程中形成的。可以这样说,网络上不再有信息传播控制者,而只存在信息传播参与者。另一个需要指出的是,把网络的互动性简单理解为网站与网民的关系是不够的。事实上,网民之间的互动关系是互动中的一个重要部分,甚至可以说,没有网民之间的互动关系,网站与网民的互动,无论从强度、频度还是效果上看都会是有限的。

互联网的上述特性,决定了它已经深层次地走进了我们的生活,它无疑已成为许多学生不可或缺的一个部分。曾有一位大学生问心理咨询老师:"爸爸让我戒网,您说可能吗?"当然这位学生是位过度网络依赖者,最终不得不退学,但这句话却发人深省,事实上我们的生活已经在不知不觉中离不开互联网了,关键问题是我们如何合理使用互联网,让互联网更好地为我们服务。

(三)大学生对网络的使用

在信息高速发展的当今时代,网络已经全面渗透我们的日常生活,改变和影响着人们的生活习惯。大学生作为信息时代最积极最活跃的人群,已经成为网络主要用户,网络在当代大学生的日常生活中占据着不可替代的地位。一方面,大学生通过网络接触到前所未有的广阔空间,能更加有效和广泛地获取信息、学习知识、交流感情和了解社会;另一方面,网络空间又以其令人眩晕的色彩诱惑着涉世不深的学生,使得部分学生深陷其中,欲罢不能,影响到身体和心理健康。作为网民主体之一的大学生,其上网行为是否健康,直接关系到网络文明乃至整个未来社会文明的进程。

当代大学生对网络的使用行为可以归纳为以下几类。

1. 网络交际行为

网络交际行为是指大学生通过网络传播途径所进行的一对一或者一对多的交流沟通行为。具体行为方式包括网上聊天(QQ、微信等即时通信)、网络电话、电子邮件、网络论坛、网上社区、电子公告板(BBS)、博客以及微博等。这类行为发生近年呈快速上升态势。

2. 网络娱乐行为

网络娱乐行为是指大学生利用网络服务商开发提供的软硬件设施进行的以愉悦身心为主要目的的网络行为,包括网络游戏行为、网络音像作品创作与鉴赏行为。其主要实施途径包括网络音乐、网络游戏、网络视频及网络文学等。

3. 网络信息行为

网络信息行为是指大学生利用网络技术与网络设施所进行的信息汲取、信息传输、信息表达、信息搜索、信息选择、信息接收、信息利用、信息存储、信息加工的行为。近年来我国大学生最热衷于实施的网络信息行为是网络新闻和搜索引擎。

4. 网络交易行为

网络交易行为是指大学生通过网络空间开展的实体物品或者虚拟物品交换贸易行为。目前主要行为方式包括网上购物、网络销售、网上银行、网上支付和旅行预订等网络商务活动。

(四)网络对大学生的影响

随着网络与大学生的学习、工作、生活等方面的关系日益密切,网络对大学生的影响也越来越大,其中包括积极和消极两个方面。

1. 网络对大学生的积极影响

(1)拓宽获取知识的途径,激发创新思维

随着网络应用方式的不断拓展以及手机网络的普及,大学生的生活方式正悄然改变。

大学生可以在互联网上查找到自己想获取的资料,关键词查找正成为网络查取知识的主流方式,一方面减轻了学生对纸质科技文献的依赖和获取知识途径的狭窄,改变了传统查找参考文献的时空限制,提高了阅读效率;另一方面,大学生可以因地制宜地搜索自己感兴趣的资料,拓宽自己的视野,不再拘泥于传统的课本资料,在一定程度上摆脱了知识的权威心理的限制,有助于激发大学生的创新思维,满足大学生对社会热点、潮流趋势等信息的需求。一些大学生利用网络技术和网络发展规律进行自主创业,因为其独特的思维方式赢得大众的欢迎。

（2）增进人与人之间的交流和互动

互联网快速、便捷、跨时空的特征赢得了大学生的青睐,利用互联网所营造的协同学习环境,大学生可以不受地域的限制,通过QQ群等方式实现群体之间的相互交流,如同坐在一起交流一样。同时,大学生可以将自己的疑难问题通过邮件的方式传递给老师,实现了沟通的无障碍和方便性。而作为互联网的主要功能之一,聊天功能,它可以增进大学生相互之间的交流,通过QQ、微信、微博等方式,群体成员之间可以在跨越时空的条件下联络感情。

（3）促进自我意识的发展,调节身心健康

心理学家艾里克森认为,青少年时期是形成"自我同一性"的时期。所谓自我同一性,是指青少年的需要、情感、能力、目标、价值观等特质整合为统一的人格框架,即具有自我一致的情感和态度、自我贯通的需要和能力、自我恒定的目标和信仰。而大学阶段为青年人形成"自我同一性"提供了"合法延缓期"。在大学阶段,大学生可在互联网上搜索到应有尽有的信息,接收到耳目一新的观点,通过这些知识的潜移默化影响,大学生逐渐调整对于自我以及对于社会的认知,明确自己的自我定位,不妄自菲薄也不盲目否定,对于自己即将踏入的社会拥有一个合理的预期,明确个人的优势和劣势,有助于大学生的心身健康。

（4）提供心理宣泄和心理援助的可能

大学生群体是一个特殊的群体,虽然他们接受了高等教育知识,但是,大学是他们踏入社会前的缓冲期和适应期,脱离了父母的呵护,需要承受来自社会的压力。互联网为大学生提供了倾诉、宣泄以及求助的渠道。当大学生遇到心理问题时,他们可以利用聊天工具向朋友倾诉心中的苦闷,也可以通过网络游戏来宣泄自己的郁闷,与此同时,大学生还可以向高校心理网络咨询教师寻求及时的心理援助。

2. 网络对大学生的消极影响

（1）过度依赖网络

很多大学生在搜索信息的时候,可能患上"搜索综合征",即对于自己想要的信息,有明确的查找相关信息资料之前,没有目的地进行搜索。已有研究表明,很多人在搜索信息时,看到很多"吸引眼球"的信息都想要,便无条件地下载下来,这样一方面浪费了时间,另一方面导致下载结束后的盲目和空虚感。而且,大学生正处于人生变数很大的关键期,很容易遇到一些心理障碍,当他对社会的需求、对外界认可的需求得不到满足时,很可能逃避到网络上去寻求暂时的安慰,例如在网络上进行过度消费,过度使用时间在网络上聊天、游戏等。

（2）躯体受损

长时间的沉迷于网络可导致视力下降、肩背肌肉劳损、生物钟紊乱、睡眠节奏紊乱、食欲不振、消化不良、体重减轻、体能下降、免疫功能下降等状况，成瘾后一旦停止上网则容易出现失眠、头痛、注意力不集中、消化不良、恶心厌食等状况。青少年正处于身体发育的关键时期，这些问题均会严重妨碍他们身体的健康成长。

（3）形成人际交往障碍

随着信息时代的来临，人与人之间面对面的接触渐渐地被"人—机—人"模式的接触所取代，当一个人有事找对方的时候，不再需要当面去沟通交流，网络上的聊天工具、电子邮箱等方式可以直接快速地传递信息。例如，作为中华民族传统的新年，当面拜年的传统方式正被短信、QQ等新鲜的网络聊天方式所取代。大学生长期沉溺于虚拟的世界，大大降低了他们涉入社会的程度，渐渐地便会与周围环境中的朋友、亲人的感情发生疏离、淡化，人与人之间的心理距离渐渐加大。当回归现实世界中时，大学生会因为瞬间的切换交流方式而感到不适应、紧张。现实的交流方式打破了他们一贯的自信，面对不理想的社会现实就会感到悲观失望，形成人际交往障碍。

（4）社会道德失范

网络具有匿名性、自由性、交往性广等特点，大学生可充分发挥其主观能动性，不用受到现实中的道德观念和社会规范的约束，这种"去抑制化"的倾向，导致大学生基于社会规范和道德要求而形成的自我抑制行为大大减弱，大学生可在网络上充分宣泄自己的不满、发表不道德的言论，由于缺少道德限制，他们可以随心所欲，为所欲为，谩骂和讥讽、不负责任的嘲讽和评论在网上随处可见。网络杀人游戏、网络诈骗、网络煽动、非法言论随处充斥着大学生的价值取向、思想观念和生活方式。而这种"去抑制化"的虚拟世界与现实世界形成强烈反差，长期的网络熏陶导致大学生道德意识薄弱，如果将虚拟世界的思想和行为带到现实世界中，无疑是有害的。他们误以为反叛就是网络时代的特征，越有个性就越有魅力，正确的人生观、世界观和价值观在网络交往中被逐渐解体。

（五）网络对大学生心理发展的影响

有机体为了生存和发展，必须要从自然和社会环境中获取资源。当有机体无法获得某种资源时，就会引起内部的紧张，形成一种不满足、不平衡的状态，这种状态在人脑中的反应就是需要。需要是支配人们行为的心理力量，是人的行为积极性的源泉。人类的各种活动，都是在需要的推动下进行的，需要越强烈、越迫切，其产生的心理动力也就越大，对人们行为的支配力量就越强。

由于受客观环境和自身条件的限制，大学生在成长成才的道路上，必然有许多困惑需要解决，有许多要求有待满足。可以说，马斯洛所列举的五种需要在大学生群体中都存在着不同程度的有待满足的必要性。当大学生的需要在现实世界无法得到满足时，就会寻求其他途径，希望通过其他方式加以满足。此时，功能强大的网络就成为一个重要选择。

1. 满足生理需要

大学阶段，人的身高、体重、肌肉、骨骼在迅速发育，生殖系统逐渐成熟。由于性器官的发育，他们产生了了解异性、追求异性的生理欲望。但这种需要往往与社会认可的道德规范发生冲突，客观上不允许他们为所欲为。而网络上有一些色情内容，网络的匿名、开放、快捷也为大学生满足性的好奇并从中获得生理满足提供了方便，于是，一部分大学生在无法自我调节和得到有效指导的情况下，把精力转移到了网络的色情内容上，在网络的虚拟世界中尽情发泄，以至网络色情成瘾。

2. 满足安全需要

每个人都会受到不良情绪的困扰，消极地压抑不良情绪会在心理上积蓄侵犯性的能量，并且这种能量不会自然消失，往往隐藏于潜意识层，成为内心深处的暗流，在特定条件下以一种非常态的形式表现出来。它可以通过内侵犯破坏人体机能平衡，也可以通过外侵犯产生攻击性行为。因此，通过一定的方式宣泄情绪、缓解压力是个体满足自身安全需要的正常行为。大学生要面对越来越大的就业压力以及来自现实生活中的其他烦扰，如父母下岗、家庭不和、老师批评、朋友疏远等，承受着相当沉重的心理负担。五光十色的网络世界能让大学生发泄情绪、麻痹自己、忘记烦恼、逃避现实，有相当一部分人选择网络作为舒缓压力的方式。

3. 满足爱与归属的需要

马斯洛认为："如果生理需要和安全需要得到了满足，一个人就会渴望同人们建立一种关系，渴望在他的团体和家庭中有一个位置，并且他将为达到这个目的做出最大的努力。"一些自身性格内向的大学生，缺乏社交技巧又存在羞怯心理，很难与他人建立爱与归属的关系，更谈不上相关的满足。网络为大学生提供了一个表达情感的场所，他们可以在匿名的状态下，自由地选择交流对象；可以在平等的关系下，无所顾忌地吐露心声；可以在彼此的倾诉中，找到共鸣和理解。基于文本的表达形式屏蔽掉了外貌、身份等社会线索，非同步的BBS可以就某个话题进行深入的探讨，同步性的聊天能够即时回应，这些都能使大学生畅所欲言，找到志同道合的朋友和群体，满足爱与归属的需要。

4. 满足尊重的需要

大学生生活在充满竞争的环境中，在以成绩为主要标准的单一评价体系下，很多学生得不到足够的尊重和关心。心理学家伯格认为："个体如果在常态社会中缺少尊重和爱的需要，那么他的发展就会产生畸形。"在此情形下，一部分大学生便会将目光转向自由和开放的互联网。因为在网络中，每个人都可以进行恰当的自我定位，都可以充分地展示自己的特长、优点。一个现实世界的木讷之辈，可能因为在网上口才卓越、观点偏激而获得虚拟世界的认可和崇拜；一个社会中的文弱书生，可能由于在网络中英勇善战而一呼百应，统率千军万马；一个在学校里默默无闻的学生，可能凭借网游高手的身份拥有"万民景仰"的地位。可见，网络能虚幻地帮助大学生找回自信，获得别人的尊重和认可。

5. 满足自我实现的需要

自我实现指人对于自我发挥和自我完成的欲望,也就是种使人的潜力得以实现的倾向,即一个人越来越成为独特的那个人,成为他所能够成为的一切。大学生处在形成完整人格的关键时期,希望能够充分体现自己的能力、价值,实现自己的理想。然而现实生活的诸多限制,迫使那些大学生不得不按照别人的意愿行事,无法实现自我完成的欲望。网络的虚拟空间可以帮助大学生开放地呈现真实的自我,或者重新塑造一个与现实截然不同的自我,以实现心理上的满足。这样,理想自我和现实自我在网络中就以虚报的形式融为一体,在一种相互欺骗又相互支持的氛围中产生了自我实现的满足感的学习是以老师为主导,以学生为主体,以课程为载体,以课堂为主阵地而实现知识的传播。网络以一种全新的方式改变了高职学生这种相对封闭和单一的学习方式,使许多学生觉得学习不再是枯燥乏味的事情。

二、大学生常见的网络心理问题

故事分享

愚人食盐

《百喻经》里有个"愚人食盐"的故事。昔有愚人,至于他家,主人与食,嫌淡无味。主人闻已,更为益盐。既得盐美,便自念言:"所以美者,缘有盐故。少有尚尔,况复多也。"愚人无智,便空食盐。食已口爽,反为其患。

用现代汉语来解释,大意如下:从前有个愚人到别人家做客,主人留他吃饭,他觉得菜淡,主人便加了些盐,加盐之后菜的味道鲜美。愚人便想:"菜的味道鲜美,是由于加了盐,加少许一点便这样好吃,那多放些岂不更好吃吗?"愚人无知,便空口吃盐,吃盐后口味败坏,结果当然是为盐所害。

"愚人食盐"的故事告诉我们,事情都要掌握"度"。"盐"就好像是我们平时的娱乐,比如上网、打游戏等,掌握不好"盐量",则会陷入通常所说的"玩物丧志"的地步,严重损害健康。

其实,这个寓言先贤孔子早已表述过,即"过犹不及"。

(一)网络心理健康的含义

广义上的网络心理是指一切与网络有关的心理。狭义的网络心理指的是在虚拟的计算机网络时空里网民的思维意识活动。网络的发展对大学生的心理有着巨大的影响。

网络心理健康是心理健康的一个方面,是伴随着网络心理问题的出现而提出的。关于网络心理健康的标准,目前在学术界还没有一个科学的、统一的标准。一般认为,网络心理健康就是人们在使用网络时能够保持积极的心态,离线时能够保持心理平衡,能够较好地把握虚拟与现实之间的关系,在虚拟性与现实性之间以现实性为主导,在线时和离线时能够保持人格统一。我们认为,一个心理健康的大学生在网络心理方面至少包括以下几个方面。

1. 有正确的网络心理健康意识或观念

一个心理健康的人首先要具有正确的心理健康意识或观念,认识到心理健康的重要意义和现实价值,能在网络环境下调控自己的心理和行为;其次,一个人对网络有正确的认识和态度。一个人对心理健康的无知或知之甚少必然会带来一些心理问题甚至引发心理危机。

2. 离线和在线时都能保持人格完整统一

一个人在线时能根据一定的目标积极主动地接受和处理有价值的信息,离开网络时能够快速地从虚拟的空间中回到现实生活中,而不是长期沉溺于网络虚拟世界里难以自拔,或者出现不能适应正常的现实社会生活和人际关系的状况。

3. 不因为使用网络而影响正常的学习、工作和生活

网络只是我们生活的一部分,而不是生活的全部。上网应该有较强的计划性,无论是为了获取信息还是为了休闲消遣,都要有度,不要因为上网影响了正常的学习、工作和生活,破坏了自己的生物钟。如果因为浓厚的兴趣而不分昼夜地沉溺于网络,显然是不正常心理,因此,培养自我控制能力,对于保持心理健康是很重要的。

4. 保持良好的人际交往和环境适应能力

网络交往因为具有隐蔽间接的特点,对于一些没有"慎独"素质的网民而言,其自律行为和责任心就会下降,在网上交往时出现明显的攻击性或欺骗性。网络心理健康的人,在离线后能够进行正常的人际交往,保持和谐的人际关系,积极适应周围的环境。

5. 对信息有辨认真伪的能力

在网络世界中,信息像汹涌波浪迎面而来,让人目不暇接,真伪难辨。如果用怀疑一切的心态对待网络信息,势必有失偏颇,但如果盲目地接受一切网络信息,势必囫囵吞枣,可能产生错误的导向。例如有人在网络上恋爱多时,见面才发现是同性。类似以上现象在现实生活中常有发生。健康的心理应该是运用现有知识,理智地辨认和分析错误信息,能够有勇气及时纠正自己的认知和行为。

6. 离线后能保持身体的平衡

在线的时间以身体健康为底线,以不影响身体健康为前提;离线后不会因为使用网络导致身体的感觉器官、神经系统以及其他的身体机能下降或失调,能够保持机体的平衡。

(二) 大学生常见网络心理问题

大学生网络心理问题成因比较复杂,表现形式多样。常见网络心理问题主要包括以下几个方面。

1. 痴迷网恋

随着网络的迅速发展和普及,网恋这种特殊的恋爱方式,正在成为当代大学生的"缘分天空"。某重点师范大学一女生宿舍共住7名女生,这7名女生都在谈恋爱,其中就有6人网

恋。大学生网恋不仅具有比例高、公开化的特征,而且具有轻率、速度快的特点。有些学生同网友聊天一次、发过一次 E-mail 后,便"一见钟情""相见恨晚"。有些学生第一次接触便宣称"我要娶你""我要爱你到天明",并迅速在网上确立恋爱关系。恋爱一旦与现代化的网络联系在一起,其美丽的意境就渗透了神秘的色彩,因此大学生网恋一般容易上瘾,沉溺其中不能自拔,把网络爱情视为生活的唯一追求。其实,大学生在网络中追求爱情原本是无可厚非,可残酷的现实却是许多不良分子利用网络扮演着网恋者的角色,欺骗大学生的感情,使得大学生上当受骗,一些受到打击的学生,由于得不到及时的引导,断送了前程。因此,大学生要充分认识网络世界存在的虚拟性和险恶性,对网络恋情多一分清醒,少一分沉醉,时刻保持高度警惕性。

2. 网络依赖

网络依赖是近来出现在大学生群体中的一种心理障碍,它源于网络空间的无限和大学生辨别能力的有限之间的巨大反差。网络的内容良莠不齐,难以监控和筛选,但其超乎想象的刺激性和娱乐性,又极易使人上瘾,对大学生群体具有特殊的吸引力。再加上大学生的自控能力较弱,模仿能力强,导致许多学生上网后极易坠入虚拟的网络世界而不能自拔。他们长时间沉溺于网络游戏、上网聊天、网络技术(安装各种软件、下载使用文件、制作网页等),醉心于搜索信息、网上猎奇,造成对网络的过度依赖。在虚拟的网络世界,大学生们往往犹如一只迷途的羔羊,下意识或无意识地将网络看成自己最好的"家",把上网当成人生最大的快乐,致使个人身心受损,正常学习、工作、生活及社会交往受到严重影响。

3. 网络孤独

随着网络游戏等具有更大吸引力项目的开发,大学生对于网络的迷恋比"聊天时代"更甚。他们花费大量的时间、精力在网络中,与网友、游戏中的盟友打得热火朝天,而对于现实生活中的亲人、朋友、同学、老师则漠不关心,久而久之,则会产生对现实世界的逃避和人际交往能力的缺失。网络孤独症多发生在性格内向者身上,其典型症状:沉溺于网络,脱离现实,寡言少语,情绪抑郁,社交面狭窄,人际关系冷漠。

4. 人格障碍

网络人际交往可诱发各种人格障碍,比较突出的有:攻击性人格障碍、双重人格或多重人格障碍等。鉴于网络人际交往具有匿名性特点,大学生在网络生活中养成的攻击性言行特点,可能会强化其人格特质中的攻击性因子,形成攻击性人格。双重或多重人格是指在一个人身上体现出双重或多重人格,在不同时间与地点交替出现,由于虚拟社区和聊天室普遍采用化名式的"网名",学生网民往往都有自己的虚拟身份,部分学生在网上交际时经常扮演与自己实际身份和性格特点相差悬殊甚至截然相反的虚拟角色。有位大一男生在接受电视采访时公开承认自己曾经用18岁女孩的身份在虚拟社区生活了近3年的时间,结识了很多网友。最后他还不无遗憾地说,可惜以后不能再用这个网名了。在这种情况下,很多学生经常面临网上网下判若两人或时而张三时而李四的多重角色差异和角色冲突。当多重角色之间的冲突达到一定程度或角色转换过频时,就会出现心理危机,导致双重或多重人格障碍。

5. 网络成瘾综合征

现代医学证明，一个人如果不能控制对网络的依恋，很容易患上"网络成瘾综合征"，医学上又称之为"病态性使用网络"。据最新统计，全世界每两亿多网民中，就有1140万人患有不同程度的网络综合征。这种新型心理疾病的成因主要是由于过度使用网络，使自己的工作、学习和生活等受到严重的影响和损害。从心理上来讲，主要表现在对网络有依赖性和耐受性，也就是所谓的上网成瘾，患者只有通过长时间的上网才能激起兴奋来满足某种欲望。从生理角度讲，这类疾病对人的健康危害很大，尤其会使人的自主神经功能严重紊乱，导致失眠、紧张性头痛等；同时还可使人情绪急躁、抑郁和食欲不振，长期如此会造成免疫力下降。网络成瘾症和吸烟、酗酒甚至吸毒等上瘾行为有惊人的相似，只要上网就兴奋异常，上不了网就"网瘾难耐"。如果在网络成瘾症的基础上，伴发了焦虑性、抑郁性、强迫性、恐怖性（以社交恐惧为主）等神经症或人格改变就称之为网络成瘾综合征，亦称之为陶氏综合征。它是一组疾病的范畴，综合了多种临床症状。

6. 网络自我迷失

在以计算机为终端的网络中，由于匿名性而隐去了身份，许多现实社会中的规范、规则、道德在虚拟世界中被冻结，一些大学生上网者在表现个人自我时，往往忘记了社会自我，甚至企图借助网络在现实社会中凸显自我，将自我凌驾于社会之上。由于我国网络道德体系尚处在构建规范之中，网络社会本来就很难让网民"独善其身，独慎其行"，加上大学生自我约束能力不足，道德自律行为和意识淡薄，很容易使其产生在网络上特别自由、无所限制、为所欲为的感觉和冲动，进而做出一些不道德且在现实世界中不可能做的事情。

心理测验

网瘾测试

仔细阅读每个问题，并选择你认为最适合代表你意见的选项。

（1）你会发现上网时间常常超过原先计划的时间吗？（ ）
A. 几乎不会　　B. 偶尔　　C. 有时候　　　D. 大多时间　　E. 总是

（2）你不顾家事而将时间都用来上网吗？（ ）
A. 几乎不会　　B. 偶尔　　C. 有时候　　　D. 大多时间　　E. 总是

（3）你觉得上网时的兴奋更胜于伴侣之间的亲密感吗？（ ）
A. 几乎不会　　B. 偶尔　　C. 有时候　　　D. 大多时间　　E. 总是

（4）你常会在网上交新朋友吗？（ ）
A. 几乎不会　　B. 偶尔　　C. 有时候　　　D. 大多时间　　E. 总是

（5）你会因上网费时间而受到他人的抱怨吗？（ ）
A. 几乎不会　　B. 偶尔　　C. 有时候　　　D. 大多时间　　E. 总是

（6）你会因上网费时间而产生学习和工作的困扰吗?（　）

    Λ. 几乎不会   B. 偶尔   C. 有时候   D. 大多时间   E. 总是

（7）你会不由自主地检查电子邮箱吗?（　）

    A. 几乎不会   B. 偶尔   C. 有时候   D. 大多时间   E. 总是

（8）你会因为上网而使工作表现（或成绩）不理想吗?（　）

    A. 几乎不会   B. 偶尔   C. 有时候   D. 大多时间   E. 总是

（9）当有人问你在网上做什么的时候,你会有所防卫或隐藏吗?（　）

    A. 几乎不会   B. 偶尔   C. 有时候   D. 大多时间   E. 总是

（10）你会因为现实生活纷扰不安而在上网后感到欣慰吗?（　）

    A. 几乎不会   B. 偶尔   C. 有时候   D. 大多时间   E. 总是

（11）再次上网前,你会迫不及待地想提前上网吗?（　）

    A. 几乎不会   B. 偶尔   C. 有时候   D. 大多时间   E. 总是

（12）你会觉得"少了网络,人生是黑白的"吗?（　）

    A. 几乎不会   B. 偶尔   C. 有时候   D. 大多时间   E. 总是

（13）当有人在你上网时打扰你,你会叫骂或是感觉受到妨碍吗?（　）

    A. 几乎不会   B. 偶尔   C. 有时候   D. 大多时间   E. 总是

（14）你会因为上网而牺牲睡眠时间吗?（　）

    A. 几乎不会   B. 偶尔   C. 有时候   D. 大多时间   E. 总是

（15）你会在离线时间对网络念念不忘或一上网便充满"遐想"吗?（　）

    A. 几乎不会   B. 偶尔   C. 有时候   D. 大多时间   E. 总是

（16）你上网时常说"再过几分钟就好了"这几句话吗?（　）

    A. 几乎不会   B. 偶尔   C. 有时候   D. 大多时间   E. 总是

（17）你尝试过缩减上网时间却无法办到的体验吗?（　）

    A. 几乎不会   B. 偶尔   C. 有时候   D. 大多时间   E. 总是

（18）你会试着隐瞒自己的上网时间?（　）

    A. 几乎不会   B. 偶尔   C. 有时候   D. 大多时间   E. 总是

（19）你会将时间耗在网络上而不想与他人出去走走吗?（　）

    A. 几乎不会   B. 偶尔   C. 有时候   D. 大多时间   E. 总是

（20）你会因为没上网而心情郁闷、易怒、情绪不稳定,而一上网就"百病全消"吗?（　）

    A. 几乎不会   B. 偶尔   C. 有时候   D. 大多时间   E. 总是

评分规则:

A=1,B=2,C=3,D=4,E=5

结果分析:

20—23分:正常,上网者仅仅将网络作为获得信息或休闲的一种工具,网络仅仅作为一种生活手段出现在上网者的生活中,上网者不存在对网络的精神依赖行为。

网络是把『双刃剑』——大学生网络心理

24—49分：有轻度上瘾症状，尚没有形成网络依赖，在上网时间的把握上有时候稍微滞后，但在总体上仍能够自我控制。

50—79分：中度成瘾，网络使用后已经出现一些社会适应问题，如对时间控制减弱，网络耐受性增强，人际关系趋同敏感，生活秩序正在打乱，情绪开始出现一些较为明显的不稳定特征，你正面临来自网络的问题。

80—100分：重度成瘾，上网者已经完全被互联网所控制，网络成为上网者的精神寄托场所，在网上用户长时间地分享巅峰体验，在网下用户则长时间陷入抑郁、恐慌、悔恨等多种负面情绪体验中，上网者社会交往功能正在逐步退缩，你的网络生涯已经到了引起严重生活问题的程度了，你恐怕需要很强的意志力，甚至需要求助于心理医生才能恢复正常了。

（三）网络成瘾的类型与成因

大学生由于阅历浅，社会经验不足，意志薄弱，承受挫折、辨别是非、适应以及自我控制的能力都不强，对自己又缺乏正确而全面的认识，所以容易受到社会上各种思潮的冲击。大学生正处于青春发育后期，心理发育还未完全成熟，在遇到心理冲突和困惑时，网络便成为他们的主要交流工具之一。但在这种环境中的关系多是虚幻的，在网络中得到的安慰也只是暂时的，当离开这种环境后，被安慰、被关心的感觉瞬间消失，导致大学生心理冲突和困惑加剧，长期发展必然产生心理问题甚至疾病。

1. 网络成瘾的表现

网络成瘾者对互联网的依赖程度严重。最主要表现为无法自我控制上网时间，多沉溺于网聊或网游，几乎不理会现实生活的存在。刚开始时，成瘾者会出现精神依赖现象，到后来发展成躯体上的依赖，出现一系列生理症状，如头昏眼花、疲乏无力、食欲不振等，更为严重的还会产生其他并发症，如心血管疾病、胃肠神经症、紧张性头痛、性情变异等。

2. 网络成瘾的类型

根据2008年新出台的《网络成瘾临床诊断标准》，网络成瘾分为5类。

（1）网络游戏成瘾，是占网络成瘾比例最高的类型。《中国青年报》2008年的一项调查结果显示，62.0%的人认为玩网络游戏会上瘾，90.6%的人认为网络游戏影响学业，88.5%的人认为网络游戏影响身体健康。学生是网吧的主要顾客，而在大学周围的网吧里，部分学生无节制地花费大量时间和精力沉迷于网络游戏，严重影响了正常的学业和生活。

（2）网络色情成瘾，指沉迷于网络上的色情内容，包括图片、文字、动画、电影和色情聊天等。从大学生的年龄特征来看，他们正处于性生理成熟后的性满足延迟期，易受到网络色情内容的诱惑而导致成瘾。

（3）网络关系成瘾，指过分沉迷于网络上的人际交往所建立起来的关系，并用这种关系取代现实生活中的人际关系。在网络的"虚拟社会"中，人际关系必然有虚拟化的特性。而大学生是一个特别渴望与人交流的群体，由于网络的独特魅力，在大学生中也就形成了网络关系成瘾的电子隐士族,迷恋网络关系,甚至逃避现实关系,产生"人机热、人际冷"的现象。

（4）网络信息成瘾,指不能自制地在网上搜索过多对现实生活无太多意义的信息。大学生有强烈的求知欲,对网络提供的信息趋之若鹜。然而过度迷恋网络提供的信息也会影响正常的生活。

（5）网络交易成瘾,指过分沉迷于网上购物、拍卖等活动。网络作为一个交易平台,操作便捷,内容丰富,刺激了很多人的购物欲望。但同时也造成了不少人迷恋其中,占用了大量的时间和精力。

3. 网络成瘾的成因

以往研究表明,人格、自我、人际关系、亲子沟通、心理需求满足、主观幸福感和使用体验等多个方面的因素都会影响网络成瘾。总体来说,网络成瘾形成的原因是很复杂且多方面的,有行为、生理生物学、情绪、认知、社会和发展、年龄特征等原因。有关大学生网络成瘾的成因,可以归纳为下列几个方面。

（1）网络本身的诱惑

网络有其吸引人的许多特点,如新鲜感、可操作性、虚拟性等。其中最吸引人的特点是它的虚拟性。在网络的虚拟环境中,人的内心准则和社会规范的制约性大大削弱或不复存在,人们的网上行为表现出一种解除抑制的特点,可以随心所欲地发表自己的言论,做出许多平常想做而不敢做的事情。可操作性主要表现在网络游戏上,在网络游戏中可充分发挥人们的主观能动性,使心理得到满足等。

（2）大学生自身原因

第一,如今的大学生,大多长期生活在一个相对封闭的温室中,很多大学生生活能力、学习能力、自我控制能力、沟通和社交能力较低,心理脆弱,容易被网络俘获。第二,大学生正处在人生过渡期,还没有形成比较稳定的世界观、人生观和价值观,对新鲜事物的好奇与探究的欲望十分强烈,很容易受到外界的影响而深陷其中。第三,由于大学生活相对比较单调,进入大学后,当新鲜感逐渐消失时,大学生会在以学习为主的生活中感到单调乏味,进而通过网络来追求刺激,满足自己的好奇心。第四,大学生渴望友谊和交流,但有的学生性格内向、不善交际、孤独感强,因人际适应不良对现实生活感到无助,进而到网上寻求支持和帮助。国内外调查表明,性格内向敏感、交际困难的人更容易上网成瘾。第五,也有的学生因学习成绩下降,学习上无满足感而沉迷网络。进入大学后,由于学习方法、学习内容与高中时大相径庭,从而使部分大学生产生不适应感而导致学习成绩急剧下降,价值感和成就感逐渐消失,进而转入网络,在网络中寻找理想自我,用虚拟的理想自我代替现实自我。

（3）家庭环境的影响

家庭的经济状况和家庭的教养方式不当也是大学生网络成瘾的重要影响因素。第一,经济基础。部分大学生由于家庭经济困难、学习压力和就业压力大等原因,心理负担重,于是他们便开始寻求解脱方式,逃避现实的压力。而网络成为他们逃避现实压力的最好选择。因为网络游戏所营造的是一个虚拟的世界,可以使大学生逃避现实中的许多不愉快。他们能在这个自己能控制的虚拟世界中得到愉快的体验。一旦迷上网络游戏,成瘾心理的形成就很难避免。第二,家庭教养方式不当。有些父母因忙于工作和生计,仅关注读书和考试,忽略了与子女的情感沟通,导致父母与子女间出现沟通障碍。许多家长对孩子缺乏教育和关心,对子女的一些不良行为视而不见,一味在物质上满足孩子的要求,忽视了他们的心理问题,使不少青少年将网络当作发泄情绪的场所。有的大学生在脱离父母的监管后上网时间更是无所顾忌。

（4）压力和社会支持

2018年魏华等人选取某高校大学生作为调查对象,在研究中发现压力和社会支持呈显著负相关,与网络成瘾呈显著正相关,社会支持与网络成瘾呈显著负相关。由此可见,压力、社会支持等各种需要是导致使用者网络成瘾的原因之一。例如网络游戏中的"高手"可能会受到万人景仰,而这点在实际生活中可能是体验不到的。网络成瘾者在下网后有可能体会到一种失落,对社会支持的需求会促使其重新投入到网络社会中去。而且,由于上网时间过长,占用了很多社会活动的时间,引起社会退缩行为,如此造成恶性循环,使患者更沉迷于网络而排斥现实的社会活动。大学生作为一个承载社会与家庭高期望值的群体,尤其又身处社会转型时期,自然有来自各方面不小压力,因此也是网络成瘾问题的高发群体。

三、网络心理问题的预防和调适

（一）大学生网络心理的自我调适

随着网络的普及,互联网的使用早已涵盖了整个大学校园,面对网络上各种各样的诱惑,越来越多的大学生不能很好地把握自己,开始对互联网产生依赖,这种依赖已经影响到学生们的正常学习和生活,严重的学生不得不中断学业。面对既为我们提供了丰富的资源、生活的乐趣,又会因使用不当,影响到正常学习和生活的互联网,作为一个大学生,我们究竟应该怎么做呢?

1. 理性看待网络

互联网的出现宣告着人类信息时代的到来。它消除了人类跨地域沟通在时间上的滞后性,拓展了人类的交往空间,深刻地改变着人与人、人与社会的关系。然而,网络在充满自由、平等和开放的同时,又充满着诱惑与陷阱。我们既不能将其视作洪水猛兽,又要清楚地看到沉迷于它会"玩物丧志"。

对大学生而言,应该看到网络只是一种工具,而使用它的人是灵活的。对不良网络行为负责的应该是人,而非网络本身;网络资源是我们不可缺少的财富,对网络的破坏和滥用是对社会秩序的极大干扰,会危及我们每一个人;网络社会并非真实社会,虚拟世界的情感宣泄和满足并不见得使人真正快乐,我们应学会现实生活中的处事方法。无论是夸大网络的积极的还是消极的效果,都不是解决一切问题的灵丹妙药,都只能是陷入极端。大学生只有建立正确的认知,才能全面地看待网络,合理利用网络资源为自己服务,处理好现实与网络世界的关系,避免产生各种网络心理问题。

2. 讲究网络礼仪

上网作为一种新型人际交往行为,需要我们遵守一种特殊的礼仪。只有当使用互联网的人们懂得并遵守这些规则,互联网的效率才能得到更充分、更有效地发挥。网络礼仪指人们在计算机网络上通过电子媒介而体现的、规定的社会行为和方式,是指在网络世界的交往中,以一定的、约定俗成的程序、方式来表达尊重对方的过程和手段。

3. 遵守网络道德

第一,传播文明,不发布虚假、污秽信息。网络平等开放,任何人都可以寻找自己需要的信息。但是,如果肆意散布虚假、污秽信息,对大众的身心健康产生危害。即使在网络世界,也要为自己的言行负责,而虚假污秽信息不仅对网友无益,对自己也是一种污染和侵蚀。第二,不盗用别人的网上资源。网络财产虽然虚拟,但也是网民投入大量时间、精力和金钱后换得的,属于特殊的私有财产,我国也将其列入了法律保护行列。盗用他人网上资源不仅为道德所不容,也易使自己产生网络依赖,久而久之,不劳而获的思想就会自由泛滥。第三,不用网络赌博。没有道德约束的网络像一株罂粟,让人深陷其中以致丧失自我。赌博于人于己都有害无益,而在虚拟世界通过赌博来谋取利益同样会遭受法律的制裁。第四,不破坏网络系统。随着黑客技术的不断发展,对网络安全的威胁也在加剧。而当今社会对网络的依赖性也在升高。我们更需从自身做起,不能蓄意破坏网络,而是更好地维护它,使之为大家服务。

4. 选择网络环境

在网络世界,信息含量十分巨大,各种文化与价值观交织,各种论断莫衷一是,各种诱惑比比皆是。大学生应学会自我主宰、自我约束和自我控制,自觉避免黄、赌、暴力等不良信息,为自己选择健康的网络环境。

5. 设定上网目标

每次上网前,明确自己的上网目标,并将内容按重要性和紧迫性给予排序。最好列出任务清单,粗略估计出自己的上网所需时间,有效控制任务进度。尤其是针对有网瘾的同学,更需要用这种方法约束自己。比如此次上网大概需要一小时,那半小时后就用不同的方法提醒自己。第一,设置时间警示框。如上网30分钟后,电脑上自动弹出"您已上网半个小时,距离结束时间还有半个小时,请及时调整您的网上任务进度"等样式的对话框来提醒自己。第二,设置手机闹铃。上网时间达一半时用闹铃警示自己,看任务进展到哪儿了,如果完成进度不到一半,就得加快步伐,相应调整网上操作进度。第三,电脑设置上网限时。自己预先限定的时间一到,电脑就自动关机。避免养成在网上随意浏览的行为习惯,提高网上的操作效率。

6. 培养多样兴趣与爱好

网络成瘾的人常常喜欢将自己游离于现实社会之外,久而久之,形成了对现实社会的疏离感。而人是社会性的,最终还是在和社会打交道,所以将自己从隐居网络的状态重新投入到现实社会中来才是理智的选择。而参与社会活动,不仅能体现自己的真实能力,还能锻炼自己,又能帮助戒除网瘾,一举三得,何乐而不为?兴趣是最好的老师,它带有明显的倾向性。大学生应积极寻找有意义、有兴趣的现实体验来取代网络虚拟刺激,挖掘自我优势,找准自身亮点,用现实的成功感驱除网络的诱惑感。比如参加户外运动,闲暇时光和亲朋好友一起外出郊游、爬山等,离开网络,开阔视野,磨炼意志,同时也能联络感情;又如寻找自己感兴趣的读物或专业书籍等阅读,增加自己的知识,也能转移对网络的依赖;还可以进行体育锻炼,既能强身健体,又能改善心情、淡化网瘾。

7. 科学规划人生目标

很多大学生网络成瘾是由于觉得大学生活空虚、无聊,没有生活目标和追求所导致的。明确的生活目标是开启人生动力的关键所在,大学生首先要客观、全面地认识和评价自己,弄清楚自己的优势和劣势是什么,才能知道"我可以做什么"和"我应该怎么做"。然后结合自己的个性特点、专业背景、综合能力等认真思考,定位自己的个人理想与人生追求,将社会需要和个人实际结合起来,制定切实可行的人生规划,明确自己大学四年每一个阶段的具体要求,在执行过程中根据实际情况适当地进行调整和修缮,在实现目标的过程中要有克服困难的恒心和勇气。

8. 寻求社会支持

社会支持是指由他人提供的一种资源,它对于个体的发展与适应有重要的影响。大量研究表明,个体社会支持水平越高,主观幸福感越高,焦虑、抑郁和孤独程度越低,社会适应状况越好。同时,社会支持也会影响网络成瘾,社会支持越高,网络成瘾程度越低。

(二) 加强大学生网络心理健康教育

1. 加强网络文化建设

良好的网络环境培育健全的人格,恶劣的网络环境造就有缺陷的人格。为了保障大学生网络心理的健康发展,需要学校和社会多方面共同优化网络环境,为大学生提供一个良好的网络空间。要加快网络信息控制技术研究,净化网络信息,加强对网络信息的监管;优化网络环境,以先进的思想与文化教育大学生;适应网络时代特点,改进高校教育与管理,积极开展各种网络活动,培养大学生鉴别是非的能力。

2. 开设和实行社会实践活动

开展多种形式的社会实践,鼓励大学生走向社会,走进生活,在活动中正确认识现实社会,学会与他人、社会以及自然环境和谐相处,学会以真、善、美的方式生存和发展。要充分利用多元化的沟通渠道,促进同学之间、师生之间、学生与家长之间平等的沟通和交流,以满足彼此接纳、关爱和归属感的需要。

3. 加强心理健康教育和咨询

大学校园应结合大学生的生理和心理发展特点及其规律,有目的性、有针对性地开设心理健康专题讲座及相关活动,有计划地培养和提高大学生的心理素质,向学生宣讲心理生理健康知识,充分利用课堂教学、校园广播、报刊、心理健康知识手册等,多渠道地进行宣传。学校要重视并且做好学生的心理咨询工作,积极开展心理筛查,对有心理问题的学生早发现、早关注、早治疗。运用正确的心理咨询方式,科学地规划心理咨询内容。

4. 加强网络心理咨询体系的建设

要解决大学生的网络心理问题,还必须大力加强现有心理咨询体系的建设,尽快进行大学生网络心理的研究。进一步做好大学生心理档案的建档工作,普及心理卫生知识,做好学生心理咨询的面谈、电话咨询等各项服务。与此同时,开展网上心理咨询,可以从两方面入手。一是利用网络快捷、保密性好、传播面广的优势,开设网上心理咨询,如设立心理咨询网站,传播心理知识,进行网上行为训练的指导,开设在线心理咨询(采用网上心理约谈等方式)。二是抓住大学生喜欢上网的心理、网络人际交往的心理特征、网络心理问题、虚拟与现实的人际关系的比较等大学生网络心理问题的研究,确立可操作的、有效性强的网络心理障碍咨询体系。

5. 建设积极向上的校园文化。

积极健康的文化环境以及宽松和谐的心理氛围,可以减少大学生的负面压力,净化心灵,振奋精神,使他们在优化的校园环境中成长。充分发挥校园文化的凝聚功能,借助校园文化活动所产生的精神凝聚力,吸引和团结大学生,促使其自觉地热爱自己的大学生活,从而自然减轻对网络的依赖。通过开展丰富的校园文化活动,传递积极向上的校园文化理念,吸引大学生积极参与进去,大胆、充分地展示自我风采。

团体心理辅导

针对网络心理障碍的团体心理辅导

团体心理辅导把求询者放入辅导与治疗团体中,建构一个群体环境。在团体中,网络心理障碍者发现自己的心理问题并不是独一无二的,团体中的其他人有着相似的忧虑,甚至比自己还要严重,有着众多相似的情绪体验,从而降低心理上的焦虑程度。由于"同病相怜",他们的心理认同感很强,群体归属感增强,他们感受到社会和心理的支持,服从群体的从众行为增加,群体的稳定性增强。在团体中,网络心理障碍者在讨论交流等相互辅导活动中意识到他们不论是在交流解决问题、探索个人价值、人格形成,还是发现他们的共同情绪体验上,同一团体的人都可以提供更多的观点,并分享团体中的共同资源。而且,在团体辅导的环境中,来访者之间潜在地存在着情绪、态度和行为意向的互动,相互感染的群体氛围和群体压力,存在着成员之间的模仿与监督,这些有利于网络心理障碍者健康心理的获得与稳固,有利于障碍者坚持行为的改善。更为重要的是,团体是社会的缩影或反射,是一个"微型社会",因而它为网络心理障碍者提供了一个人际交往行为训练的练习场所。在团体相对安全的氛围里,网络心理障碍者有着共有的或相似的情感、行为以及以一些态度,如对抗、恐惧、怀疑、孤立都可以被辨别出来并加以讨论;辅导者提供的行为训练理论与操作技巧指导可以在这里得到检验、反复练习和强化,这样健康的态度和行为更容易习得和稳定下来,并在日常生活中运用。

课堂反馈

一、知识评估

请你对自己在合理使用网络方面的知识,课前课后分别做一个评估。0分代表几乎不了解,10分代表了解很多,请在下面的横线上为自己打分。

课前评分:_____

课后评分:_____

二、网络心理困扰评估

回想一下,进入大学以后遇到过哪些网络心理方面的困扰？请按照困扰程度,依次排序列出三条。

第一条:_____

第二条:_____

第三条:_____

三、课堂感受

今天这堂课让我感受最深的是 _____

今天这堂课让我最感兴趣的是 _____

今天这堂课让我获得的收获是 _____

延伸阅读

1. 雷雳:《互联网心理学:新心理与行为研究的兴起》,北京师范大学出版社,2016年版。
2. 周宗奎等:《网络心理学》,华东师范大学出版社,2017年版。
3. 陈亚旭:《网络游戏与网络沉迷》,宁波出版社,2018年版。
4. [英]艾莉森·艾特莉尔、[英]克里斯·富尔伍德:《网络心理学:探寻线上行为的心理动因》，杨海波、刘冰译，人民邮电出版社，2018年版。

5. 李憧平：《青少年网络成瘾：风险因素与作用机制研究》，中国社会出版社，2020年版。

《社交网络》

《网络谜踪》

《火柴人》

《楚门的世界》

参考文献

[1] 杨韶刚,徐燕萍.从"心"发展,扬帆起航:大学生心理健康教育[M].北京:九州出版社,2017.

[2] 刘文敏,高燕,赵丹.大学生心理健康教育[M].南京:东南大学出版社,2015.

[3] 苏琼瑶,杨美玲,王闪闪.大学生心理健康教育[M].北京:中国轻工业出版社,2020.

[4] 邓先丽.大学生心理健康教育[M].3版.北京:中国人民大学出版社,2019.

[5] 沈春英.遇见最美的你:高职生心理成长教程[M].上海:上海交通大学出版社,2017.

[6] 王红菊,尹红霞.大学生心理健康教育[M].成都:电子科技大学出版社,2020.

[7] 于立东.大学生心理健康教育[M].南京:南京大学出版社,2010.

[8] 王金凤,柴义江.大学生心理健康教育[M].4版.北京:清华大学出版社,2017.

[9] 刘艳红,廖昕,白苏好.大学生心理健康教育[M].长春:吉林大学出版社,2015.

[10] 李霞,钱春霞.大学生心理健康教育[M].上海:上海交通大学出版社,2018.

[11] 张洪涛,华波,孔祥军.大学生心理健康教育[M].成都:电子科技大学出版社,2020.

[12] 桑志芹.大学生心理健康教程[M].南京:南京大学出版社.2018.

[13] 黄兴海.大学生职业生涯规划[M].南京:南京大学出版社.2020.

[14] 陶爱荣.快乐前行:高职生心理健康与发展[M].南京:南京大学出版社,2016.

[15] 朱卫国,桑志芹.大学生心理健康教程[M].南京:南京大学出版社,2014.

[17] 岳晓东.爱情中的心理学[M].北京:机械工业出版社,2010.

[18] 张林,车文博,黎兵.大学生心理压力应对方式特点的研究[J].心理科学.2005(1):36—41.

[19] 曹型远,夏明娟,艾远明.重庆市中学健康教育基础实用教案集[M].重庆:重庆大学出版社,2015.

[20] 陈章龙,周红.基于折衷模式下的大学生心理危机干预策略[J].南京师大学报(社会科学版),2009(5):82—86.

[21] 李春英,张巍巍.全球大数据与健康管理的研究热点聚类分析[J].中国医院管理,

2016,36(10):63—65.

[22]曹缨,姜春燕.大力推进健康管理努力构建和谐社会[J].中国医药导报,2006(15):295.

[23]康正,宁宁,梁立波,等.基于人群脆弱性视角的突发公共卫生事件风险评估[J].中国公共卫生管理,2015(3):280—281.

[24]王建国.大学生心理危机干预的理论探源和策略研究[J].西南大学学报(社会科学版),2007,33(3):88—91.

[25]陈虹.思想政治工作者有效参与校园心理危机工作策略探析:建立大学生心理危机有效发现工作机制[J].思想教育研究,2011(1):108—111.

[26]杨鸣,居俊,董海涛.基于大学生心理健康管理的危机预防与干预[J].思想理论教育,2014(5):90.

[27]甘霖.大学生心理危机干预网络的优化研究[J].中国高教研究,2013(10):94—98.

[28]陈承茂.大学生重大心理危机行为征兆发现及化解研究[J].校园心理,2015,(4):248.

[29]舒曼.塑造阳光心态:大学生心理健康与素质教育[M].南昌:江西人民出版社,2006.

[30]罗伯特·费尔德曼,黄希庭.心理学与我们[M].黄希庭等,译.北京:人民邮电出版社,2008.

[31]桑志芹.大学生心理健康教程[M].4版.南京:南京大学出版社,2017.

[32]胡谊,张亚,朱虹.大学生心理健康教育[M].上海:华东师范大学出版社,2019.